광야와 가나안

그 갈림길에서

여호수아서 강해

여호수아서와 함께하는
승리의 전진

이승희 지음

광야와 가나안
그 갈림길에서

익투스

저자 서문

성도는 세상과는 다른 시간개념을 가지고 있습니다.

바로 '이미'와 '아직'입니다.

우리는 하나님의 은혜로 예수 그리스도를 믿어 '이미' 구원 받았습니다. 그리고 이미 받은 구원으로 '아직' 완성되지 않은 구원을 이루어갑니다. 그러므로 성도는 나에게 '이미' 시작된 하나님의 뜻을 신뢰해야 합니다. 그리고 '아직' 완성되지 않았으나 반드시 완성될 하나님의 계획을 소망하며 세상 속에서 믿음의 전진을 해야 합니다. 구원은 완성이 아니라 새로운 삶으로 나아가는 시작이기 때문입니다.

그러나 많은 성도들의 신앙을 바라보면 참으로 안타깝게도 구원 받은 것에만 만족하고 멈추는 모습을 보게 됩니다. 존 버니언(John Bunyan)의 「천로역정」에 비유하자면 초반에 구원을 받았지만, 정작 중요한 순례의 길은 떠나지 않고 있는 것입니다. 강 건너 눈에 선히 보이는 점령할 수 있는 땅에 깃발을 꽂고 그곳에서 정착하여 살아야 할 하나님의 백성이 그곳을 멀리 바라보기만 하고 있습니다. 그곳을 동경하지만 정작 그곳으로 발걸음을 내딛지 않은 채 스스로 합리화하여 변명합니다.

하나님은 자신의 약속을 붙잡는 택한 백성들이 세상 속에서 분명한 인생의 목적을 가지고 살아가기를 원하십니다. 단지 구원 받은 것을 넘어 이 땅에서 풍성한 삶을 누리기를 원하십니다. 그리고 세상을 향해 완성해야만 하는 사명에 대해 열정적으로 이루어나가기를 원하십니다.

따라서 미지근한 신앙생활을 버리고 신앙의 도약과 모험을 시작하려는 성도들에게 때로는 군가처럼, 때로는 따뜻한 격려로 마음을 일으켜 세우고자 이 책을 집필하게 되었습니다. 여호수아와 믿음의 백성들에게 가나안이 그러했듯이 하나님은 이미 우리에게도 가나안을 주셨습니다. 믿음으로 하나님과 동행하며 나아가야 할 길이 우리에게 놓여 있는 것입니다. 그러므로 본서를 통해 잃어버린 신앙의 열정을 되찾고, 하나님이 주신 사명의 칼을 다시 빼어들어 녹슨 부분을 갈고닦아 믿음의 힘찬 걸음으로 전진할 수 있기를 희망합니다.

여러분을 위한 가나안은 이미 준비되어 있습니다.

2019년 10월
이승희

Contents

04 저자 서문

1. 우리가 정복해야 할 땅

1. 가나안을 이해하라(수 1:1~4)   10
2. 불가능을 뛰어넘는 확신(수 1:5~9)   26
3. 준비의 믿음(수 1:10~15)   42
4. 정탐, 새롭게 바라보기(수 2:15~24)   56
5. 훈련의 과정(수 3:1~8)   74

2. 난공불락의 성을 넘는 믿음

6. 요단강과 열두 돌(수 4:1~9)   90
7. 길갈의 은혜(수 5:8~12)   102
8. 하나님의 군대 대장(수 5:13~15)   116
9. 강대한 성 앞에서(수 6:1~7)   128
10. 보이지 않는 전쟁(수 7:1~13)   144

3. 승리를 위한 새로운 헌신

11. 회복 (수 8:30~35) — 164
12. 적군의 전략 (수 9:1~15) — 180
13. 우리의 최선과 여호와의 도움 (수 10:6~15) — 194
14. 다시 출발선에서 (수 10:43) — 208
15. 전쟁을 그치지 말라 (수 11:21~23) — 218

4. 미래를 위한 현재의 준비

16. 영원한 기업 (수 13:32~33) — 232
17. 헌신의 보상 (수 14:6~14) — 242
18. 경계해야 할 위험 요소 (수 18:1~7) — 256
19. 기억해야 할 보상 (수 23:6~13) — 268
20. 결단 (수 24:15~18) — 280

10 1. 가나안을 이해하라 (수 1:1~4)

내 종 모세가 죽었으니
이제 너는 이 모든 백성과 더불어 일어나
이 요단을 건너 내가 그들 곧
이스라엘 자손에게 주는 그 땅으로 가라
(수 1:2)

26 2. 불가능을 뛰어넘는 확신 (수 1:5~9)

내가 네게 명령한 것이 아니냐
강하고 담대하라 두려워하지 말며 놀라지 말라
네가 어디로 가든지 네 하나님 여호와가
너와 함께 하느니라 하시니라
(수 1:9)

42 3. 준비의 믿음 (수 1:10~15)

진중에 두루 다니며 그 백성에게 명령하여 이르기를
양식을 준비하라 사흘 안에 너희가 이 요단을 건너
너희의 하나님 여호와께서 너희에게 주사 차지하게 하시는 땅을
차지하기 위하여 들어갈 것임이니라 하라
(수 1:11)

56 4. 정탐, 새롭게 바라보기 (수 2:15~24)

또 여호수아에게 이르되
진실로 여호와께서 그 온 땅을 우리 손에 주셨으므로
그 땅의 모든 주민이 우리 앞에서
간담이 녹더이다 하더라
(수 2:24)

74 5. 훈련의 과정 (수 3:1~8)

너는 언약궤를 멘 제사장들에게
명령하여 이르기를 너희가
요단 물가에 이르거든 요단에 들어서라 하라
(수 3:8)

1
우리가
정복해야할
땅

1
가나안을 이해하라
수 1:1~4

내 종 모세가 죽었으니
이제 너는 이 모든 백성과 더불어 일어나
이 요단을 건너 내가 그들 곧
이스라엘 자손에게 주는 그 땅으로 가라
(수 1:2)

전 세계 유명한 관광지에는 수많은 박물관이 있어 언제나 여행객과 관람객으로 가득합니다. 특히 역사적으로 유명한 유물들이 있는 곳에는 더욱 그러합니다. 지금 현재에도 좋은 것이 많은데 굳이 과거의 것을 찾아보려는 이유는 무엇일까요? 그것은 현재는 과거의 산물이라 오늘을 이해하기 위해서는 옛것을 돌아보아야 하기 때문입니다. 그래서 역사가 E. H. 카(Edward Hallet Carr, 1892~1982)는 『역사란 무엇인가』에서 역사를 "현재와 과거 간의 끊임없는 대화(a dialogue between the present and the past)"라고 정의했습니다. 따라서 박물관의 유물들은 죽은 사물들이 아니라 여전히 살아서 현재의 우리에게 직간접적으로 말하고 있으며 귀가 열려 있는 자들에게 유익한 메시지를 전해주고 있는 것입니다.

전도서 1장 9절에는 "이미 있던 것이 후에 다시 있겠고 이미 한 일을 후에 다시 할지라 해 아래에는 새 것이 없나니"라고 했습니다. 과거의 일들은 현재와 미래에 반복되곤 합니다. 물론 단순 반복되어 재현되는 것은 아니지만, 그 일을 통한 교훈은 여전히 동일한 가치를 지니게 됩니다. 따라서 우리가 과거의 일을 살펴보는 것은 지나간 일을 통해 교훈을 배워 오늘에 적용하여 새 역사의 주인공으로서 사는 데 있습니다. 성경에는 다른 사람의 일에 대해 부정적인 예를 들어 교훈하기도 하고, 긍정적인 예로 들어 교훈하기도 합니다. 즉 과거의 잘못된 일은 본보기로 삼아(고전 10:11) 피하고, 좋은 일들은 본으로 삼아(살전 1:7, 딤전 1:16) 나아가는 것이 우리의 할 일입니다. 그렇게 하지 않으면 안 되는 이유는 스페인 태생의 미국 철학자 조지 산타야나(George Santayana, 1863~1952)의 말처럼 "역사를 기억하지 못한 자, 그 역사를 다시 살게 될 것"이기 때문입니다.

구약 여호수아서는 이스라엘의 역사를 기록한 책으로, 역사서의 분류에 들어갑니다. 이 책을 일반적인 인간의 역사 기록물로 본다면 모세에 이어 지도자가 된 여호수아가 이스라엘 백성을 이끌고 가나안을 정복했다는 내용입니다. 그러나 이 책을 하나님의 역사로 본다면 하나님께서 이스라엘을 사용하여 하나님의 약속을 지키고 정복을 이루어 가시는 승리의 개가들이 기록된 내용이라고 말할 수 있습니다. 따라서 여호수아서는 단순히 사람의 역사(歷史)를 기록한 것이 아닌 사람을 통해 일하시는 하나님의 역사(役事)를 기록한 책입니다.

여호수아서를 함께 살펴보며 소망하는 것이 있습니다. 그것은 여호수아서를 통해 우리의 신앙생활이 더 풍성하게 되어 신앙의 내용과 모습이 새롭게 바뀌는 것입니다. 또한 이러한 소망이 실제 승리의 삶으로 나타나 많은 열매를 맺기를 바라는 것입니다.

그렇다면 여호수아서는 어떤 이야기일까요? 한마디로 말하면 '가나안에 대한 이야기'입니다. 그런데 이 이야기는 '나의 가나안의 이야기'로 바뀌어야 의미가 있습니다.

가나안이라는 장소

여호수아서는 가나안이라는 특별한 장소를 중심으로 크게 세 가지 내용으로 나눌 수 있습니다. 첫 번째는 가나안에 들어가는 내용이고(수 1:1~5:12), 두 번째는 가나안을 정복하는 내용이며(수 5:13~12:24), 세 번째는 정복한 가나안 땅을 이스라엘의 열두 지파가 나누어 소유하는 내용입니다(수 13:1~24:33). 이처럼 여호수아서는 가나안을 중심으로 사건이 일어납니다. 그런데 이 분류보다 더 중요한 의미의 분류가 있습니다. 여호수아서를 바르게 이해하려면 다음과 같은 질문을 해야 합니다.

'가나안은 어떤 곳인가? 성경은 가나안을 어떻게 말하고 있는가? 이 시대를 살고 있는 우리에게 가나안은 어떤 의미를 주는가?'

이 질문에 대한 답에 우리의 신앙생활이 달려 있습니다. 다람쥐

쳇바퀴처럼 교회에 다니기만 하면서 만족감을 갖는 안락한 종교인이 될 것인지, 아니면 신앙생활의 참된 맛과 멋을 발견하고 영향력 있는 믿음의 사람이 될지 말입니다. 우리의 답변을 업그레이드한다면 "신앙생활이란 흔들어 넘쳐흐르는 은혜의 복을 누리는 것이구나!"라는 고백과 함께 새로운 도약을 이루게 될 것입니다.

가나안을 이해하려면 먼저 가나안에 대한 일반적인 선입견을 수정해야 합니다. 오늘날 가나안이라고 하면 막연하게 천국을 떠올립니다. 그래서 한 사람의 죽음을 가리켜 '요단강을 건너 가나안에 들어갔다'라고도 말합니다. 그러나 이러한 표현은 죽음에 대한 은유적 표현일 뿐입니다. 만일 가나안을 천국으로만 이해한다면 가나안은 미래의 상황만을 가리킵니다. 우리가 죽어야만 갈 수 있는 곳이 되기 때문에 이 시대를 오늘이라는 시간으로 살고 있는 우리에게 아무런 의미를 주지 못하게 됩니다.

가나안을 천국으로 단정 짓는다면 구원에 관한 문제도 생깁니다. 성경을 보면 출애굽 한 이스라엘 백성들 모두 가나안 땅에 들어가지 못했습니다. 출애굽 1세대 중 여호수아와 갈렙만 제외하고 모두 광야에서 죽습니다. 그리고 여호수아와 갈렙을 위시하여 새로 태어난 출애굽 2세대가 가나안 땅에 들어갑니다. 만일 가나안을 천국이라고 말한다면 다음과 같은 문제가 발생합니다. 즉 '하나님의 택한 백성들이 구원받을 때 천국에 들어가는 사람도 있고 들어가지 못하는 사람도 있다는 말인가?'라는 의문입니다. 우리 모두는 하나님께서 선택하셨기 때문에 천국에 들어갈 것을 확신하고 있습니다. 그런데 천국에 들어가는 일이 불확실하다면 우리의 믿음생활은 불안정하게 흔들릴 수밖에 없습니다.

'상황'에 관한 문제도 생깁니다. 여호수아서는 가나안을 천국이 아닌 '전쟁터'로 소개하고 있습니다. 이스라엘 백성이 이미 그곳에 거주하고 있던 이방 민족들을 물리치기 위해 피 터지는 전쟁을 벌인 곳이 바로 가나안이라는 것입니다. 성경을 보면 우리가 살고 있는 이 세상을 '영적 전쟁터'라고 표현하는 것을 발견할 수 있습니다. 우리가 살고 있는 이 땅은 악한 마귀의 세력과 영적인 싸움을 하는 전쟁터라는 것입니다. 이처럼 여호수아서에서 보여주는 가나안은 영원한 안식처가 아닌 피 흘리며 싸우는 전쟁터입니다. 우리가 이 땅에서 힘에 겨운 인생의 무게를 짊어지면서도 견디고 이겨내는 이유는 우리에게 영원한 하나님 나라의 약속이 있기 때문입니다. 눈물과 아픔이 없고 영원한 안식이 있는 천국이 있기 때문에 그것을 소망하며 오늘을 살아갑니다. 그런데 우리가 소망하는 천국이 여전히 피 흘리며 전쟁을 하는 곳이라면 천국에 대한 우리의 소망은 헛것이 되고 말 것입니다. 이와 같이 가나안에 대한 잘못된 이해는 여러 난제를 만듭니다. 그렇다면 우리는 이런 질문을 다시 해야 합니다.

'지금 나에게 가나안은 어떤 곳인가?'

가나안, 목적이 머무는 장소

가나안은 하나님이 자신의 백성들을 이끌고자 한 목적지입니다.

따라서 가나안은 '하나님의 목적이 머무는 장소'입니다. 1~2절을 보겠습니다.

"여호와의 종 모세가 죽은 후에 여호와께서 모세의 수종자 눈의 아들 여호수아에게 말씀하여 이르시되 내 종 모세가 죽었으니 이제 너는 이 모든 백성과 더불어 일어나 이 요단을 건너 내가 그들 곧 이스라엘 자손에게 주는 그 땅으로 가라."

하나님이 가나안을 어떤 땅이라고 말씀하시나요? '내가 이스라엘 자손에게 주는 그 땅'이라고 말씀하십니다. 그리고 하나님이 주는 그 땅으로 백성들과 더불어 '가라'고 명령하십니다. 하나님이 이스라엘 백성에게 주려는 땅이기에 그곳에 가라고 명령하신 것입니다. 그렇다면 그 땅은 어떤 곳일까요?

"내가 모세에게 말한 바와 같이 너희 발바닥으로 밟는 곳은 모두 내가 너희에게 주었노니"(수 1:3).

이스라엘 백성들과 함께 가야 할 가나안은 이미 모세에게 약속하신 '약속의 땅'이라고 말씀하고 있습니다. 그렇다면 하나님께서는 모세에게 어떤 약속을 하셨을까요?

"여호와께서 이르시되 내가 애굽에 있는 내 백성의 고통을 분명히 보고 그들이 그들의 감독자로 말미암아 부르짖음을 듣고 그 근심을 알고 내가 내려가서 그들을 애굽인의 손에서 건져내고 그들을 그 땅에서 인도하여 아름답고 광대한 땅, 젖과 꿀이 흐르는 땅 곧 가나안 족속, 헷 족속, 아모리 족속, 브리스 족속, 히위 족속, 여부스 족속의 지방에 데려가려 하노라"(출 3:7~8).

하나님께서는 이미 출애굽 전부터 모세를 통해 이스라엘 백성을 가나안으로 이끌겠다고 약속하셨습니다. 이 부분을 잘 이해해야 합니다. 이스라엘 백성은 애굽에서 고통의 삶을 살았습니다. 이를 벗어나고자 신음하며 하나님께 간구했습니다. 하나님께서는 백성들의 간구를 듣고 모세를 통해 이스라엘 백성을 애굽에서 건져주셨습니다.
　그렇다면 하나님께서는 택한 백성들을 왜 건져주셨을까요? 단순히 극심한 고통 속에 신음하는 백성들의 아픔을 덜어주기 위해서였을까요? 아닙니다. 그것은 바로, 자신이 택한 백성들을 향한 하나님의 목적이 있었기 때문입니다. 이스라엘 백성을 애굽에서 건지고 광야의 길을 앞서서 인도하신 이유는 바로 그들을 '가나안'에 살게 하기 위함이었습니다. 하나님께서 택한 백성의 선한 목자가 되어 인도하신 목적지가 바로 가나안이었다는 것입니다.
　가나안 땅은 이스라엘 백성이 이전에 살았던 애굽 땅과는 비교할 수 없는 땅이었습니다. 아름답고 젖과 꿀이 흐르는 땅이었으며 그 당시 최고의 문명을 가지고 있던 땅이었습니다. 그 땅은 당시 최고의 힘을 가진 나라인 애굽과도 비교할 수 없을 정도로 아름답고 광활했습니다. 이 모습을 성경은 '젖과 꿀이 흐르는 땅'이라고 표현합니다. 아름답고 광활한 땅일 뿐만 아니라 모든 필요를 완벽하게 채워주는 땅이라는 것입니다. 이것을 달리 말하면 택한 백성에게 공급하시는 하나님의 풍성함을 누리는 기쁨의 장소라는 말입니다. 이처럼 성경은 가나안을 단순한 장소로 여기지 않고 구원받은 백성이 누리는 풍성한 모습으로 표현하고 있습니다.

가나안은 죽어서 가는 곳이 아니라 오늘 살아서 누리는 삶의 실체라는 것입니다. 하나님께서는 우리가 가나안의 삶을 풍성히 누리며 살기를 원하십니다. 이런 의미에서 우리는 가나안을 사모해야 합니다. 하나님께서도 우리가 가나안에 거하기를 원하십니다. 그 안에서 택한 백성을 돌보시는 하나님의 손길을 경험하기 원하십니다. 가나안을 잘못 발음하면 가난이 됩니다. 그런데 하나님께서는 '가난'이 아니라 '가나안'을 경험하기 원하십니다.

"내가 모세에게 말한 바와 같이 너희 발바닥으로 밟는 곳은 모두 내가 너희에게 주었노니"(수 1:3).

이 말씀에서 "주었노니"는 '주다'라는 동사 '나탄(נתן)'의 완료형입니다. 하나님께서는 여호수아에게 가나안 정복을 명령하실 때 미래의 시점이 아니라 '이미 내가 너희에게 주었다'는 완료의 시점에서 말씀하십니다. 이것은 바로 가나안의 확실한 약속을 붙잡고 오늘 가나안의 풍성한 은혜를 기대하며 삶을 누리라는 것입니다. 이것이 하나님의 뜻입니다. 하나님의 뜻은 성도가 애굽에만, 광야에만 머물러 사는 것이 아니라 최종 목적지인 가나안에 들어가 거기서 풍성한 은혜를 누리며 살아가는 것입니다.

따라서 우리는 스스로에게 이런 질문을 해야 합니다. '나는 현재 가나안을 경험하고 있는가? 예배의 자리에서 가나안을 경험하고 있는가? 천국 시민이라고 소리치지만 정작 애굽에, 광야에서만 머무는 것은 아닌가?'라고 말입니다.

여러분은 하나님을 어디에서 만나고 계십니까? 똑같이 신앙생활을 해도 어떤 사람은 날마다 가나안을 경험하며 사는데, 어떤 이들은 전혀 경험하지 못하고 여전히 광야에서 헐떡거리며 삽니다. 가나안을 경험하지 못하고 여전히 곤고한 광야에서 살고 있다면 우리를 가나안으로 이끌어 그곳에서 살기를 원하는 하나님께서 얼마나 안타까워하시겠습니까?

모든 부모는 자녀의 행복을 원합니다. 자녀를 고통 가운데 내버려둘 부모는 아무도 없습니다. 능력이 없어서 그렇지 죄만 안 된다면 내가 할 수 있는 모든 일을 해서라도 자녀만큼은 행복하게 해주고 싶어합니다. 왜 그렇습니까? 사랑하는 내 자녀이기 때문입니다. 이처럼 하나님께서도 자신의 백성을 애굽에 그냥 방치하는 것을 원하지 않으십니다. 그리고 애굽에서 건져주신 다음 할 일을 다 했다고 수수방관하지도 않으십니다. 하나님께서는 광야에서조차도 자신의 백성을 채근하면서까지 끝까지 가나안으로 데려가기 원하십니다.

이러한 하나님의 마음을 이해하십니까? 설교자의 마음도 마찬가지입니다. 저는 여러분 모두가 날마다 가나안을 경험하며 살기 원합니다. 그래서 때로는 소름끼치도록 설교할 때도 있고, 때로는 비수를 가슴에 꽂는 것처럼 설교할 때도 있습니다. 그것은 여러분이 광야에서 후들거리다가 중간에 포기하지 않게 하기 위해서입니다. 하나님의 목적이 있는 가나안에 함께 들어가 그 안에서 더욱 풍성한 은혜를 누리게 하기 위해서입니다. 가나안이 하나님께서 원하시는 목적이기 때문에 가나안으로 힘써 들어가야 합니다.

가나안, 믿음으로 들어가는 장소

"내 종 모세가 죽었으니 이제 너는 이 모든 백성과 더불어 일어나 이 요단을 건너 내가 그들 곧 이스라엘 자손에게 주는 그 땅으로 가라"(수 1:2).

모세가 죽은 후에 하나님께서 여호수아에게 그 일을 감당하라고 명하시는 말씀입니다. 이 구절만 보면 리더십이 모세의 시종인 여호수아에게 자연스럽게 승계된 것처럼 보입니다. 그런데 모세의 죽음을 이해하면 생각이 달라집니다.

"모세가 모압 평지에서 느보 산에 올라가 여리고 맞은편 비스가 산꼭대기에 이르매 여호와께서 길르앗 온 땅을 단까지 보이시고" (신 34:1).

하나님께서는 모세를 지도자삼아 이스라엘 백성을 가나안으로 이끌기 위해 친히 군대장관이 되셔서 모압 평지까지 행진해왔습니다. 이제 가나안이 눈앞에 보입니다. 그때 하나님께서는 모세를 느보 산에 세워두고 '여기가 바로 너희에게 약속한 그 땅'이라고 말씀하시며 가나안 땅을 보여주셨습니다. 특별히 "길르앗 온 땅을 단까지 보이"셨다는 표현은 구약성경에서 이스라엘의 온 땅을 표현할 때 반복적으로 쓰이는 '브엘세바에서 단까지'라는 표현과 비슷한 의미가 있습니다. 곧 하나님께서는 모세에게 가나안 온 땅을 보여주셨습니다.

만약 우리라면, 그토록 소망하던 가나안을 직접 눈으로 보았을 때 어떠했겠습니까? 아마 흥분과 함께 기쁨을 감추지 못했을 것입니다. 그런데 하나님께서는 모세에게 이렇게 말씀하십니다.

"여호와께서 그에게 이르시되 이는 내가 아브라함과 이삭과 야곱에게 맹세하여 그의 후손에게 주리라 한 땅이라 내가 네 눈으로 보게 하였거니와 너는 그리로 건너가지 못하리라 하시매"(신 34:4).

갑자기 분위기가 반전됩니다. 마치 하나님께서 모세를 놀리시는 것 같습니다. 모세가 감격하여 흥분하고 있을 때 하나님께서는 "모세야! 네가 보는 땅은 아브라함부터 이삭과 야곱에 이르기까지 조상들에게 약속한 바로 그 땅이다. 그런데 너는 못 들어간다" 하고 말씀하시는 것입니다. 그리고 이 말씀을 하신 후 다음 절에서 모세가 죽습니다.

"이에 여호와의 종 모세가 여호와의 말씀대로 모압 땅에서 죽어" (신 34:5).

그런데 성경은 모세가 죽을 때 노환으로 자연적인 죽음을 맞이했다고 기록하지 않습니다.

"모세가 죽을 때 나이 백이십 세였으나 그의 눈이 흐리지 아니하였고 기력이 쇠하지 아니하였더라"(신 34:7).

이것은 모세가 늙어서 죽은 것이 아니라 하나님의 계획된 죽음이었다는 것입니다. 한마디로 '모세는 여기까지'라는 뜻입니다. 이처럼 하나님께서는 우리 인생을 주권적으로 역사하시기에 어느 누구도 자기 좋은 대로 계획을 세우고 무슨 큰일을 하리라고 장담할 수 없습니다. 다만 믿음으로 나아갈 뿐입니다. 모세가 가나안에 들어가지 못한 것 때문에 그의 인생이 실패였다가 아니라, 그는 가나안을 바라보고 믿음으로 나아갔고 가나안을 마음에 품고 누리다가 갔던 것입니다.

그리고 여호수아를 세우며 말씀하십니다.

"내 종 모세가 죽었으니 이제 너는 이 모든 백성과 더불어 일어나 이 요단을 건너 내가 그들 곧 이스라엘 자손에게 주는 그 땅으로 가라"(수 1:2).

내가 이미 너희에게 다 주었으니까 발바닥으로 밟고 가면 된다는 말씀입니다. 곧 레바논에서부터 큰 강인 유브라데 강까지 온 땅이 이스라엘의 영토가 된다는 말씀입니다. 그렇다면 이미 백성에게 주어진 땅, 그냥 밟고 들어가면 반드시 백성의 소유가 되는 땅, 그 땅 앞에서 필요한 것은 무엇입니까? 바로 '믿음'입니다. 여호수아의 탁월함은 가나안 땅에 들어가는 열쇠가 아니었습니다. 뛰어난 리더십도 아니었습니다. 그 땅에 들어가는 열쇠는 오직 단 하나인데, 바로 순종하는 믿음입니다.

여호수아서 1장을 읽어보면 야망과 용기가 없어 겁쟁이처럼 보이는 여호수아의 모습을 발견하게 됩니다. 야망이 있었으면 모세가 죽었을 때, '내가 이제 이 민족의 지도자가 되겠구나' 하는 생각을 가졌겠지만 여호수아는 그런 생각은커녕 오히려 지도자가 될까 봐 두려워했습니다. 하나님께서는 이러한 그를 반복해서 격려하십니다.

"네 평생에 너를 능히 대적할 자가 없으리니 내가 모세와 함께 있었던 것같이 너와 함께 있을 것임이라 내가 너를 떠나지 아니하며 버리지 아니하리니"(수 1:5).

이처럼 여호수아는 모세와 비교할 때 용기와 리더십이 한참 부족한 사람이었습니다. 그래서 하나님께서 여호수아에게 강하고 담대하라고 말씀하시는 것입니다. 여호수아의 믿음을 독려하고 있는 것입니다. 믿고 가라는 것입니다. 자신이 비록 초라하게 보이더라도 능력 있는 하나님께 믿음의 소망을 두고 그 앞에 담대히 순종하는 믿음을 보이라는 것입니다. 순종의 믿음이 드러나는 순간 믿음으로 가나안을 경험할 수 있습니다.

이처럼 가나안은 믿음의 장소입니다. 따라서 우리는 신앙생활의 모든 초점을 믿음에 두어야 합니다. 내가 교회를 얼마나 오래 다녔는지, 내가 교회에서 얼마나 많은 영향력을 미치는지, 교회에서 나의 존재감이 어느 정도인지, 교회에서 내 직분이 무엇인지…… 이런 것으로는 가나안을 경험할 수 없습니다. 가나안은 오직 '믿음'으로만 누릴 수 있습니다. 모세도 믿음으로 순종하여 가나안을 바라보며 가나안을 경험했고, 여호수아도 믿음으로 순종하여 가나안으로 나아감으로써 가나안을 경험했습니다. 하나님을 믿고 순종하는 자, 가라면 가고 서라면 서는 자가 가나안을 경험할 수 있습니다.

가나안, 소원의 장소

사실 출애굽 한 이스라엘 백성은 모두 가나안에 들어가지 못하고 죽고 맙니다. 오직 여호수아와 갈렙만이 출애굽 2세대를 데리고 가나안에 들어갔습니다. 여호수아와 갈렙은 가나안 정복을 앞두고 그 땅을 정탐한 정탐꾼들이었습니다.

민수기 13장을 보면 이스라엘 백성이 바란 광야 가데스에 진을 쳤을 때 하나님의 명령에 따라 각 지파별로 한 사람씩 선발하여 가나안 땅을 정탐하게 됩니다. 이들은 하나님께서 주시겠다고 약속한 가나안을 남들보다 먼저 가서 보고 온 자들입니다. 정탐꾼들은 같은 곳을 정탐했지만 보고는 전혀 달랐습니다. 여호수아와 갈렙은 '하나님께서 약속하신 가나안은 너무 멋지더라. 너무 좋더라. 빨리 들어가자' 하고 흥분하며 보고했습니다. 그러나 나머지 열 명의 보고는 달랐습니다. '가나안을 보니 좋기는 하지만 못 들어가겠더라. 가지 말자. 가면 우리가 반드시 죽을 것이다'라고 비참한 내용을 보고했습니다.

같은 곳을 정탐하고 돌아온 두 정탐꾼의 보고가 다른 열 명의 사람들과 다른 이유는 무엇입니까? 여호수아와 갈렙은 그 땅을 간절히 소원했습니다. 그들은 단순히 자신의 바람을 이루려는 소원을 가진 것이 아니라 약속을 이루시는 하나님을 믿고 그것의 성취를 자신의 인생에 가장 값진 것으로 여겼습니다. 하나님께서 그 땅을 주겠다고 약속하셨기 때문에 여호수아와 갈렙은 반드시 그 땅에 들어가겠다는 열망과 열정을 가졌습니다. 그 열정은 믿음에서 비롯되었습니다. 그러나 다른 정탐꾼들은 그 땅을 사모하지 않았습니다. 그 땅에 대한 열정과 소원이 없었습니다. 결정적으로 그들에게는 약속을 반드시 이루시는 하나님에 대한 믿음이 없었습니다. 이것을 볼 때 참 믿음에서 소원이 나오고, 열정과 열망이 따르는 것을 보게 됩니다.

출애굽기에는 이스라엘 백성이 하나님의 능력으로 애굽의 종에서 자유의 백성이 되는 내용이 나옵니다. 그런데 광야생활을 할 때 이스라엘 백성은 오히려 애굽에서 종으로 살았던 모습을 동경합니다. 출애굽의 감격은 사라지고 광야생활 내내 하나님 앞에서 불평과 원망을 합니다. 하나님께서 구름과 불기둥으로 그들을 인도하시고, 만나와 메추라기를 주면서까지 인도하시는데 그들은 도리어 하나님께서 주신 것까지 불평했습니다. 그들은 '왜 매일 만나와 메추라기만 먹어야 하느냐? 애굽으로 돌아가자!'고 원망했습니다. 물론 백성의 원망과 불평은 감당해야 할 상황이 너무나 힘들기 때문이었을 것입니다. 그러나 한 걸음 더 나아가 생각해보면 이스라엘 백성은 광야생활을 하는 동안 약속의 땅, 가나안에 대한 하나님의 약속을 믿지 않았고 그 불신앙으로 마음 가운데 간절한 소원이 없었습니다. 그래서 그들은 불평과 원망 가운데 인생을 광야에서 끝마치고 말았습니다.

가나안은 '소원'의 장소여야 합니다. 그 소원은 하나님을 향한 믿음 때문에 열정과 열망으로 가득해야 합니다. 우리를 구원하시는 것은 전적인 하나님의 주권이지만, 구원받은 백성에게 베풀어주시는 하나님의 은혜와 복은 간절한 사모함과 직결된다는 것을 결코 잊어서는 안 됩니다. 우리에게 주신 가나안이라는 목적을 바라보며 믿음으로 나아가고, 간절한 소원으로 열정적으로 사는 복된 인생이야말로 가나안을 누리는 자가 될 것입니다.

2
불가능을 뛰어넘는 확신

수 1:5~9

내가 네게 명령한 것이 아니냐
강하고 담대하라 두려워하지 말며 놀라지 말라
네가 어디로 가든지 네 하나님 여호와가
너와 함께 하느니라 하시니라
(수 1:9)

    높은 산 중에서도 우뚝 서 있는 네팔의 에베레스트 산은 8,848미터의 높이를 자랑하며 전 세계 모든 산악인이 정복하기를 원하는 꿈의 산으로 당당히 서 있습니다. 짐 휘터커(James W. Whitaker, 1929~)라는 미국의 산악인이 등반대원들과 함께 에베레스트 산 등정을 앞두고 있었습니다. 대원들은 등반에 앞서 모두 면담 테스트를 받았다고 합니다. 한 명 한 명 들어가서 같은 질문을 받았는데 그것은 "당신은 정상까지 오를 것 같습니까?"라는 질문이었습니다. 이 물음에 대원들은 대개 "그렇게 되기를 바랍니다", "최선을 다하겠습니다" 하고 답했습니다. 그런데 짐 휘터커는 달랐습니다.

"네, 저는 반드시 정상까지 꼭 올라가겠습니다."

보이스카우트 출신인 휘터커는 자신의 오랫동안의 꿈에 대한 결의와 확신에 차 있었습니다. 그리고 그는 마침내 결국 해내고 말았습니다. 그는 1963년 5월 1일 에베레스트산을 정복한 최초의 미국인이 되는 영예를 안았고, 당시 케네디 대통령에게 메달을 받았습니다. 그가 한 말 중에 이런 말이 있습니다.

"당신은 결코 산을 정복하지 못합니다. 산들은 정복되지 않습니다. 당신이 당신 자신을 정복하는 것입니다(You never conquer a mountain. Mountains can't be conquered; you conquer yourself)."

휘터커의 말은 많은 것을 시사해줍니다. 그가 에베레스트 산을 정복하기 전에 이미 자신에 대한 불신을 극복하고 부정적인 현실과 주위의 시선을 극복하여 스스로 확신하며 나아갔을 때 이미 승리의 고지는 머지않았던 것입니다. 이런 면에서 볼 때 정복할 수 없어 보이는 산이나 난공불락의 성을 앞둔 사람에게는 이미 그 마음속에서 승패가 결정되어 있는지도 모릅니다. 성경은 우리에게 말합니다.

"우리가 시작할 때에 확신한 것을 끝까지 견고히 잡고 있으면 그리스도와 함께 참여한 자가 되리라"(히 3:14).

하나님의 은혜로 시작했다면 하나님의 은혜를 끝까지 붙잡고 있을 때 인생을 마치는 순간 승리를 맛보게 될 것입니다. 오늘 본문의 가나안은 막연한 미래의 장소가 아닙니다. 하나님께서 정하신 약속의 장소입니다. 따라서 하나님께서 주시고자 하는 이 선물을 받아 누리려면 먼저 믿음의 태도를 가져야 합니다.

개인적으로 찬송가 438장 '내 영혼이 은총 입어'를 부를 때마다 가나안을 더 사모하게 됩니다. 이 찬송시는 버틀러(C. F. Butler)가 1898년에 작사한 것인데, 누가복음 17장 21절의 말씀을 중심으로 하나님 나라 천국의 현재적 기쁨을 노래하고 있습니다. 첫 소절 "내 영혼이 은총 입어 중한 죄 짐 벗고 보니"는, 구약 이스라엘 백성으로 치면 종살이했던 애굽에서 건져주심을 받고 보니라는 의미이며, 신약과 오늘날로 보면 하나님의 은혜로 죄 용서함을 받아 자유케 되고 보니라는 뜻일 것입니다. 이처럼 구원을 받아보니 "슬픔 많은 이 세상도 천국으로 화하도다" 하고 말합니다. 세상은 여전히 슬픔으로 가득차 있지만 하나님께서 우리를 택하고 구원하셨기에 천국으로 바뀐 삶을 살 수 있다는 것입니다. 그리고 "주의 얼굴 뵙기 전에 멀리 뵈던 하늘나라"는, 내가 구원받기 전에는 하나님의 나라가 나와 상관이 없는 것처럼 느껴졌는데, "내 맘속에 이뤄지니 날로날로 가깝도다"며 내 속에 예수 그리스도가 주인이 되어 들어오시니까 멀리 보여서 나와 상관없는 것 같은 그 천국의 삶이 내 삶 속에 와 있더라는 이야기입니다. 그렇게 되니 결과가 무엇입니까? "높은 산이 거친 들이 초막이나 궁궐이나 내 주 예수 모신 곳이 그 어디나 하늘나라"입니다. 내 인생의 높은 산이나 거친 들이 내 인생에 영향을 끼치지 않더라는 것입니다. 내 주님이신 예수 그리스도를 모시고 사는 곳은 어떤 환경이나 형편에서도 젖과 꿀이 흐르는 가나안의 풍성한 삶을 날마다 체험하며 살 수 있다는 것입니다. 이 가나안에 들어가기 위해서 우리는 다음의 세 가지 확신을 가져야 합니다.

약속을 확신하라

가나안에 들어가려면 먼저 하나님의 약속을 확신해야 합니다. 모세가 죽은 후 하나님께서는 여호수아를 이스라엘 백성의 지도자로 세웁니다. 그리고 여호수아에게 명령하십니다. 여호수아 1장 1~2절을 보겠습니다.

"여호와의 종 모세가 죽은 후에 여호와께서 모세의 수종자 눈의 아들 여호수아에게 말씀하여 이르시되 내 종 모세가 죽었으니 이제 너는 이 모든 백성과 더불어 일어나 이 요단을 건너 내가 그들 곧 이스라엘 자손에게 주는 그 땅으로 가라."

말씀을 자세히 살펴보면 하나님께서 여호수아에게 '이유 있는 명령'을 하시는 것을 알 수 있습니다. "내가 그들 곧 이스라엘 자손에게 주는 그 땅" 즉 하나님께서 그 땅을 줄 것이기에 그 땅으로 가라는 명령에 순종하라는 것입니다. 하나님께서는 여호수아에게 하나님의 약속을 붙잡기를 바라셨습니다. 여기서 '주다'라는 동사는 적극적인 행동을 의미합니다. 마치 하나님께서 이렇게 말씀하시는 듯합니다.

"여호수아야! 네가 백성들을 이끌고 가야 할 곳은 내가 너희 조상 때부터 약속했던 바로 그 약속의 땅이다. 따라서 반드시 내가 너희에게 그 땅을 줄 것이다. 그러므로 너는 담대하게 그 땅으로 가라! 여호수아야! 너의 사명은 이스라엘 백성을 약속의 땅으로 데리고 가는 것이다."

계속해서 하나님께서는 여호수아에게 3절에서 말씀하십니다.

"내가 모세에게 말한 바와 같이 너희 발바닥으로 밟는 곳은 모두 내가 너희에게 주었노니."

하나님께서는 여호수아가 밟게 될 '약속의 땅'은 이미 모세 때부터 주겠다고 '약속한 땅'이라고 말씀하십니다. 여호수아에게만 약속한 땅이 아니었습니다. 그 이전에 모세에게 말한 그 땅, 그러니까 이것은 여호수아에게 지금 새롭게 주는 것이 아닌 모세 때부터 이미 주겠다고 약속한 땅이라는 것입니다. 4절에서는 이렇게 말씀하십니다.

"곧 광야와 이 레바논에서부터 큰 강 곧 유브라데 강까지 헷 족속의 온 땅과 또 해 지는 쪽 대해까지 너희의 영토가 되리라."

약속의 땅은 이스라엘 백성이 눈으로 보는 대로 여기서부터 저기까지 확실하게 있다고 말씀하십니다. 그렇다면 하나님께서 왜 여호수아에게 이 말씀을 하시는지 살펴볼 필요가 있습니다.

여호수아는 모세의 곁에서 늘 떠나지 않고 수종들던 사람이었습니다. 그래서 하나님께서 모세의 생전에 하신 말씀을 잘 알고 있었을 것입니다. 그런데 모세가 죽고 난 후 하나님께서는 여호수아가 이미 다 알고 있는 내용을 다시 명령하며 말씀하십니다. 이것은 여호수아가 이 말씀을 다시 기억하기를 원하셨기 때문입니다. 이미 알고 있는 내용을 반복하여 말씀함으로써 자신의 약속을 다시 기억시키시는 것입니다. 약속을 기억시킴으로 그 약속을 확신시키기 위함입니다.

'반드시 내가 너희에게 주겠다고 약속했다. 이것을 네 마음속에

확실히 새겨라.'

여호수아는 약속의 확신을 이렇게 실천합니다. 10~11절 말씀입니다.

"이에 여호수아가 그 백성의 관리들에게 명령하여 이르되 진중에 두루 다니며 그 백성에게 명령하여 이르기를 양식을 준비하라 사흘 안에 너희가 이 요단을 건너 너희의 하나님 여호와께서 너희에게 주사 차지하게 하시는 땅을 차지하기 위하여 들어갈 것임이니라 하라."

여호수아서 초반의 여호수아의 모습을 상상해 보십시오. 모세가 죽고 난 후 두려움에 벌벌 떨고 있었습니다. 그런데 이 구절을 보면 이전과는 전혀 다른 모습입니다. 확신을 가지고 이스라엘 백성에게 명령하는 여호수아의 모습이 보입니다. 그는 마치 사자와 같이 담대합니다. 그렇다면 여호수아를 변화시킨 원동력은 무엇일까요? 바로 약속하고 그 약속을 반드시 지키시는 하나님에 대한 확신 때문입니다. 그 확신이 가득 차자 여호수아는 백성의 관리들을 불러놓고 이렇게 말합니다.

"여러분! 기억하시죠? 하나님께서 우리에게 주겠다고 약속하신 가나안 땅을 차지하기 위해서 우리가 요단을 건너갈 것입니다!"

그리고 이스라엘 백성들에게도 명령합니다.

"하나님께서 우리에게 차지하게 하신 그 땅으로 갈 것이다. 사흘 뒤 요단강을 건너 들어갈 것이다!"

두려움에 휩싸였던 여호수아가 백성들을 이끄는 지도자로 담대히 서게 된 것입니다. 그것은 바로 하나님의 약속에 대한 확신이 여호수아에게 있었기 때문입니다. 이처럼 신앙은 하나님을 확신하는 것입니다.

세상 사람들은 성경을 믿지 않습니다. 그래서 아무리 성경을 재미있게 가르쳐도 들은 척도 하지 않습니다. 그들의 마음에는 하나님을 향한 불신이 있기 때문입니다. 하지만 우리는 성경 안에 기록된 이해할 수 없는 내용, 거짓말이라고 해도 과언이 아닐 정도인 수많은 기적, 놀라운 사건들을 의심 없이 믿습니다. 그 이유는 우리는 하나님에 대한 확신이 있기 때문입니다. 확신은 신앙의 뿌리입니다. 그리고 하나님에 대한 확신은 가나안의 풍성한 삶을 누리게 합니다.

우리는 신앙생활에서 방향과 내용을 잘 정해야 합니다. 비록 같은 교회, 같은 목사에게 목회 지도를 받아도 성도의 신앙이 각자 다릅니다. 어떤 분은 신앙이 깊지만 어떤 분은 아직도 어린아이와 같은 신앙에 머물러 있습니다. 이 두 부류의 모습에서 공통적으로 발견되는 사실은 신앙이 깊은 분들은 하나같이 긍정적인 태도를 가졌다는 것입니다. 늘 기쁘게 생활하고, 고난 중에서도 항상 감사를 고백하며, 늘 즐겁게 찬양하며 삽니다. 그러나 신앙의 정체를 경험하는 분들은 대개 원망과 불평을 늘어놓고 논쟁과 비판의 자리를 찾아다닙니다. 매사를 부정적으로 바라봅니다. 이러한 다름은 '확신'의 차이에서 생기는 것입니다.

하나님의 약속을 확신 가운데 붙드는 사람은 시시각각 변하는 상황에 휘둘리지 않습니다. 상황에 따라 움직이지 않고 하나님께서 약속하신 말씀을 굳건히 붙잡고 가나안을 누립니다. 성경 어디를 보아도 '항상 우울해라. 범사에 심각해라. 쉬지 말고 불평하라'는 말은 없습니다. 오히려 성경은 이렇게 말씀합니다.

"항상 기뻐하라 쉬지 말고 기도하라 범사에 감사하라 이것이 그리스도 예수 안에서 너희를 향하신 하나님의 뜻이니라"(살전 5:16~18).

이 말씀을 이렇게 바꿀 수도 있을 듯합니다.

'항상 가나안을 누리는 것이 하나님의 뜻이다. 그러므로 항상 기뻐하라, 쉬지 말고 기도하라, 범사에 감사하라.'

지금 우리는 어떻게 신앙생활을 하고 있는지 되돌아보아야 합니다. 마지못해 한 주, 한 주, 교회에서 출석 도장만 찍고 있다면 1년이 가고 10년이 가더라도 기쁨보다 불평이 가득할 것입니다. 그런데 똑같이 남들이 주목하지 않는 식당에서 봉사를 해도 어떤 분은 가나안을 누리면서 봉사하십니다. 그런 분들의 웃는 얼굴은 예수님을 전도하는 전도지입니다. 어느 날, 주방에서 땀을 비 오듯 흘리시는 권사님을 만나 이렇게 여쭤봤습니다.

"권사님, 힘드시죠?"

그랬더니 권사님께서 이렇게 답하시더군요.

"아니요. 너무 즐거워요. 내가 차려주는 밥을 우리 교인들이 맛있게 먹으니 얼마나 기쁜지 몰라요."

그러면서 찬양대도 섬기고, 주일학교 교사로도 봉사합니다. 신앙생활이 기쁘고 즐거운 것입니다. 그런데 같은 자리에서 같은 봉사를 하면서 불평하는 사람도 있습니다. 이런 사람은 가나안을 경험하지 못합니다.

승리를 확신하라

하나님께서 반드시 우리를 이기게 하신다는 승리에 대한 확신을 가져야 합니다. 가나안이 하나님께서 자신의 백성에게 약속하신 땅이라고 한다면 승리는 당연한 것입니다. 따라서 하나님께서는 여호수아에게 이러한 승리를 확신할 수 있도록 약속을 기억하게 하시는 것입니다. 여호수아서 1장 5~6절을 보겠습니다.

"네 평생에 너를 능히 대적할 자가 없으리니 내가 모세와 함께 있었던 것같이 너와 함께 있을 것임이니라 내가 너를 떠나지 아니하며 버리지 아니하리니 강하고 담대하라 너는 내가 그들의 조상에게 맹세하여 그들에게 주리라 한 땅을 이 백성에게 차지하게 하리라."

하나님께서 여호수아에게 '너를 능히 대적할 자가 없다'고 말씀하십니다. 이 구절을 NIV 영어성경에서는 다음과 같이 번역합니다.

"No one will be able to stand up against you all the days of your life."

너를 대항하여 맞설 자(against you)가 없을 것이라고 말씀하십니다. 이 약속은 언제까지 유효합니까? '삶의 모든 날들에(all the days of your life)'입니다. 어떤 한정적인 때에만 대적할 자가 없는 것이 아닙니다. '삶의 모든 날들에' 대적할 자가 없다고 합니다. 그 이유는 모세와 함께하셨던 하나님께서 여호수아와 함께하시기 때문입니다.

'그 땅을 차지하게 하리라'는 말을 영어성경에서는 그 땅을 '상속받을 것(their forefathers to give them)'이라고 번역합니다. 상속은 투쟁하여 쟁취하는 것이 아닙니다. 내가 아버지의 아들이라면 조건 없이 당연히 상속받는 것입니다. 하나님께서 여호수아에게 가나안을 상속하겠다고 말씀하십니다. 그러므로 가나안을 차지하면서 승리의 확신을 가질 수 있는 것입니다. '너는 약해서 지금도 두려워 떨고 있지만, 또 제대로 훈련 받지 못해 오합지졸과 같은 백성이지만, 그래도 내가 그 땅을 주겠다고 약속했기 때문에 반드시 승리한다'는 말씀입니다. 앞으로 가나안을 정복할 때 마침내 반드시 승리할 것이라는 확신을 가지도록 하나님께서 여호수아에게 말씀하시고 있는 것입니다.

우리는 세상이 알지 못하는 비밀을 가진 자들입니다. 십자가 너머에 부활이 있다는 비밀이 우리에게 있습니다. 흔히 성도들은 자기희생, 포기, 눈물, 헌신과 같은 주제를 이야기하면 상당히 거룩하다고 생각합니다. 그러나 이 모든 것이 십자가 너머에 있는 약속된 부활로 나아가지 않는다면 진부한 담론이거나 허상으로 가득 찬 신기루일 뿐입니다. 부활장인 고린도전서 15장 51~52, 58절을 보십시오.

"보라 내가 너희에게 비밀을 말하노니 우리가 다 잠잘 것이 아니요 마지막 나팔에 순식간에 홀연히 다 변화되리니 나팔 소리가 나매 죽은 자들이 썩지 아니할 것으로 다시 살아나고 우리도 변화되리라 …… 그러므로 내 사랑하는 형제들아 견실하며 흔들리지 말고 항상 주의 일에 더욱 힘쓰는 자들이 되라 이는 너희 수고가 주 안에서 헛되지 않은 줄 앎이라."

성경은 우리가 다 잠자는 것이 아니고 마지막 나팔 소리가 날 때 홀연히 순식간에 변화되어 죽은 자들이 썩지 아니할 것으로 다시 살아나고 우리도 변화된다고 말합니다. 그날에 우리는 썩지 아니함을 입고 죽지 아니함을 입을 거라고 말합니다. 그래서 사망을 삼키고 이기리라는 말씀이 이루어진다고 말합니다. 사도 바울은 부활의 비밀을 말한 후 곧바로 성도들에게 낙심하지 말라고 권면합니다. 그리스도 안에서 부활의 승리를 주신 하나님께서 반드시 이기게 할 것이기 때문입니다. 죽음에서 승리한 부활의 약속이 있기 때문에 세상 속에서 믿음으로 승리하라는 것입니다. 세상 사람들은 두려워하는 마지막 심판의 때가 성도들에게는 소망이 되는 때입니다. 그날은 영원한 승리가 확인되는 날이기 때문입니다.

우리가 승리의 확신과 함께 가져야 할 것이 있습니다. 성경을 보면 하나님의 약속을 확신한 여호수아가 백성에게 한 가지를 요청하는데 그것은 바로 '순종'입니다. 전쟁에서 반드시 이길 것이기 때문에 백성에게 하나님의 명령에 순종할 것을 요청합니다. 반드시 승리할 것이기에 다른 이유나 설명을 붙이지 않습니다. 13~18절 말씀입니다.

"여호와의 종 모세가 너희에게 명령하여 이르기를 너희의 하나님 여호와께서 너희에게 안식을 주시며 이 땅을 너희에게 주시리라 하였나니 너희는 그 말을 기억하라 …… 그들이 여호수아에게 대답하여 이르되 당신이 우리에게 명령하신 것은 우리가 다 행할 것이요 당신이 우리를 보내시는 곳에는 우리가 가리이다 우리는 범사에 모세에게 순종한 것같이 당신에게 순종하려니와 오직 당신의 하나님 여호와께서 모세와 함께 계시던 것같이 당신과 함께 계시기를 원하나이다 누구든지 당신의 명령을 거역하며 당신의 말씀을 순종하지 아니하는 자는 죽임을 당하리니 오직 강하고 담대하소서."

여호수아는 므압 평지를 소유한 르우벤, 갓, 므낫세 반 지파의 모든 용사들이 무장하여 먼저 가나안에 들어가라고 명령합니다. 그리고 백성들은 순종하겠다고 대답합니다. 16~17절을 보면 반복되는 표현이 있습니다. 바로 '우리'와 '당신'입니다. '우리'는 한 사람도 빠짐없이 같은 마음과 순종으로 명령을 따르겠다는 것이고, '당신'은 모세에게 역사하신 하나님께서 바로 여호수아의 하나님이라는 것을 믿는다는 것입니다. 백성들은 모세에게 순종한 것같이 여호수아의 명령에 순종하겠다고 말한 것입니다. 그리고 더 나아가 모세와 함께하신 하나님께서 여호수아와 함께하시기를 축복하고 있습니다. 승리가 보장되어 있다는 사실을 믿는다면 순종으로 승리를 경험해야 합니다. 하나님의 약속을 확실히 아는 것뿐 아니라 승리를 확신하고 주님께 순종하는 것, 그것이 바로 신앙생활입니다.

그런데 광야 시절의 이스라엘 백성은 불평과 원망으로 불순종하다가 가나안을 잃어버렸습니다. 그들은 출애굽을 경험하고 하나님의 능력을 경험했지만 승리의 확신이 없었습니다. 출애굽의 승리를 경험하게 하신 하나님의 승리가 나의 승리가 된다는 것을 믿지 않았습니다. 이미 승리가 보장되어 가나안의 적들을 몰아내고 승리할 것이라는 확신이 없어서 끊임없이 원망하고 불평했습니다. 만약 우리가 어떤 일을 할 때 그 결과를 분명히 알고 있다면 어떤 상황이 벌어져도 그것을 돌파할 것입니다. 어려운 상황에서도 웃으며 감당할 수 있습니다. 그러나 결과에 대해 확신이 없으면 너무나 쉽게 넘어지고 포기하려는 마음이 찾아옵니다. 승리에 대한 하나님의 보증이 없을 때 우리는 쉽게 원망하고 낙심하며 좌절하게 됩니다. 하나님께서는 과거의 그들을 알기에 이제 승리를 확신하도록 하십니다.

디즈니랜드는 월트 디즈니(Walt Disney, 1901~1966)의 계획으로 시작되었습니다. 그런데 완성되기 전에 디즈니는 죽습니다. 생전에 디즈니랜드를 보지 못하고 죽은 것입니다. 디즈니랜드를 완성하고 준공식을 하던 날이었습니다. 축사하는 어떤 사람이 이렇게 말했습니다.

"멋진 디즈니랜드를 보는 우리는 참 기쁘지만 월트 디즈니는 참 불쌍합니다. 그렇게 꿈꿔왔던 이 완성된 모습을 보지 못하고 죽어서 얼마나 불쌍한지 모르겠습니다."

그런데 다음에 축사하시는 분이 이렇게 말을 했다고 합니다.

"여러분, 우리가 슬퍼할 이유가 없습니다. 월트 디즈니는 이미 디즈니랜드 공사를 시작할 때 완성된 디즈니랜드를 보고 있었습니다."

사실 월트 디즈니는 이미 디즈니랜드를 보았습니다. 전 세계의 수많은 어른과 아이들이 와서 즐기고 어린아이들이 꿈을 키울 것을 머릿속에 그리고 시작한 것입니다. 마찬가지로 승리를 확신한 사람과 그렇지 않은 사람의 결과는 전혀 다릅니다. 그리스도인의 결국은 '승리'이기 때문에 이를 더욱 확신하기 바랍니다.

동행을 확신하라

또한 우리가 가져야 할 확신은 '동행의 확신'입니다. 하나님께서 우리와 함께하신다는 확신입니다.

"네 평생에 너를 능히 대적할 자가 없으리니 내가 모세와 함께 있었던 것같이 너와 함께 있을 것임이라 내가 너를 떠나지 아니하며 버리지 아니하리니"(수 1:5).

"내가 네게 명령한 것이 아니냐 강하고 담대하라 두려워하지 말며 놀라지 말라 네가 어디로 가든지 네 하나님 여호와가 너와 함께 하느니라 하시니라"(수 1:9).

하나님께서 여호수아에게 반복적으로 말씀하시는 것은 '내가 함께 있겠다'는 것입니다. 따라서 '두려워하지 말고 담대하라. 너는 반드시 이긴다'라고 말씀하십니다. 곧 하나님께서는 여호수아에게 네가 강해서가 아니라 내가 너와 함께하기에 반드시 이긴다는 확신을 심어주시고 있는 것입니다. 하나님의 동행하심을 믿을 때 확신이 따라오며 그런 자만이 가나안을 경험할 수 있습니다. 우리는 약한 존재이지만 하나님께서 우리와 함께 동행하시니까 우리는 반드시 승리하고 가나안을 차지할 수 있는 것입니다. 이제 이스라엘 백성들의 태도를 눈여겨보겠습니다.

"그들이 여호수아에게 대답하여 이르되 당신이 우리에게 명령하신 것은 우리가 다 행할 것이요 당신이 우리를 보내시는 곳에는 우리가 가리이다"(수 1:16).

하나님께서 동행하신다는 확신을 가지니까 용기를 가지고 대답합니다. 하나님께서 함께하신다는 확신을 가지니까 여호수아에게 '뭐든지 명령하십시오. 다 하겠습니다. 어디든지 가라고 명령하십시오.

어디든지 가겠습니다' 하고 선언합니다. 이런 용기와 함께 지도자인 여호수아에게도 충성을 맹세합니다.

"우리는 범사에 모세에게 순종한 것같이 당신에게 순종하려니와 오직 당신의 하나님 여호와께서 모세와 함께 계시던 것같이 당신과 함께 계시기를 원하나이다 누구든지 당신의 명령을 거역하며 당신의 말씀을 순종하지 아니하는 자는 죽임을 당하리니 오직 강하고 담대하소서"(수 1:17~18).

이들은 목숨 걸고 충성을 맹세하고 있습니다. 하나님께서 함께하신다는 확신이 있으니 죽음도 두렵지 않고 어떤 상황에서도 충성하게 됩니다.

이처럼 신앙을 다시 한 번 정의한다면 하나님께서 우리와 함께 동행하신다는 것을 확신하는 것입니다. 막연한 확신이 아닌 전능하신 하나님께서 언제나 어느 상황에서나 나와 함께하신다는 것을 확신하는 것입니다. 기독교와 다른 종교의 뚜렷한 차이가 있습니다. 다른 종교는 인간이 신이 된다고 하거나 자신의 공로로 신을 찾아가는 종교입니다. 그러나 기독교는 다릅니다. 하나님께서 먼저 우리에게 찾아오셨음을 믿는 종교입니다. 하나님께서 먼저 우리와 함께하셨기 때문에 우리가 하나님을 찾을 수 있다는 진리입니다.

"보라 처녀가 잉태하여 아들을 낳을 것이요 그의 이름은 임마누엘이라 하리라 하셨으니 이를 번역한즉 하나님이 우리와 함께 계시다 함이라"(마 1:23).

예수님께서 이 땅에 오실 때 '임마누엘'이라는 이름을 받으셨습니다. 이 뜻은 '하나님이 우리와 함께 계시다'입니다. 이처럼 성경 말씀은 하나님이 인간과 함께하는 것으로 출발합니다. 하나님이 우리와 함께 계신다는 말씀으로 시작한 마태복음은 마지막 구절에서도 똑같은 메시지로 끝을 맺습니다. 마태복음 28장 20절입니다.

"내가 너희에게 분부한 모든 것을 가르쳐 지키게 하라 볼지어다 내가 세상 끝 날까지 너희와 항상 함께 있으리라 하시니라."

이것이 성경이요, 진리요, 기독교입니다. 하나님이 항상 나와 함께 동행하신다는 것을 믿는다면 더 이상 자신의 상황과 처지로 인해 비관하지 않기를 바랍니다. 시시각각 다가오는 인생의 문제로 인해 두려워하지 말기를 바랍니다. 내 앞에 펼쳐지는 예상하지 못한 상황 때문에 절망하지 말고, 나를 집어삼키려는 적들 때문에 놀라지도 마시기 바랍니다. 오히려 강하고 담대하십시오. 우리 눈앞에 어떤 상황이 펼쳐지더라도 두려워하고 낙심하고 좌절하지 마십시오. 하나님께서 주신 약속은 반드시 성취됩니다. 하나님께서 함께하시는 모든 전쟁은 반드시 승리하게 됩니다. 주님의 동행하심과 승리하시는 능력을 믿고 우리의 가나안을 정복해나가야 합니다.

3
준비의 믿음
수 1:10~15

진중에 두루 다니며
그 백성에게 명령하여 이르기를 양식을 준비하라
사흘 안에 너희가 이 요단을 건너 너희의 하나님 여호와께서
너희에게 주사 차지하게 하시는 땅을 차지하기 위하여
들어갈 것임이니라 하라
(수 1:11)

달팽이의 인내

찰스 H. 스펄전(C. H. Spurgeon, 1834~1892) 목사님은 "달팽이는 인내 하나로 방주에 도달했다"고 말했습니다. 생각해보니 노아의 방주에는 지상의 모든 동물이 들어갔으니 달팽이도 들어간 것이 분명합니다. 나무늘보보다도 느린 달팽이의 속도를 측정하기는 어렵습니다. 워낙 느리기 때문에 작정하고 계산하지 않으면 나오지 않습니다. 아마도 달팽이 속도를 측정하는 것도 인내가 필요할 것입니다. 그런데 세계에서 제일 빠른 달팽이의 속도는 기록에 있습니다. 1990년 미국에

서 달팽이 경주가 열렸는데 '베르네'라 불리는 정원 달팽이가 2분 13초에 초속 0.233센티미터 속도로 움직여서 31센티미터를 주파했다고 합니다. 이것을 계산해보면 시속 8.388미터로 여겨집니다. 대략 시속 8미터 정도라고 한다면 시속 120킬로미터의 '치타'나 그것보다 더 빠른 시속 325킬로미터의 '매'와 비교해볼 때 방주 문을 지키고 있던 노아 일행들에게 어떤 모습으로 비추어졌을까 생각해보면 재미있습니다. 하지만 중요한 것은 방주에 잘 타는 것입니다. 달팽이가 인내하며 끝까지 방주에 도달했던 것처럼 느리더라도 정확하게 들어가는 것이 중요합니다. 빌립보서 3장 14절의 말씀처럼 "푯대를 향하여 그리스도 예수 안에서 하나님이 위에서 부르신 부름의 상을 위하여 달려가노라" 하면서 인내하면 하나님께서 때에 따라 주시는 승리의 기쁨을 맛보게 할 것입니다(갈 6:9).

속도 이야기를 더 해봅시다. 현대 사회의 여러 특징 중 하나는 바로 이 '속도'입니다. 지금을 속도 경쟁 사회라고 일컫습니다. 우리는 '누가 더 빠른가? 무엇이 더 빠른가?'에 의해 성공과 실패가 결정되는 시대에 살고 있습니다. 속도가 빨라지면서 우리는 편리한 생활을 누릴 수 있게 되었습니다. 스마트폰과 인터넷 속도가 빨라지니 사람들의 삶도 굉장히 즐거워졌습니다. 우리는 발전된 속도로 스마트폰으로 어디서나 음악도 듣고 영화도 봅니다. 속도의 빠름은 우리 한국 사람의 성향과 매우 잘 맞습니다. 외국 사람이 오면 가장 먼저 배우는 단어가 무엇입니까? 바로 '빨리빨리!'입니다. 그만큼 우리는 빠른 것을 대단히 좋아합니다. 우리나라 인터넷 속도가 얼마나 빠른지 외국에 가면 더 잘 알게 됩니다. 간혹 외국에 나가서 인터넷을 하려고 하면 속에 천불이 나서 애를 먹습니다.

그러나 속도가 빠르다고 항상 좋은 건 아닙니다. 부정적인 것들도 많습니다. 빠른 시대에 살고 있는 현대인은 인내할 줄 모릅니다. '기다리라'는 말이 결례입니다. 앞서 가던 차량이 조금만 지체하거나 머뭇거리면 경적을 울리고 욕을 하기도 합니다. 줄을 서 있는 것도 가만히 있지 못하는 사람이 많습니다. 이런 빠름에 현대인들이 얼마나 시달리는지 모릅니다. 몸을 그냥 두지 못하여 다리라도 떨어야 직성이 풀립니다. 이만큼 우리는 속도에 길들어 있습니다. 그래서 많은 사고가 일어나고, 절차를 무시하고 무엇인가 빨리 결과를 만들려다가 부작용이 생기며, 부실하게 일을 처리해서 나중에 문제가 발생하기도 합니다.

우리 조상들이 세운 가치 있는 건물들을 보면 천천히 지은 건축들이 매우 견고한 것을 보게 됩니다. 유럽에 가보면 수백 년이 넘는 건축물이 많은 세월이 흘러도 웅장한 자태를 나타냅니다. 반면에 때때로 뉴스에서 건물이 붕괴되어 사람이 죽었다는 소식을 듣게 됩니다. 많은 경우 건물을 빨리 짓는 데만 집중했지 모든 준비를 제대로 하지 않고 절차를 무시했기 때문인 것을 보게 됩니다.

준비시키시는 하나님

성경을 보면 하나님께서 자신의 뜻을 온전히 이루기 위해 준비하시는 것을 발견합니다. 가나안을 소유하고 누리기 위해서는 준비가 필요했습니다. 하나님께서는 아무런 준비 없이 가나안에 들어가라고 명령하시지 않았습니다. 하나님께서는 먼저 모세를 준비하셨습니다. 그리고 모세가 죽고 나자 여호수아를 준비하여 세우셨습니다. 지도자를 먼저 세워 준비를 하신 것입니다. 뿐만 아니라 여호수아에게 가나안으로 행진하라는 명령을 내리기 전에 그 마음도 준비시키십니다. 이스라엘 백성을 이끌고 나가야 할 지도자로서 가져야 할 자세가 무엇인지 말씀하신 것입니다.

우리가 지금까지 살펴보았던 1장과 2장의 내용에서도 준비하시는 하나님의 모습을 발견할 수 있습니다. '내가 약속한 것을 잘 기억해라. 그 땅은 내가 너에게 줄 것이다. 내 약속이다. 반드시 그 땅을 소유하게 될 것이다. 그러니 두려워하지 말라'고 말씀하시며 이스라엘 백성을 인도해야 할 여호수아의 마음을 준비시켜주셨습니다. 이 말씀을 듣고 여호수아가 얼마나 용기가 생겼겠습니까? 위대한 지도자였던 모세의 뒤를 이어 수백만 명의 이스라엘 백성을 이끌고 요단강 건너편에 있는 가나안으로 들어가야 하는데 어떻게 흥분이 안 되겠습니까? 그러나 여호수아는 곧바로 가나안으로 향하지 않았습니다. 오히려 잠시 3일간 머뭅니다.

"이에 여호수아가 그 백성의 관리들에게 명령하여 이르되 진중에 두루 다니며 그 백성에게 명령하여 이르기를 양식을 준비하라 사흘 안에 너희가 이 요단을 건너 너희의 하나님 여호와께서 너희에게 주사 차지하게 하시는 땅을 차지하기 위하여 들어갈 것임이니라"(수 1:10~11).

하나님께서는 여호수아에게 용기와 확신을 주십니다. 다시 한 번 그의 마음에 약속을 새겨주셨습니다. 이제 모든 전쟁 준비가 끝난 것 같아 보입니다. 그런데 모든 것이 준비되었음에도 불구하고 여호수아는 진군을 명령하지 않고 3일 동안 양식을 준비하라고 말합니다. 요단을 건너 가나안으로 들어간다고 하면서 동시에 3일간을 기다리며 준비할 시간을 가진 것입니다. 왜 곧바로 진군하지 않고 3일을 머물렀을까요? 우리는 3일간의 시간이 무엇인지 살펴보아야 합니다. 그들에게는 가나안 입성뿐 아니라 3일의 준비하는 시간도 없어서는 안 되는 시간이었던 것입니다.

선택을 다시 확인하다

그들은 먼저 자신들이 내린 선택을 확인하기 위해 이 시간이 필요했습니다. 이스라엘 백성이 광야를 지나면서 그 여정 가운데 결단했던 것들을 다시 한 번 확인하는 것이 필요했습니다. 현재 이스라엘 백성은 요단강 앞에 있습니다. 여호수아는 요단강을 건너기 직전에 이 말을 했습니다. 그런데 이 말을 듣는 대상은 모든 이스라엘 백성이 아니었습니다. 12절을 보면 "르우벤 지파와 갓 지파와 므낫세 반 지파에게" 말하고 있는 것을 알 수 있습니다. 여호수아는 그들에게 기억해야 할 것이 있다고 말합니다.
"여호와의 종 모세가 너희에게 명령하여 이르기를 너희의 하나님 여호와께서 너희에게 안식을 주시며 이 땅을 너희에게 주시리라 하였나니 너희는 그 말을 기억하라"(수 1:13).

여호수아는 바로 요단 동편 땅에 대해서 말하고 있습니다.

"너희의 처자와 가축은 모세가 너희에게 준 요단 이쪽 땅에 머무르려니와 너희 모든 용사들은 무장하고 너희의 형제보다 앞서 건너가서 그들을 돕되 여호와께서 너희를 안식하게 하신 것같이 너희의 형제도 안식하며 그들도 너희의 하나님 여호와께서 주시는 그 땅을 차지하기까지 하라 그리고 너희는 너희 소유지 곧 여호와의 종 모세가 너희에게 준 요단 이쪽 해 돋는 곳으로 돌아와서 그것을 차지할지니라"(수 1:14~15).

모세가 이들에게 준 땅은 바로 요단 동편을 가리킵니다. 여호수아가 그들에게 '요단 동편 땅을 소유하게 된 것을 기억하라'고 말하고 있는 것은 민수기 32장 1절로 되돌아가 보아야 합니다.

"르우벤 자손과 갓 자손은 심히 많은 가축 떼를 가졌더라 그들이 야셀 땅과 길르앗 땅을 본즉 그곳은 목축할 만한 장소인지라"(민 32:1).

이스라엘 백성은 출애굽 한 후 광야생활을 하다가 야셀과 길르앗 땅을 만납니다. 그 땅에 도착하니 지금까지 이들이 걸어왔던 곳과는 판이하게 달랐습니다. 거친 광야만 보았던 그들의 눈에 푸른 초장이 보였던 것입니다. 그러자 가축 떼가 많았던 르우벤 자손과 갓 자손이 이곳에 살기를 원했습니다. 그래서 그 땅에서 가축을 기르며 살겠다고, 우리는 요단을 건너가지 않겠다고 모세에게 말을 하면서 이 땅을 그냥 우리에게 달라고 말합니다. 다시 말하면 하나님의 약속의 땅을 소망하지 않고 그 땅을 포기하고 오늘 현재의 눈앞에 보이는 것에 만족하겠다는 말입니다. 그래서 모세에게 이렇게 요청합니다.

"또 이르되 우리가 만일 당신에게 은혜를 입었으면 이 땅을 당신의 종들에게 그들의 소유로 주시고 우리에게 요단강을 건너지 않게 하소서"(민 32:5).

그들은 요단강을 건너 가나안까지 가기보다는 당장 보이는 이 땅이 좋아보였던 것입니다. 이러한 요청에 모세가 대답합니다.

"모세가 갓 자손과 르우벤 자손에게 이르되 너희 형제들은 싸우러 가거늘 너희는 여기 앉아 있고자 하느냐 너희가 어찌하여 이스라엘 자손에게 낙심하게 하여서 여호와께서 그들에게 주신 땅으로 건너갈 수 없게 하려 하느냐"(민 32:6~7).

이스라엘 열두 지파 중 르우벤과 갓 지파가 가장 부유한 지파였습니다. 그런데 이 두 지파가 요단을 건너지 않고 여기에 주저앉겠다고 하니까 다른 지파 사람들의 마음이 일시적으로 동요한 것입니다. '그냥 우리도 여기 그만 머물까?'라고 생각하게 만든 것입니다. 그래서 모세가 그들에게 '너희가 어찌하여' 이러한 행동을 하느냐며 그들을 질책합니다. 그때 그들이 모세에게 이렇게 약속합니다.

"이 땅의 원주민이 있으므로 우리 어린아이들을 그 견고한 성읍에 거주하게 한 후에 우리는 무장하고 이스라엘 자손을 그곳으로 인도하기까지 그들의 앞에서 가고 이스라엘 자손이 각기 기업을 받기까지 우리 집으로 돌아오지 아니하겠사오며 우리는 요단 이쪽 곧 동쪽에서 기업을 받았사오니 그들과 함께 요단 저쪽에서는 기업을 받지 아니하겠나이다"(민 32:17~19).

그들의 말은 가나안 정복의 전쟁에는 참여할 테니 그 대신 자신들은 이곳 요단 동편에서 살게 해달라는 것입니다. 이 약속의 내용을 보면 이들이 얼마나 요단 동편 땅을 좋아했는지 알 수 있습니다.

그러나 아무리 광야의 척박한 환경과는 다른 초원이 펼쳐진 환경이라 해도 그 땅은 하나님께서 백성들에게 약속하신 땅이 아니었습니다. 하나님께서는 가나안을 약속하셨던 것이지 요단 동쪽 땅을 약속하시지 않았습니다. 그래서 여호수아는 그때 모세에게 고백했던 약속을 다시금 꺼내 요단 동쪽 땅에 머물고자 한 지파들에게 하나님의 뜻을 상기시키고자 한 것입니다.

'이제 요단을 건너면 하나님께서 약속하신 가나안에 들어가게 된다. 요단 동쪽 땅에 거하려고 마음먹은 너희들의 선택이 과연 바른 것인지 다시 한 번 돌아봐라. 너희의 선택이 옳은 것인지, 바른 선택인지 다시 한 번 너희의 선택을 확인하라'는 것입니다. 3일간의 시간은 자신의 결정에 대해 다시 바꿀 수도 있는 기회를 주는 시간이었습니다.

우리도 하나님께서 약속하신 가나안이 아닌 요단 동편 땅을 선택할 경향이 다분합니다. 하나님께서 약속하신 가나안, 풍요롭고 만족스러운 젖과 꿀이 흐르는 복된 삶이 우리에게 약속되어 있음에도 불구하고 우리는 당장 눈앞에 보이는 화려함을 선택하려 합니다. 영원한 만족이 아닌 순간의 기쁨을 선택하려 합니다. 그래서 완전한 가나안을 포기할 위험성이 있습니다. 아침 안개와 같은 세상의 화려함에 취해 일시적인 기쁨을 누릴 수 있습니다. 또한 세상이 줄 수 없는 영원한 가나안의 축복도 누릴 수 있습니다. 이것은 우리의 선택에 달려 있습니다. 이 둘을 동시에 취할 수 없기 때문에 우리는 선택해야만 합니다.

그런데 광야생활 중에 누린 일시적인 기쁨과 즐거움이 전부인 양 선택하게 된다면 영원히 광야를 벗어날 수 없습니다. 타협하고 변명하면서 광야를 헤매게 될 것입니다. 우리 인생을 돌아보면 이런 경우가 분명 있습니다. 하나님의 뜻하신 바를 믿고 있음에도 불구하고 지금 이 순간 누리는 한시적인 기쁨과 즐거움을 위해서 가나안을 포기하는 어리석은 선택을 할 때가 있습니다. 3일간 선택을 확인할 시간을 주었음에도 불구하고 그들은 결국 요단 동쪽 땅을 선택합니다. 그런데 이러한 선택이 얼마나 무서운 결과를 가져왔는가를 성경은 말씀합니다. 역대상 5장 25절을 보십시오.

"그들이 그들의 조상들의 하나님께 범죄하여 하나님이 그들 앞에서 멸하신 그 땅 백성의 신들을 간음하듯 섬긴지라."

'그들의 조상들의 하나님께 범죄하여', 이 얼마나 비참한 표현입니까? 조상들이 하나님께 범죄하였고, 그래서 후손들의 신앙이 하나님께 범죄하여 우상숭배로 타락해 완전히 무너져버리고 말았다는 말씀입니다. 또한 역대상 5장 26절에서는 이렇게 기록합니다.

"그러므로 이스라엘 하나님이 앗수르 왕 불의 마음을 일으키시며 앗수르 왕 디글랏빌레셀의 마음을 일으키시매 곧 르우벤과 갓과 므낫세 반 지파를 사로잡아 할라와 하볼과 하라와 고산 강가에 옮긴지라 그들이 오늘까지 거기에 있으니라."

앗수르가 이스라엘을 침략할 때 요단 동편 지파가 가장 먼저 포로로 잡혀갑니다. 그리고 이들은 결국 돌아오지 못합니다.

선택은 우리의 믿음과 인생의 경향을 분명하게 보여주는 것입니다. 우리가 분명히 확인해야 할 것은 지금까지 내가 취한 삶의 태도와 생각들, 무수한 신앙의 선택들이 가나안을 소유하기 위한 것인지 아니면 단지 요단 동편 땅만 소유하려는 선택이었는지 돌아보아야 합니다. 하나님께서는 이것을 확인할 시간을 주십니다. 한번 잘못된 선택을 하면 무서운 결과가 오기 때문에 잘 선택하도록 기회를 주십니다. 이러한 기회에 자신을 되돌아보고 바른길을 선택하는 자에게 은혜의 삶이 주어집니다.

목적을 점검하다

또한 이스라엘 백성은 요단을 건너기 전 3일 동안 가나안에 들어가는 목적을 점검했습니다. 3일간 준비하는 동안 여호수아는 두 명의 정탐꾼을 여리고로 보내 여리고를 정탐하도록 지시합니다. 그런데 여리고를 정탐하는 내용을 보면 특이한 점을 발견할 수 있습니다. 분명히 여리고를 정탐하기 위해서 정탐꾼을 보냈는데, 정탐에 관련한 주된 내용은 기생 라합에 관한 이야기라는 것입니다. 정탐꾼을 보낸 내용이라면 '그 땅을 정탐했더니 이러고 하니 우리가 저렇게 하면 그 땅을 우리의 것으로 가져올 수 있겠다'는 내용이 있어야 하는데, 정탐 내용이 온통 기생 라합을 만났던 이야기에 중점을 두고 있습니다.

'기생 라합'은 어떤 여자였습니까? 그녀는 배경은 좋지 않지만 한마디로 말해서 '믿음을 가지고 있는 여인'이었습니다. 그녀는 이스라엘 백성이 광야를 진군하면서 그 가운데 어떻게 여러 나라를 무찔렀는가에 대한 이야기를 소문으로 듣고 이미 하나님을 믿고 있었습니다. 라합은 기생이었습니다. 사람들 앞에 내세울 것이 없는 삶을 살았던 여인이었습니다. 하지만 하나님의 살아 계심을 믿은 사람이었습니다. 이스라엘 백성이 믿는 하나님이 살아 계신 하나님이라는 것에 대한 믿음이 있는 사람이었습니다. 그래서 이스라엘 백성이 가나안을 정복할 때 라합과 그녀에게 속한 것들은 멸망하지 않고 생존하게 됩니다.

여호수아 2장의 주된 사건은 바로 기생 라합의 구원을 준비하는 내용입니다. 이를 위해 이스라엘 백성이 요단을 건너지 않고 3일 동안 더 머물러 있어야 했던 것입니다. 그들은 그저 그 땅을 정탐하기 위해 머물러 있는 줄 알았는데, 하나님께서는 그 일을 통해 그곳에 있는 믿음의 사람을 구원할 준비를 하신 것입니다. 마치 다음과 같은 말로 표현할 수 있습니다. '나는 반드시 너희를 젖과 꿀이 흐르는 가나안으로 이끌 것이다. 그리고 그곳에서 풍요로운 삶을 누리게 할 것이다. 그런데 너희가 정복하게 될 여리고에서 너희처럼 가나안의 복된 삶을 누려야 할 또 한 사람, 믿음의 사람이 있다. 그도 너희처럼 구원하여 가나안의 부유함을 누리게 하는 것이 나의 계획이다'라고 말입니다.

우리에게도 이러한 목적의 점검이 필요합니다. 왜 가나안에 가려고 하는지가 분명해야 합니다. 내가 이 일을 하는 것이 과연 하나님의 뜻을 성취하기 위함인지 아니면 나의 안위를 위함인지 말입니다. 우리는 대부분 젖과 꿀이 흐르는 부유한 환경만을 소망하고 있지 않습니까? 우리의 기도 내용 대부분이 그럴 때가 많습니다. 우리가 소원하는 것을 목표로 밤을 새워 기도하기도 하고 금식하며 기도하기도 합니다. 모든 기도가 좋은 것이지만 기도하면서도 계속해서 분명한 목적을 점검해야 합니다. 그래야 가나안에 들어가서도 하나님과 함께 거할 수 있습니다.

성결을 준비하다

마지막으로 이스라엘 백성에게 3일간의 시간이 필요한 이유는 성결을 준비하기 위해서입니다. 여호수아 3장 1~2절에 말씀합니다.

"또 여호수아가 아침에 일찍이 일어나서 그와 모든 이스라엘 자손들과 더불어 싯딤에서 떠나 요단에 이르러 건너가기 전에 거기서 유숙하니라 사흘 후에 관리들이 진중으로 두루 다니며."

여호수아는 진중에 다니며 말합니다.

"여호수아가 또 백성에게 이르되 너희는 자신을 성결하게 하라 여호와께서 내일 너희 가운데에 기이한 일들을 행하시리라"(수 1:5).

여기서 말하는 기이한 일들은 앞으로 건널 요단을 마른 땅처럼 걷는 일을 먼저 말합니다. '이러한 기적을 하나님께서 내일 너희 앞에서 행할 것이다. 그러니까 오늘 너희는 스스로 급하게 준비'하라는 것입니다. 내일 하나님께서 베푸실 기적을 보기 위해 백성에게 필요한 것은 무엇이었습니까? 바로 가나안에 들어가기 전에 자신을 깨끗하게 하는 것입니다.

성경을 보면 하나님의 기적은 항상 백성의 성결과 긴밀하게 연결되어 있습니다. 우리는 우리의 인생의 사막에 샘이 흐르고 황무지가 장미꽃같이 되기를 원합니다. 내 인생이 물 댄 동산이 되기를 원합니다. 그런데 그렇게 되기 위해서는 먼저 내가 깨끗한 사람이 되어야 합니다.

어떤 사람이 절망의 자리에서 하나님을 붙잡았더니 하나님께서 건져주시고 풍성하게 되는 복을 주셨습니다. 그런데 복을 주시니까 타락하기 시작합니다. 돈이 없을 때는 어디 놀러도 못 가고 교회 외에 달리 갈 곳이 없었는데, 하나님께서 좋은 집을 주시고, 좋은 차도 주시고, 골프 클럽도 주시니까 주일을 빼먹고 골프 클럽에 놀러 다니기 바쁩니다. 그렇게 될 바에는 차라리 복을 안 받는 것이 좋았을 뻔한 것입니다.

하나님께서는 금 그릇도 쓰시고 질그릇도 쓰십니다. 많이 배운 사람도 쓰시고 못 배운 사람도 쓰십니다. 경상도 사람도 쓰시고 전라도 사람도 쓰십니다. 힘이 센 사람도 쓰시고 힘이 없는 사람도 쓰십니다. 부자도 쓰시고 가난한 자도 쓰십니다. 그런데 하나님께서 쓰시는 분명한 기준이 따로 있습니다. 다른 것이 아니라 바로 깨끗한 그릇을 쓰십니다.

하나님께서는 깨끗한 제물을 드리는 자를 원하시고 (말 1:11), 깨끗한 양심에 믿음의 비밀을 가진 자를 사용하시며(딤전 3:9), 주를 깨끗한 마음으로 부르는 자들과 함께하는 것을 기뻐하시고(딤후 2:22), 그러한 자들에게 마침내 천국에서 깨끗한 세마포 옷을 주십니다.

"그에게 빛나고 깨끗한 세마포 옷을 입도록 허락하셨으니 이 세마포 옷은 성도들의 옳은 행실이로다 하더라"(계 19:8).

우리에게도 이런 준비가 필요합니다. 가나안에 들어가기 전에 먼저 자신을 성결하게 하려고 애써야 합니다. 혹시라도 '가나안만 줘봐라. 나도 성결하게 살 수 있다'고 말하고 있습니까? 그러나 성경은 '성결의 삶을 선택하여 결정하고 살아라. 가나안은 얼마든지 있다'고 말씀합니다. 우리의 생각이, 우리의 말이 성결해야 합니다. 우리의 눈앞에 가나안이 있습니다. 그러나 성결한 자가 하나님의 기적을 볼 것입니다.

4
정탐, 새롭게 바라보기

수 2:15~24

또 여호수아에게 이르되
진실로 여호와께서 그 온 땅을
우리 손에 주셨으므로
그 땅의 모든 주민이 우리 앞에서
간담이 녹더이다 하더라
(수 2:24)

　전쟁에서 승리하려면 기본적으로 적진에 대한 정보가 있어야 합니다. 그래야 상대를 이기는 전략을 세울 수 있습니다. 우리가 잘 아는 『손자병법(孫子兵法)』에도 "지피지기 백전불태(知彼知己 百戰不殆)"라고 가르칩니다. "적을 알고 나를 알면 백 번 싸워도 위태롭지 않다"는 말입니다. 그리고 이어서 이어서 이렇게 말합니다. "적을 알지 못하고 나를 알면 한 번 이기고 한 번 진다. 적도 모르고 나도 모르면 싸울 때마다 반드시 위태롭다(不知彼而知己, 一勝一負. 不知彼, 不知己, 每戰必殆)." 그러니까 아는 것이 이기는 데 얼마나 중요한지 모릅니다. 현대의 전쟁에서도 정보전이 중요합니다. 알지 못하면 결국 지게 됩니다.

그렇다면 적을 아는 가장 보편적인 수단은 무엇입니까? 바로 오늘 본문의 정탐입니다. 정탐을 통해 상대인 적에 대해 전반적인 것을 알게 됩니다. 현재 적진에 대한 정보와 적의 동태 등 적군에 대해 이해를 해야 강점과 약점을 알고 이를 활용할 수 있습니다. 그런데 이것은 일반적인 전쟁의 세계에서만 그런 것이 아니고 신앙의 세계에서도 적용이 됩니다. 신앙생활을 종종 영적 전쟁으로 비유합니다. 대적자 사탄의 정체와 유혹과 공격의 내용을 알고 대비하고 대항할 때 우리의 신앙은 승리할 수 있습니다.

가나안 정복도 동일합니다. 가나안을 오늘 우리의 것으로 정복하고 소유하기 위해서는 가나안에 대한 이해가 확실하고 분명해야 합니다. 그래서 가나안에 정탐꾼을 보내게 됩니다. 그런데 정탐꾼을 보내는 일이 처음은 아닙니다. 이미 모세의 때에 정탐꾼을 보낸 경험이 있습니다. 하나님께서는 모세에게 열두 정탐꾼을 파견해서 가나안 지경의 형편을 알아보도록 명령하셨습니다. 민수기 13장 1~2절의 말씀입니다.

"여호와께서 모세에게 말씀하여 이르시되 사람을 보내어 내가 이스라엘 자손에게 주는 가나안 땅을 정탐하게 하되 그들의 조상의 가문 각 지파 중에서 지휘관 된 자 한 사람씩 보내라."

하나님께서는 모세에게 각 지파에서 대표를 한 사람씩 뽑아 가나안 땅으로 보내도록 명령하셨습니다.

모세 때처럼 여호수아도 가나안에 들어가기 전에 정탐꾼을 보냅니다. 아마도 여호수아는 모세의 수종자였기에 모세가 가나안에 정탐꾼을 보낸 것을 알고 자신도 정탐을 실시한 듯 보입니다. 두 명의 정탐꾼은 여리고로 잠입했습니다.

"눈의 아들 여호수아가 싯딤에서 두 사람을 정탐꾼으로 보내며 이르되 가서 그 땅과 여리고를 엿보라 하매 그들이 가서 라합이라 하는 기생의 집에 들어가 거기서 유숙하더니"(수 2:1).

여호수아가 싯딤에서 정탐꾼을 파견할 때 여리고를 정탐하라고 하는 이유는 여리고가 가나안의 관문이기 때문입니다.

먼저 정탐꾼이 여리고를 정탐할 때 많고 많은 집들 중에서 왜 하필 기생의 집에 들어갔는지를 살펴보아야 합니다. 당시 기생과 같이 천한 신분의 사람들은 성벽에 살았습니다. 따라서 기생 라합의 집은 출입이 다른 곳보다 용이했습니다. 그곳에 유숙하기가 굉장히 쉬웠던 것입니다. 그런데 어떻게 된 일인지 정탐꾼이 그 집에 유숙하고 있다는 정보가 돌았습니다. 그래서 여리고 왕이 그들을 체포하라고 군사를 보냅니다. 그러나 군사들이 이르렀을 때 라합은 정탐꾼을 숨겨주어 정탐꾼의 생명을 지켜줍니다. 그리고 정탐꾼은 라합의 말대로 숨어 있다가 다시 이스라엘 진영으로 돌아왔습니다. 이것이 여호수아 2장의 주요 내용입니다. 앞서 말한 대로 정탐꾼을 보냈는데 정작 그 땅을 정탐한 내용이 없습니다. 라합이 말합니다.

"라합이 그들에게 이르되 두렵건대 뒤쫓는 사람들이 너희와 마주칠까 하노니 너희는 산으로 가서 거기서 사흘 동안 숨어 있다가 뒤쫓는 자들이 돌아간 후에 너희의 길을 갈지니라"(수 2:16).

그래서 "그들이 가서 산에 이르러 뒤쫓는 자들이 돌아가기까지 사흘을 거기 머물매 뒤쫓는 자들이 그들을 길에서 두루 찾다가 찾지 못하니라"(수 2:22)고 되어 있습니다. 여리고를 정탐하도록 보냈더니 정작 그곳에 가서 한 일은 남의 집, 그것도 기생의 집에 가서 대화하다가 도망쳐서 3일 동안 숨어 지낸 것이 전부였습니다. 여리고를 정탐하러 보냈는데 여리고를 둘러보며 정탐하기는커녕 숨어 있다가 온 것이 전부였다는 것입니다. 그런데 정탐꾼들의 보고는 분명했습니다. 24절 말씀입니다.

"또 여호수아에게 이르되 진실로 여호와께서 그 온 땅을 우리 손에 주셨으므로 그 땅의 모든 주민이 우리 앞에서 간담이 녹더이다 하더라."

정탐꾼들은 사람의 기준으로 보면 임무를 다 마치지 못하고 돌아온 것처럼 보입니다. 그런데 정탐꾼들은 확신에 차서 보고합니다. 그렇다면 이 사건은 단순히 지역에 대해 정탐한 것을 기록한 것이 아닌 또 다른 어떤 의미가 숨겨져 있다는 것을 발견할 수 있습니다. 이것은 기생 라합 이야기에서 의미를 찾을 수 있습니다. 이처럼 이들이 여리고를 정탐하러 갔다가 뜻밖에 무엇을 정탐하게 되었는지를 주의 깊게 보아야 합니다.

그 땅의 주인인 하나님을 정탐하라

놀랍게도 정탐꾼들은 다른 어떤 정보가 아니라 하나님에 대해 정탐을 하고 돌아옵니다. 정탐꾼들은 바로 하나님의 백성입니다. 따라서 이들은 누구보다 하나님을 잘 알고 있습니다. 그럼에도 불구하고 요단을 건너야 할 백성들에게 하나님을 더 깊이, 그리고 더 분명하고 확실하게 알려주실 것이 있기 때문에 하나님께서 그 상황을 만드신 것입니다.

이스라엘 백성이 가나안에 가는 이유는 다름 아닌 하나님께서 약속하신 것을 얻기 위해서입니다. 하나님의 것을 소유하기 위해 지금 가나안으로 가는 이들에게 필요한 것이 무엇일까요? 바로 그들에게 약속의 땅을 주겠다고 말씀하신 하나님이 어떤 분이신가를 똑똑히 아는 것이 필요합니다. 이처럼 하나님께서 우리에게 약속하신 것을 받기 위해서는 가장 먼저 약속하신 하나님이 누구신지를 잘 알아야 합니다. 하나님을 알면 알수록 하나님의 것이 더욱더 선명하게 우리에게 보입니다. 또한 하나님을 알면 알수록 하나님의 것을 사모하게 됩니다. 따라서 지금 정탐꾼들은 하나님을 더 알기 위한 뜻밖의 정탐을 하게 된 것입니다. 그렇다면 정탐꾼이 정탐한 하나님의 모습은 무엇일까요?

첫째, 신실하신 하나님입니다.

우리는 '하나님은 신실하시다'라는 고백을 자주합니다. 성경에서 '신실하다'는 의미는 '충성되다'는 의미와 상통합니다. 다른 말로 하면 '변함없다, 거짓이 없다, 흔들리지 않는다, 처음과 끝이 동일하다'는 의미입니다. 그래서 성경은 충성이라는 단어를 신실이라는 단어와 혼용하기도 합니다. 정탐꾼들은 라합을 만나게 됩니다. 그리고 라합과 대화를 나누던 중 신실하신 하나님을 발견했습니다. 라합의 고백인 8~9절은 다음과 같습니다.

"또 그들이 눕기 전에 라합이 지붕에 올라가서 그들에게 이르러 말하되 여호와께서 이 땅을 너희에게 주신 줄을 내가 아노라 우리가 너희를 심히 두려워하고 이 땅 주민들이 다 너희 앞에서 간담이 녹나니."

군사들이 정탐꾼들을 찾지 못하고 돌아갔을 때 라합은 정탐꾼이 숨어 있는 지붕 위에 올라가 이렇게 고백했습니다. '내가 한 가지 아는 것이 있는데 너희가 믿는 여호와께서 내가 살고 있는 가나안을 너희에게 주실 것이다'라는 것입니다. 하나님께서 가나안을 이스라엘에게 주실 것을 안다고 말하고 있습니다. 지금 이 고백을 하는 여인은 이스라엘 사람이 아닙니다. 그런데 가나인 사람이고 어쩌면 하나님에 대해 전혀 알지도 못할 여인이 이스라엘 백성에게 일하신 하나님의 약속을 알고 있다는 것입니다. 정탐꾼에게 '이 땅을 하나님께서 너희에게 주실 것을 내가 안다'고 말한 것입니다. 기생 라합에게 이 말을 들었을 때 정탐꾼들의 마음이 어떠했겠습니까? '아, 하나님의 약속은 거짓이 아니구나! 사실이구나! 우리 조상 모세를 통하여, 아브라함을 통하여 우리에게 선포했던 이 약속은 거짓말이 전혀 아니구나! 이 이방 여자의 고백을 통해 그 약속이 반드시 이루어질 것을 우리에게 보여주고 계시는구나! 하나님은 변함없으신 신실하신 하나님이구나!' 하지 않았겠습니까?

우리의 인생을 돌아보면 언제나 변함없이 우리를 붙들고 계시는 하나님의 신실하심을 부인할 수 없습니다. 참으로 어리석어 고난의 순간은 잘 깨닫지 못합니다. 그러나 한 고비 한 고비 지나간 인생의 발자국을 돌아보면 '내가 주저앉은 자리에서, 포기한 자리에서, 주가 일하시네. 주가 일하시네. 하나님은 진정으로 나의 하나님이 분명하시네'라고 고백할 수밖에 없습니다. 따라서 우리는 가나안에 들어가기에 앞서 변함없이 신실하신 하나님을 발견해야 합니다. 약속하심으로 애굽을 떠나게 하신 하나님께서 위험이 가득한 척박한 광야를 지날 때에도, 앞으로 요단을 건너 가나안에 들어갈 때까지도 여전히 동일하신 하나님이라는 확신과 고백이 있어야 합니다. 그래서 하나님께서는 정탐꾼들에게 하나님의 신실하심을 정탐하게 하신 것입니다. 이처럼 신실하신 하나님에 대한 분명한 앎이 필요합니다.

우리는 왜 이렇게 두려움과 낙심, 좌절을 안고 살아가고 있을까요? 많은 경우 내가 믿는 하나님이 신실하신 하나님이라는 확신이 없기 때문입니다. 하나님은 언제나 변함없이 신실하신 분인데 오히려 우리가 변하기 때문에 문제가 생깁니다. 이처럼 내가 변덕스런 행동을 해놓고 하나님이 변하셨다고 푸념할 때가 많습니다. 가나안을 소유하려면 하나님에 대해서 다시 확신하고, 하나님의 신실하심을 더욱 깊고도 넓게 알아야 합니다.

둘째, 준비하시는 하나님입니다.

정탐꾼들은 여리고를 정탐하며 여호와 이레의 하나님을 알게 됩니다. 9절을 보겠습니다.

"말하되 여호와께서 이 땅을 너희에게 주신 줄을 내가 아노라 우리가 너희를 심히 두려워하고 이 땅 주민들이 다 너희 앞에서 간담이 녹나니."

라합은 광야를 지나오는 동안 신실하신 하나님이 이스라엘 백성들과 함께하신다는 소문을 들었습니다. 그런데 라합만 들은 것이 아닙니다. 말씀을 보면 '우리가'라고 표현하고 있습니다. 가나안에 살고 있는 이방 사람들도 그 소문을 다 들어 알고 있다는 것입니다. 그래서 두려워하고 있다고 말합니다. 어느 정도냐 하면 간담이 녹을 정도라고 말합니다. 계속해서 라합의 말을 들어보겠습니다. 11절입니다.

"우리가 듣자 곧 마음이 녹았고 너희로 말미암아 사람이 정신을 잃었나니 너희의 하나님 여호와는 위로는 하늘에서도 아래로는 땅에서도 하나님이시니라."

신실하신 하나님이 이스라엘과 함께하셔서 요단까지 인도하셨다는 소식을 듣고 간담이 녹았을 뿐 아니라 가나안에 사는 이방 사람들 모두 정신을 잃어버렸다고 말합니다. 이처럼 극심한 두려움과 공포에 사로잡혔기에 전쟁조차 할 수 없을 정도로 전의를 상실해버렸다고 말하는 것입니다. 이 말은 곧 이스라엘이 요단을 건너 가나안에 들어오면 땅을 밟는 것대로 이스라엘의 것이 된다는 뜻입니다.

여기서 다시 전에 모세가 열두 정탐꾼을 파견한 내용을 되돌아봅시다. 정탐꾼들이 가나안 땅을 보고 와서 보고를 하는데 두 그룹으로 나누어졌습니다. 같은 곳을 봤지만 전혀 다른 보고를 한 것입니다. 열 명의 정탐꾼은 '우리가 보니 하나님께서 말씀하신 대로 그 땅은 참 좋다. 하지만 거기에 사는 사람들은 키가 장대한 아낙 자손이

어서 그들과 우리를 비교해보면 우리는 메뚜기와 같다'라고 말합니다. 사실을 말한 것입니다. 요즘 말로 하면 적군은 최신의 무기를 가진 정예화된 이들인데 우리는 애굽에서 종살이하다가 나온 유랑자이니 그들과 싸운다고 하는 것은 어불성설이라고 말한 것입니다. 열 명의 정탐꾼이 몰랐던 것이 무엇입니까? 바로 미리 준비하시는 하나님입니다. 모세와 함께 살면서 이걸 몰랐던 것입니다. 그래서 원망하고 불평하며 두려워했던 것입니다. 그러나 두 명의 정탐꾼은 '앞서 말한 보고는 사실이다. 그러나 하나님께서 기뻐하시면 저들은 우리의 먹이다'라고 말했습니다. 이 두 사람은 이스라엘의 약함을 알고 있지만 하나님께서 이기도록 다 준비를 해놓으신 것을 믿었습니다.

본문은 그때 두 명의 정탐꾼이 했던 믿음의 보고가 지금 현실이 된 것을 기록하고 있습니다. 라합을 통해 믿음의 정탐꾼의 보고가 현실화된 것입니다. 현재 가나안 백성의 상태를 알게 되었습니다. 현재 가나안은 먹이가 되어 있습니다. 마음이 다 녹았고 정신이 혼비백산하여 쉬운 먹이가 되어 있습니다. 하나님은 라합을 통해 정탐꾼들에게 여호와 이레, 준비하시는 하나님을 알려주신 것입니다.

성경은 우리를 위해 준비하시는 하나님에 대한 내용입니다. 구원을 준비해놓았고, 천국을 준비해놓았고, 하나님 나라 확장을 위해 이 땅을 살아가는 우리의 필요를 준비해놓으셨습니다. 우리는 그저 신실하게 준비하시는 하나님을 신뢰하기만 하면 됩니다. 하나님을 신뢰하는 것, 그것이 바로 믿음입니다. 믿음은 단지 교회를 열심히 다니는 활동이 아닙니다. 성경에 대한 풍성한 지식을 쌓는 것도 아닙니다. 믿음은 종교 활동에 익숙하게 하는 수단이 아닙니다. 신실하신 하나님, 준비하시는 하나님을 신뢰하는 것, 그것이 믿음입니다. 이런 믿음이 준비되기를 간절히 소망합니다.

우리에게도 준비하시는 하나님에 대한 정탐이 필요합니다. 그런데 때로 우리는 하나님의 손을 붙잡지 않고 세상과 타협하면서 하나님께서 미워하시는 수단과 방법을 동원하곤 합니다. 양심의 가책을 느끼면서까지 성도로서 서지 말아야 할 곳에 삶의 자리를 두고 헤맬 때도 있습니다. 그러나 준비하시는 하나님을 참되게 믿으면 모든 의심이 사라집니다.

하나님 앞에서 못난 사람은 자기가 열심히 했기 때문에 된 줄 착각하고, 잘난 사람은 자기가 잘나서 된 줄 착각합니다. 그런데 결코 그렇지 않습니다. 하나님께서 준비해주셨고 신실함으로 나와 함께 해주셨기 때문에 우리가 존재하며 살아가고 있는 것입니다. 우리는 '그때는 몰랐지만 지금 이 자리에 있어보니 하나님께서 다 준비해주셨군요. 제 삶의 크고 힘든 모든 것을 헤치고 나올 수 있도록 하나님께서 준비해오셨군요. 나의 인생, 나의 직장, 나의 건강, 나의 동반자……'라고 고백해야 합니다. 준비하시는 하나님에 대한 끊임없는 고백과 찬양이 있어야 합니다. 우리가 부르곤 하는 이 찬양이 우리의 고백이 되어야 합니다.

"하나님 한 번도 나를 실망시킨 적 없으시고 언제나 공평과 은혜로 나를 지키셨네. 지나온 모든 세월들 돌아보아도 그 어느 것 하나 주의 손길 안 미친 곳 전혀 없네. 오 신실하신 주, 오 신실하신 주,

내 너를 떠나지도 않으리라, 내 너를 버리지도 않으리라. 약속하셨던 주님, 그 약속을 지키사 이후로도 영원토록 나를 지키시리라 확신하네."

셋째, 도우시는 하나님입니다.

정탐꾼들은 '도우시는 하나님'도 보았습니다. 10절 말씀입니다.

"이는 너희가 애굽에서 나올 때에 여호와께서 너희 앞에서 홍해 물을 마르게 하신 일과 너희가 요단 저쪽에 있는 아모리 사람의 두 왕 시혼과 옥에게 행한 일 곧 그들을 전멸시킨 일을 우리가 들었음이니라."

라합은 정탐꾼에게 계속해서 우리가 들어서 안다고 말합니다. 하나님께서 이스라엘 백성이 홍해를 건널 때 마른 땅같이 걷게 하신 것과, 광야를 지날 때 아모리 사람의 두 왕 시혼과 옥에게 행한 일 곧 그들을 진멸시킨 일을 들어서 알고 있다고 말합니다. 즉 이스라엘 백성을 도우시는 하나님이라는 것을 안다는 것입니다. 우리도 도우시는 하나님에 대한 확신이 있어야 합니다. 하나님은 우리를 도우시는 분입니다. 우리가 불안해하고 염려하고 좌절하고 혼비백산하는 이유는 도우시는 하나님, 앞에 계신 하나님을 보지 못해서입니다. 하나님보다 눈앞에 보이는 문제가 커 보이기 때문입니다. 문제보다 크신 하나님, 오히려 문제를 통해 자신의 능력과 계획을 보여주려고 하시는 하나님을 보지 못해서 그렇습니다. 하나님께서 내 앞에 계십니다. 하나님께서 우리 앞에서 우리를 도와 여기까지 데려오셨습니다. 이제 우리는 하나님께서 주실 가나안을 바라보아야 합니다. 좌우에 시선을 두지 말고, 세상의 물결에 휘둘리지 않아야 합니다. 도우시는 하나님을 확실하게 믿고 바라보아야 가나안을 정복하기 위해 전진할 수 있습니다.

그 땅에 드러날 구원을 정탐하라

정탐꾼들은 여리고를 돌아보면서 구원을 보게 됩니다. 정탐 후 이스라엘은 가나안을 향해 돌진할 예정입니다. 그들은 이전에 가보지 않은 그 길을 가야 합니다. 그 가운데 얼마나 많은 시련과 난관, 위험한 일들이 도사리고 있을지 짐작도 할 수 없습니다. 또한 가나안에 도착하면 그곳에 있는 이방 민족과 전쟁도 해야 하기에 염려가 앞설 수 있습니다. 여리고를 정탐하러 간 두 정탐꾼에게도 위기가 찾아옵니다. 여호수아 2장 3절을 보겠습니다.

"여리고 왕이 라합에게 사람을 보내어 이르되 네게로 와서 네 집에 들어간 그 사람들을 끌어내라 그들은 이 온 땅을 정탐하러 왔느니라."

여리고 왕은 이스라엘 몇 사람이 자신의 성에 왔다는 사실을 알았습니다. 그리고 구체적으로 이들이 단순히 온 것이 아닌 자신의 성을 정탐하러 온 것과 그들이 기생 라합의 집에 있다는 사실까지 알았습니다. 그래서 사람을 곧바로 라합의 집에 보낸 것입니다. 여리고 왕이 보낸 사람들이 라합에게 말합니다.

"네 집에 들어간 그 사람들을 끌어내라 그들은 이 온 땅을 정탐하러 왔느니라."

정탐꾼들은 진짜 확실한 위기를 만났습니다. 이러한 중대한 위기 상황에서 정탐꾼들은 어떻게 구원을 받습니까? 4절과 15절을 보십시오.

"그 여인이 그 두 사람을 이미 숨긴지라 이르되 과연 그 사람들이 내게 왔었으나 그들이 어디에서 왔는지 나는 알지 못하였고"(수 2:4).

"라합이 그들을 창문에서 줄로 달아 내리니 그의 집이 성벽 위에 있으므로 그가 성벽 위에 거주하였음이라"(수 2:15).

라합은 정탐꾼들을 숨기고, 여리고 왕이 보낸 사람들에게 그들이 이미 자신의 집을 떠났다고 말합니다. 그리고 이윽고 사람들이 돌아가자 창문에서 줄을 달아 정탐꾼들을 도망가게 합니다. 생명이 위태로운 상황, 어쩌면 가나안 전쟁이 시작부터 좌초될 수 있는 절대적 위기 상황에서 정탐꾼들은 어떻게 탈출했습니까? 정탐꾼들은 스스로의 힘이 아니라 도움을 받아 탈출했습니다. 앞서 말했지만 라합은 정탐꾼들을 지붕 위에 숨겼습니다. 이때는 아직 왕의 사람들이 들이닥치기 이전입니다.

"그가 이미 그들을 이끌고 지붕에 올라가서 그 지붕에 벌여놓은 삼대에 숨겼더라"(수 2:6).

라합은 정탐꾼들을 이끌어 지붕 위에 있는 벌여놓은 삼대에 숨깁니다. 쓰다 남은 폐가구를 둔 곳 같은 곳에 숨겼다는 말입니다. 아무리 위기 상황을 만났다고 해도 생면부지인 사람이 '내가 숨겨줄 테니 나를 따라오라'고 한다면 따라갈 사람이 별로 없을 것입니다. 그러나 그것은 그들이 취할 수 있는 유일한 것이었고, 모든 것을 하나님께 맡겼을 때 절체절명의 위기 상황 앞에서 구원을 받았습니다. 하나님의 은혜로 구원을 받은 것입니다. 이것은 정탐꾼들에게만 해당되는 것이 아닙니다. 라합도 마찬가지입니다. 라합은 정탐꾼들을 숨겨주고 다음과 같이 말합니다. 12~13절입니다.

"그러므로 이제 청하노니 내가 너희를 선대하였은즉 너희도 내 아버지의 집을 선대하도록 여호와로 내게 맹세하고 내게 증표를 내라 그리고 나의 부모와 나의 남녀 형제와 그들에게 속한 모든 사람을 살려주어 우리 목숨을 죽음에서 건져내라."

라합은 이스라엘 백성이 가나안을 정복할 것을 알았습니다. 이 소식은 간담이 녹을 정도로 두려운 것이었습니다. 만일 이스라엘이 쳐들어오면 자신과 가족들은 다 죽게 되는 것입니다. 어쩌면 정탐꾼이 만난 위기보다 더 큰 위기가 라합에게 찾아올 것입니다. 따라서 라합도 정탐꾼들에게 도움을 청합니다. '당신들이 가나안을 정복하게 될 때 나와 가족, 내게 속해 있는 친척들을 지켜달라'고 부탁합니다. 라합의 모습을 보십시오. 앞으로 다가올 국가적인 재난을 해결할 능력이 자신에게 없다는 것을 알았기 때문에 정탐꾼들에게 구원을 요청한 것입니다.

"우리가 이 땅에 들어올 때에 우리를 달아 내린 창문에 이 붉은 줄을 매고 네 부모와 형제와 네 아버지의 가족을 다 네 집에 모으라"(수 2:18).

"라합이 이르되 너희의 말대로 할 것이라 하고 그들을 보내어 가게 하고 붉은 줄을 창문에 매니라"(수 2:21).

라합의 요청에 정탐꾼들은 여리고가 무너질 때 창문에 붉은 줄을 달아 내리도록 요청합니다. 그러면 그 줄을 보고 구원해주겠다고 말합니다. 창문에 붉은 줄을 달아 내리는 것은 어려운 일이 아닙니다. 하지만 이 말을 믿지 않고 무시해버린다면 제아무리 쉬운 일이라도 어려운 일이 되어버립니다. 라합은 정탐꾼들의 말을 신뢰합니다. 만약 정탐꾼들의 말처럼 붉은 줄을 달아 표시해놓았을 때, 유별난 표시 때문에 어쩌면 이스라엘 군대의 선제타격 대상이 될 수 있을 텐데도 라합은 정탐꾼의 말을 믿습니다. 라합 역시 어떻게 할 다른 방법이 없었을 것입니다.

정탐꾼들도 라합도 자신의 힘이나 능력이 아니라 하나님의 전적인 은혜에 매달려 자신의 생사를 맡겼는데, 은혜로우신 하나님께서 그들을 구원하신 것입니다. 인간의 구원은 자신에게서 나오는 것이 아니라 외부에서, 하나님의 은혜에서 옵니다.

이스라엘 백성이 가나안을 정복할 때 크고 작은 여러 일들을 만날 것입니다. 그때마다 그 상황을 이겨내는 구원은 사람의 전략에 있지 않습니다. 하나님의 도우심으로 구원받을 수 있습니다. 그러므로 우리를 반드시 구원하실 하나님에 대한 절대적인 신뢰와 믿음이 우리에게 필요합니다. 그것이 형통의 비결이요, 그것이 승리의 비결이며, 그것이 구원의 원리입니다.

여호수아서 6장에 가면 이스라엘 군대가 여리고를 점령하게 됩니다. 그때 이스라엘이 행한 것이 있습니다. 17절에 나옵니다.

"이 성과 그 가운데에 있는 모든 것은 여호와께 온전히 바치되 기생 라합과 그 집에 동거하는 자는 모두 살려주라 이는 우리가 보낸 사자들을 그가 숨겨주었음이니라."

이스라엘이 여리고를 점령한 후 성의 모든 것을 여호와께 온전히 바치는 분주한 상황 가운데에서도 붉은 줄을 맨 라합과 그 집에 거한 모든 것을 살립니다. 25절도 같이 보겠습니다.

"여호수아가 기생 라합과 그의 아버지의 가족과 그에게 속한 모든 것을 살렸으므로 그가 오늘까지 이스라엘 중에 거주하였으니 이는 여호수아가 여리고를 정탐하려고 보낸 사자들을 숨겼음이었더라."

라합이 구원을 받을 때의 장면을 성경은 비슷한 이미지로 반복하여 강조합니다. 붉은 줄을 맨 '기생 라합과 그 집에 동거하는 자 곧 그의 아버지의 가족과 그에게 속한 모든 것'은 살렸다고 말합니다. 그런데 라합을 말할 때마다 반복적으로 표현하고 있는 단어가 있습니다. 바로 '기생'입니다. 왜 성경은 라합을 그냥 여인이라고 하지 않고 굳이 '기생'이라고 표현하며 아픈 부분을 들추고 있을까요? 성경은 이것을 우리에게 말하고 싶어 합니다. 세상에 내세울 것 하나 없는 허울만 있는 인생, 사람들에게 주목받지 못하는 감추어진 인생을 살았더라도 하나님을 붙잡고 그분을 신뢰한다면 반드시 그 사람은 주로 인하여 산다는 것입니다.

알량한 우리의 것으로 무기를 삼지 말고, 하나님 그분 자체를 우리의 무기로 삼아야 합니다. 지혜로 전략을 세우며 밤을 새우지 말고, 하나님을 신뢰하는 일에 밤을 새우며 그분을 의지하기 바랍니다.

한계가 있는 우리의 에너지를 하나님을 더욱 붙잡는 일에 쏟아부을 수 있기 바랍니다. 그것만이 사는 길입니다. 믿음의 사람들을 기록해놓은 히브리서 11장을 보면 라합이 당당하게 언급되어 있습니다. 그런데 히브리서에도 여전히 라합에 '기생'이라는 신분을 붙이고 있습니다.

"믿음으로 기생 라합은 정탐꾼을 평안히 영접하였으므로 순종하지 아니한 자와 함께 멸망하지 아니하였도다"(히 11:31).

믿음으로 라합은 비록 기생의 신분일지라도, 지난 과거가 추하고 허물이 있었더라도, 결국 승리의 삶을 산다는 것을 우리에게 보여줍니다. 357장 찬송가에서 가사 중에 "믿음이 이기네, 믿음이 이기네, 주 예수를 믿음이 온 세상 이기네"라고 찬송하는 내용이 나옵니다. 세상을 이기는 승리의 비결은 다름이 아니라 하나님을 붙잡고 그 하나님을 믿는 것입니다. 세상 것을 많이 소유하지 못했다고 기가 죽을 이유가 없습니다. 약하다고 두려워할 이유도 없습니다. 기생 같은 자라 할지라도, 연약한 자라 할지라도, 오늘 내가 하나님을 붙잡고 하나님을 나의 도움으로 삼으며 하나님의 구원을 믿고 신뢰하면 반드시 승리할 것임을 믿고 나아가야 합니다.

5
훈련의 과정

수 3:1-8

너는 언약궤를 멘 제사장들에게
명령하여 이르기를 너희가
요단 물가에 이르거든 요단에 들어서라 하라
(수 3:8)

사회에서 민간인이었던 젊은이가 군대에 들어가면 바로 군인이 되는 게 아닙니다. 머리를 깎고 군복을 입는다고 해서 군인이 바로 되지는 않습니다. 부대에 배치되기 전에 '신병교육대'에서 기초 군사 훈련을 받아야 합니다. 우리나라 남자라면 아주 몸서리칠 기억이고, 여성이라면 또 군대 이야기인가 할 것입니다. 신병교육대가 힘든 것은 민간인인 청년들을 규율과 명령의 복종 체계 시스템인 군인 사회로 전환시켜야 하기 때문입니다. 그래서 매우 강도 높은 훈련을 시킵니다. 훈련 내용은 주로 육체적으로 힘든 것이지만 모든 내용이 체력 단련이나 전투 수행 능력인 것은 아닙니다. 오히려 정신 무장이 더

주요한 목표라고 할 수 있습니다. 이처럼 한 명의 군인은 훈련으로 만들어집니다. 그리고 그 훈련 과정은 초반에 이루어져야 합니다. 뭐든지 결정적인 시기가 있습니다. 만약 그 과정을 생략해버리고 폼 나는 군복만 입혀놓는다면 그것은 단지 머리만 깎고 옷의 패션만 달라졌을 뿐 군인으로서의 사명을 감당하지는 못하게 됩니다.

요단강 도하 작전

가나안에 들어갈 준비를 마친 이스라엘 백성이 드디어 요단강을 건너려고 합니다. 여호수아 3장과 4장에 그 사건이 기록되어 있습니다. 그런데 강을 건너는 방법이 너무 어처구니가 없어 보입니다. 3절에서 말씀하십니다.

"백성에게 명령하여 이르되 너희는 레위 사람 제사장들이 너희 하나님 여호와의 언약궤 메는 것을 보거든 너희가 있는 곳을 떠나 그 뒤를 따르라."

하나님께서는 이스라엘 백성에게 언약궤를 앞장세우고 그 뒤를 따라가라고 하십니다. 4절을 보면 언약궤와 이스라엘 백성들 사이에 2,000규빗쯤 거리를 두라고 말합니다. 한 규빗은 손끝에서 팔꿈치까지의 거리로 약 45센티미터 정도 됩니다. 그렇다면 2,000규빗은 편의상 어림잡아 약 1킬로미터 정도의 거리입니다. 곧 언약궤와 백성들 사이에 이 정도의 거리를 두라는 말입니다. 강을 도하하려면 다리를 만들거나 부목을 띄우도록 명령하는 것이 상식이며 그것도 힘들면 헤엄쳐서 건너도록 명령해야 할 것 같은데 하나님의 명령을 보면 이상해보입니다. 언약궤를 앞장세워야 하고 먼 거리를 일정한 간격으로 유지해야 합니다.

요단강은 폭이 그리 넓은 강으로 보이지 않습니다. 현재의 요단강은 강폭이 8~15미터 정도인데, 학자들 중 어떤 이들은 그 당시에는 강폭이 약 30미터 정도였을 것으로 추정하기도 합니다. 만약 그렇다면 요단강을 도하하는 것은 그리 어려운 일이 아닐 수도 있습니다. 성경에는 이스라엘 백성이 요단강을 건너기 전에 이미 요단강을 건넜던 사람들의 모습이 나타나 있습니다.

"그 두 사람이 돌이켜 산에서 내려와 강을 건너 눈의 아들 여호수아에게 나아가서 그들이 겪은 모든 일을 고하고"(수 2:23).

여기서 말하는 두 사람은 앞에서 살펴보았던 두 명의 정탐꾼을 가리킵니다. 그런데 그들이 강을 건넜다고 기록하고 있습니다. 두 사람이 어렵지 않게 건널 정도로 쉽게 건널 수 있는 강이라는 것입니다. 창세기 32장에서도 야곱이 외삼촌 라반의 집으로 도망갈 때 요단을 건넜다고 기록하고 있습니다. 그리고 거기서 20년이라는 세월을 보낸 후 많은 재산을 가지고 다시 요단을 건너왔습니다. 야곱의 무리가 건넌 것입니다. 어린아이들도 건넜고, 종들도 건넜고, 가축도 건넜던 곳이 바로 요단강입니다. 어떤 의미에서는, 이스라엘 백성은 광야를 지나오는 동안 산전수전을 다 겪었기에 야곱이 건널 때보다 훨씬 더 쉽게 요단강을 건널 수 있었을 것입니다. 열왕기하 5장에서도 아람의 군대장관인 나아만이 나병을 치료하러 요단강에서 7번 목욕

합니다. 사람이 내려가 몸을 담그며 목욕할 수 있었던 곳이 바로 요단강입니다. 그렇게 접근하기 쉬운 그 강을 지금 이스라엘 백성이 가나안을 목적을 두고 건너가고자 한 것입니다.

그런데 하나님께서는 계속해서 제사장들이 행할 것을 말씀하십니다. 8절을 보겠습니다.

"너는 언약궤를 멘 제사장들에게 명령하여 이르기를 너희가 요단 물가에 이르거든 요단에 들어서라 하라."

언약궤를 멘 제사장들에게 먼저 요단에 들어가라고 하십니다. 성경은 당시 요단강의 상황을 이렇게 말해줍니다.

"요단이 곡식 거두는 시기에는 항상 언덕에 넘치더라 궤를 멘 자들이 요단에 이르며 궤를 멘 제사장들의 발이 물가에 잠기자"(수 3:15).

이스라엘 백성이 요단강을 건너는 시기는 곡식 거두는 때였습니다. 그래서 평상시보다 물의 수위가 높아져 항상 언덕에 넘쳤습니다. 평상시보다 건너는 것이 조금 힘들어진 것입니다. 하나님께서 제사장에게 말씀하십니다.

'발을 강에 잠기게 하라.'

언약궤를 멘 제사장들이 발을 요단강에 잠기게 했습니다. 그러자 놀라운 일이 일어납니다. 강물이 끊어지는 기적이 일어난 것입니다.

"곧 위에서부터 흘러내리던 물이 그쳐서 사르단에 가까운 매우 멀리 있는 아담 성읍 변두리에 일어나 한곳에 쌓이고 아라바의 바다 염해로 향하여 흘러가는 물은 온전히 끊어지매 백성이 여리고 앞으로 바로 건널새"(수 3:16).

위에서부터 흘러내리던 강물이 그치게 되었습니다. 그 끊어진 물이 물러가면서 한곳에 쌓이고, 바다로 흘러가던 물은 다 빠져나가 버렸습니다. 그래서 이스라엘 백성들은 요단강을 마른 땅처럼 건넜다고 성경은 기록합니다.

"여호와의 언약궤를 멘 제사장들은 요단 가운데 마른 땅에 굳게 섰고 그 모든 백성이 요단을 건너기를 마칠 때까지 모든 이스라엘은 그 마른 땅으로 건너갔더라"(수 3:17).

이 장면은 출애굽 1세대들이 모세와 함께 홍해를 건넜던 모습이 연상됩니다. 인간의 논리로 설명할 수 없는 일을 이스라엘 백성들이 목도한 것입니다. 그러나 요단강을 건넌 모습을 살펴보면 이전 홍해를 건넌 방법과 다소 차이가 있습니다. 홍해를 건널 때 하나님께서는 바다를 양쪽 벽이 되도록 갈라놓으신 후 백성들을 건너게 하셨습니다. 그러나 요단강을 건널 때는 그렇게 하지 않으셨습니다. 물이 넘쳐흐르는 강에 언약궤를 맨 제사장이 강물에 발을 넣었을 때 비로소 물이 말랐습니다.

그렇다면 하나님의 의도가 궁금해집니다. 굳이 비교를 하면 요단강을 건너는 것보다 홍해를 건너는 것이 더 편해 보입니다. 미리 홍해를 갈라놓으셨기 때문입니다. 그런데 요단강을 건널 때는 전과 같이 편한 방법을 쓰지 않습니다. 언약궤를 맨 제사장들이 앞서서 강물에까지 가야 합니다. 그리고 굳이 강물에 발까지 담가야 합니다. 그렇다면 왜 하나님께서는 이스라엘 백성이 요단강을 건널 때 다소 복잡한 과정을 요구하시는 것인지를 살펴보는 것이 유익합니다.

이것은 단순히 요단강을 건너는 방법에 대한 소개만은 아닙니다. '언약궤를 앞세워라. 제사장들은 백성들 앞에 가라. 그 물을 밟고 들어가라. 그리고 백성들은 제사장들을 반드시 따라가라. 그들과 거리를 많이 둬야 한다'라는 일련의 말씀에는 하나님의 계획하심과 목적, 선하신 의도가 있습니다. 그것은 바로 이스라엘 백성이 요단강을 건너는 과정을 통해 하나님께서 중요한 것을 훈련시키시는 것입니다. 그들이 요단강을 건너면 가나안에 들어가게 되기 때문에 이들이 입성할 땅에서 겪게 될 여러 가지 일들을 넉넉하게 감당하기 위해 훈련시키시는 것입니다.

장애물 훈련

하나님은 이스라엘에게 장애물 훈련을 감당하도록 이끄십니다. 요단강은 이스라엘 백성이 가나안 땅에 입국하는 데 만난 첫 번째 장애물입니다. 그들은 요단강을 건너가도록 명령하신 하나님의 말씀을 지킴으로 가나안에 들어갈 수 있습니다. 그리고 이 과정을 통해 가나안에서 만나게 될 수많은 장애물을 넉넉하게 감당하며 이겨내도록 훈련시키십니다. 이스라엘이 요단을 건너면 모든 일이 다 끝나는 것이 아닙니다. 요단을 건너가더라도 여리고성을 정복해야 합니다. 아이성도 정복해야 합니다. 그리고 가나안에 있는 이방 민족들과 계속 전쟁을 치러야 합니다. 그래서 결국 가나안을 차지해야 합니다. 그뿐 아닙니다. 가나안을 차지하더라도 그것을 분배하는 과정에서 미묘한 갈등이 일어날 수도 있습니다. 이처럼 그 땅을 차지하는 동안 여러 가지 크고 작은 장애물을 만나게 되는 것입니다. 그래서 하나님께서 이스라엘 백성에게 요단을 건너는 과정을 통해 장애물을 넘어서는 훈련을 시키고 있는 것입니다.

우리에게도 이런 신앙훈련이 필요합니다. 우리는 예수님을 믿으면 어려움 자체가 없어진다고 생각합니다. 그러나 오히려 예수님을 믿기 때문에 넘어야 할 장애물이 우리 앞에 생깁니다. 예수님을 믿는 것 때문에 다툼이 생기기도 하고, 주일성수 하는 문제 때문에 어려움 당하는 성도가 여전히 있습니다. 이런 크고 작은 장애물이 신앙 여정 가운데 있습니다. 그때 장애물 앞에서 무너지는 성도들이 있습니다. 거기서 주저앉고 울며 포기합니다. 그런가 하면 그 장애물을 넉넉하게 극복하고 나가는 이들이 있습니다. 거기서 승리의 개가를 부르며 환호합니다. 약속의 땅인 가나안은 바로 그 앞에 놓인 장애물을 극복하고 들어가는 자가 경험할 수 있습니다. 가나안이 눈앞에 있고 요단을 건너면 가나안에 들어가게 됩니다. 그러나 가나안을 진정으로 누리는 것은 땅만 발로 밟는 것이 아니라 그 장애물을 어떻게 통과하느냐에 따라서 결정이 됩니다.

목회를 하다 보면 참 안타까운 성도를 만나게 됩니다. 그들은 신앙생활을 너무나 쉽게 생각합니다. 단지 교회에 얼굴도장을 찍거나 여러 봉사를 하는 것만으로도 신앙생활을 잘하고 있다고 생각합니다. 그런데 이런 사람들을 잘 살펴보면 조그마한 시험 앞에서도 쉽게 넘어집니다. 그들 앞에 놓인 장애물을 이겨낼 저항력이 없는 것입니다. 삶 가운데 이해할 수 없는 복잡 미묘한 상황이 찾아올 때 '하나님께서 지금 나에게 장애물 훈련을 시키시는구나' 하고 믿음의 눈으로 바라보아야 합니다. 하나님께서 우리에게 이러한 훈련을 통해 영적인 근육, 신앙의 근육을 붙이시는 것입니다. 그래서 앞으로 가나안에서 경험하게 될 많은 장애물 앞에서 주저앉지 않고, 무너지지 않고, 넉넉히 극복하고 이겨내도록 하시는 것입니다. 항상 같은 상황 앞에 무너지고 또 무너지는 이유는 장애물 훈련을 통해 그 능력을 키우지 못했기 때문입니다. 그러므로 장애물 훈련을 받을 때 피하려고 생각하지 마십시오. 하나님께서 나를 훈련시키신다고 믿으십시오. 가나안에서 맛볼 승리를 위해 훈련시키신다고 믿으십시오. 그리고 그 훈련을 성실하게 받아내는 우리가 되길 바랍니다.

순종의 훈련

또한 하나님께서는 이스라엘 백성에게 순종의 훈련을 하십니다. 하나님께서 이스라엘 백성에게 요단을 건너도록 명령하신 과정은 어떻게 보면 굉장히 복잡하게 보입니다. 그러나 간단히 정리하면 별다른 방법이 아닙니다. 하나님의 명령에 순종하라는 것입니다. 3절을 보겠습니다.

"백성에게 명령하여 이르되 너희는 레위 사람 제사장들이 너희 하나님 여호와의 언약궤 메는 것을 보거든 너희가 있는 곳을 떠나 그 뒤를 따르라."

앞서서 인도하는 것은 굉장히 힘든데 따라가는 것은 상대적으로 굉장히 쉽습니다. 제사장들에게도 똑같은 말을 합니다. 8절입니다.

"너는 언약궤를 멘 제사장들에게 명령하여 이르기를 너희가 요단 물가에 이르거든 요단에 들어서라 하라."

제사장들에게 요단 물가에 이르거든 물이 창일하든지 어떻든지 강에 들어서라고 명령합니다. 이것은 곧바로 순종하라는 말입니다. 특별히 별다른 전략이 없습니다. 별다른 기가 막힌 전술도 아닙니다. 하나님의 명령에 순종하면 넘어가게 된다는 것입니다.

우리의 삶도 마찬가지입니다. 우리는 그리스도인입니다. 따라서 우리 앞을 가로막는 큰 장애물들이 있을 때 그것을 우리의 처세술로 모면하며 살아가서는 안 됩니다. 우리는 그리스도인답게 하나님께서 우리에게 말씀하시는 것에 순종함으로 장애물들을 하나하나 넘어가는 삶을 살아야 합니다. 그래서 하나님께서는 지금 이스라엘 백성에게 순종의 훈련을 하시는 것입니다.

열왕기하 5장을 보면 요단강에서 나병을 고친 나아만 장군도 순종의 자리에서 고침받습니다.

"나아만이 이에 내려가서 하나님의 사람의 말대로 요단강에 일곱 번 몸을 잠그니 그의 살이 어린아이의 살같이 회복되어 깨끗하게 되었더라"(왕하 5:14).

나아만 장군은 요단강 물의 효험으로가 아니고, 목욕하는 방법이 특별해서도 아니고, 오직 순종만으로 회복되었습니다. 우리에게도 이런 순종이 필요합니다. 범사에 순종하는 훈련은 이렇게 유익하니다. 우리 앞에 놓여 있는 요단강은 다름 아닌 훈련의 강입니다. 그리고 요단강을 건너는 비결은 바로 하나님을 신뢰하고 순종하는 것입니다.

요단강을 건너고 나서도 하나님께서는 여전히 순종의 훈련을 하십니다. 이스라엘 백성들이 요단강을 건너자마자 만나는 현장이 바로 여리고입니다. 여리고를 함락하는 전쟁의 과정 역시 마찬가지입니다.

"너희 모든 군사는 그 성을 둘러 성 주위를 매일 한 번씩 돌되 엿새 동안을 그리하라"(수 6:3).

전쟁의 방법이 특별하다 못해 굉장히 별납니다. 성 주위를 매일 한 번씩 6일 동안 도는 것이 여리고를 점령하는 방법인 것입니다. 이 명령 또한 백성에게 순종을 요구합니다. 순종의 자리에서 난공불락의 여리고성이 무너진다는 것입니다. 여리고를 점령한 다음 계속해서 백성들이 전쟁해야 할 곳은 아이성이었습니다. 아이성은 여리고성과 비교할 수 없을 정도로 보잘것없는 작은 성입니다. 그런데 이스라엘은 아이성 전쟁에서 패하고 맙니다. 무엇이 난공불락 여리고성을 무너뜨렸고 무엇이 보잘것없는 아이성 전투에서 지게 만들었는가, 성경은 바로 그것이 순종과 불순종의 차이 때문임을 분명하게 말씀합니다. 여리고성을 정복할 때 하나님께서는 이렇게 말씀하셨습니다.

"너희는 온전히 바치고 그 바친 것 중에서 어떤 것이든지 취하여 너희가 이스라엘 진영으로 바치는 것이 되게 하여 고통을 당하게 되지 아니하도록 오직 너희는 그 바친 물건에 손대지 말라"(수 6:18).

"그 성 안에 있는 모든 것을 온전히 바치되 남녀노소와 소와 양과 나귀를 칼날로 멸하니라"(수 6:21).

하나님의 명령대로 백성들은 순종했습니다.

"무리가 그 성과 그 가운데에 있는 모든 것을 불로 사르고 은금과 동철 기구는 여호와의 집 곳간에 두었더라"(수 6:24).

그런데 이어지는 아이성 전투의 결과는 좋지 않았습니다. 그 이유는 단순하면서도 분명했습니다.

"이스라엘이 범죄하여 내가 그들에게 명령한 나의 언약을 어겼으며 또한 그들이 온전히 바친 물건을 가져가고 도둑질하며 속이고 그것을 그들의 물건들 가운데에 두었느니라"(수 7:11).

패배의 이유는 이스라엘이 언약을 어기고, 하나님께 바칠 물건을 가져가고 도둑질하여 그들의 물건들 가운데 두었기 때문입니다. 불순종은 패배의 원인입니다. 따라서 이스라엘 백성이 가나안을 정복하기 위해 필요한 훈련 중에서 하나님의 뜻에 순종하는 훈련은 매우 중요했습니다.

우리에게도 이런 순종이 필요합니다. 세상 가운데 교회는 순종의 훈련을 하는 장소입니다. 교회에서 드리는 예배를 통하여, 봉사를 통하여, 교제를 통하여 교회에서 행하는 모든 일들을 통하여 하나님의 뜻에 순종하는 훈련을 하는 것입니다. 온전한 순종의 훈련을 마쳐야 승리를 맛볼 수 있습니다.

여리고성 전투를 이기게 하신 하나님이 아이성 전투를 못 이기게 하시겠습니까? 홍해를 건너게 하신 하나님이 요단강은 못 건너게 하시겠습니까? 죽은 자를 살리신 하나님이 병든 자를 못 고치시겠습니까? 문제는 내가 하나님께 순종의 훈련을 받아 온전케 되어야 한다는 것입니다.

질서의 훈련

하나님은 요단을 건너는 과정에서 또 하나의 훈련을 시키십니다. 그것은 바로 질서의 훈련입니다. 3절을 보겠습니다.

"백성에게 명령하여 이르되 너희는 레위 사람 제사장들이 너희 하나님 여호와의 언약궤 메는 것을 보거든 너희가 있는 곳을 떠나 그 뒤를 따르라"(수 3:3).

이스라엘이 광야생활을 할 때 언약궤는 진 가운데 있었습니다. 그렇지만 요단을 건널 때는 언약궤를 가장 앞세웁니다. 이스라엘이 자신의 생명처럼 여기는 언약궤가 자칫 물에 떠내려갈 수 있는 상황인데도 그것을 앞장세웁니다. 제사장들이 먼저 앞장서서 가라고 말합니다. 이들은 강을 건너는데 전문가가 아닙니다. 어떤 면에서는 삶의 현장에서 일하는 상황을 더 많이 경험한 백성이 강을 더 쉽게 건널 능력이 있을 것입니다. 그러나 하나님께서는 일반적인 상식과 다르게 제사장들을 앞장세웁니다. 그리고 백성은 그 뒤를 따라가라고 명령하십니다. 학자들은 당시 이스라엘 백성의 수가 150만 명 또는 많게는 200~250만 명까지 되었을 것이라고 봅니다. 그런데 이처럼 수많은 사람이 요단을 건널 때 만일 질서가 무너진다면 어떻게 되겠습니까? 너도나도 강으로 뛰어들어간다면 아수라장이 될 것입니다. 하나님께서는 백성들에게 질서의 훈련을 하기 위해 이처럼 복잡한 절차를 요구를 하셨습니다.

"그러나 너희와 그 사이 거리가 이천 규빗쯤 되게 하고 그것에 가까이 하지는 말라 그리하면 너희가 행할 길을 알리니 너희가 이전에 이 길을 지나보지 못하였음이니라 하니라"(수 3:4).

하나님께서는 이스라엘 백성에게 언약궤를 멘 제사장들과 2,000규빗쯤 거리를 두어 따라가라고 말합니다. 가보지 못한 길을 갈 때 이들에게 필요한 것은 질서였습니다. 이는 여리고성 함락 때도 마찬가지입니다.

"여호수아가 백성에게 명령하여 이르되 너희는 외치지 말며 너희 음성을 들리게 하지 말며 너희 입에서 아무 말도 내지 말라 그리하다가 내가 너희에게 명령하여 외치라 하는 날에 외칠지니라 하고"(수 6:10).

여호수아가 백성에게 요구한 것은 다름 아니라 질서입니다. 질서 있게 행하는 것은 하나님 나라 백성의 모습입니다. 고린도전서 14장 33절에 "하나님은 무질서의 하나님이 아니시요 오직 화평의 하나님이시니라 모든 성도가 교회에서 함과 같이"라고 하셨고, 40절에서는 다시금 "모든 것을 품위 있게 하고 질서 있게 하라"고 하셨습니다. 하나님께서는 모든 것을 질서 있게 하십니다.

우리의 삶에도 질서가 바르게 세워져 있어야 합니다. 삶의 우선순

위를 항상 바르게 두어야 합니다. 나보다 하나님이 언제나 먼저입니다. 내 일보다 하나님이 언제나 먼저입니다. 질서를 바르게 세우는 일이 신앙의 기본적인 자세입니다.

90 | 6. 요단강과 열두 돌(수 4:1~9)
그들에게 명령하여 이르기를
요단 가운데 제사장들의 발이 굳게 선 그곳에서
돌 열둘을 택하여 그것을 가져다가
오늘 밤 너희가 유숙할 그곳에 두게 하라 하시니라
(수 4:3)

102 | 7. 길갈의 은혜(수 5:8~12)
여호와께서 여호수아에게 이르시되
내가 오늘 애굽의 수치를
너희에게서 떠나가게 하였다 하셨으므로
그곳 이름을 오늘까지 길갈이라 하느니라
(수 5:9)

116 | 8. 하나님의 군대 대장(수 5:13~15)
여호와의 군대 대장이 여호수아에게 이르되
네 발에서 신을 벗으라 네가 선 곳은 거룩하니라 하니
여호수아가 그대로 행하니라
(수 5:15)

128 | 9. 강대한 성 앞에서(수 6:1~7)
너희 모든 군사는 그 성을 둘러
성 주위를 매일 한 번씩 돌되
엿새 동안을 그리하라
(수 6:3)

144 | 10. 보이지 않는 전쟁(수 7:1~13)
너는 일어나서 백성을 거룩하게 하여 이르기를
너희는 내일을 위하여 스스로 거룩하게 하라 ……
그 온전히 바친 물건을 너희 가운데에서 제하기까지는
네 원수들 앞에 능히 맞서지 못하리라
(수 7:13)

2

난공불락의
성을 넘는 믿음

6
요단강과 열두 돌

수 4:1~9

그들에게 명령하여 이르기를
요단 가운데 제사장들의 발이 굳게 선 그곳에서
돌 열둘을 택하여 그것을 가져다가
오늘 밤 너희가 유숙할 그곳에 두게 하시니라
(수 4:3)

망각의 존재

인간은 망각하는 존재입니다. 독일의 19세기 심리학자인 에빙하우스(Hermann Ebbinghaus, 1850~1909)는 인간의 망각에 대해서 20년 가까이 연구하여 망각에 대한 이론을 만들어 '에빙하우스의 망각곡선'이라는 그래프를 만들었습니다. 시간이 지남에 따라 망각하는 비율을 도표화한 것입니다. 이 연구에 따르면 인간은 무엇인가 인지를 한 지 10분 후부터 망각하기 시작하여 한 시간이 지나면 44퍼센트밖에 기억하지 못합니다. 하루가 지나면 30퍼센트 정도밖에 기억하지 못합니다. 따라서 중요한 내용은 반복해서 기억해야 한다는 결론을 내렸습니다. 기억을 하도록 돕는 것이 각종 기념물품입니다. 그래서 여행을 가서 기념품을 구입하기도 하고, 국가적으로 중요한 사건을 조형화하여 기념하기도 합니다. 어떤 의미 있는 일은 상징적인 배지를 만들어 옷에 달아 계속 기억하도록 합니다. 기억을 해야 좋은 것을 계속 떠올려 행복해지기도 하고, 기억을 해야 중요한 가치를 잃지 않게 되며, 기억을 해야 과거의 불행을 반복하지 않을 수가 있습니다. 하나님께서도 쉽게 잊어버리는 인간의 연약함을 아시고 언제나 하나님을 기억하는 데 힘쓰라고 명하십니다.

여호수아서 4장 1절은 '그 모든 백성이 요단을 건너가기를 마쳤다'고 기록합니다. 이스라엘 백성이 요단강을 마른땅처럼 건너 드디어 가나안을 밟은 것입니다. 그런데 여전히 요단강에 사람이 있었습니다.

"여호와의 언약궤를 멘 제사장들은 요단 가운데 마른땅에 굳게 섰고 그 모든 백성이 요단을 건너기를 마칠 때까지 모든 이스라엘은 그 마른땅으로 건너갔더라"(수 3:17).

그 사람은 바로 언약궤를 멘 제사장들입니다. 그들은 여전히 요단강 한복판에 서 있었습니다. 제사장은 언제 요단강에서 올라왔을까요? 4장 후반부에 가서야 제사장들이 땅에 올라왔다고 기록되어 있습니다. 여호수아 4장 17~18절 말씀입니다.

"여호수아가 제사장들에게 명령하여 이르기를 요단에서 올라오라 하매 여호와의 언약궤를 멘 제사장들이 요단 가운데에서 나오며 그 발바닥으로 육지를 밟는 동시에 요단 물이 본 곳으로 도로 흘러서

전과 같이 언덕에 넘쳤더라."

　제사장들은 여호수아를 통해 선포된 하나님의 명령에 순종하여 가장 먼저 요단강에 들어갔고, 하나님의 명령에 따라 백성이 지나갈 때까지 한가운데에 서 있었으며, 백성이 다 지나간 후에야 명령에 따라 가나안에 올라갔습니다. 그러자 요단의 물은 아무 일 없었던 것처럼 이전과 같이 창일하게 되었습니다. 만일 여호수아서 4장이 '이스라엘 백성이 요단강을 건넜다'는 역사적 사건을 기술하는 데에만 중점을 두었다면 4장 1절부터 16절까지의 내용은 생략해도 될 것 같습니다. 이 부분을 생략해도 내용이 연결되기 때문입니다. 그런데 성경은 내용의 흐름상 그다지 중요하지 않은 것 같은 사건을 우리에게 증거하고 있습니다. 여호수아서 4장은 어떤 내용이 기록되어 있을까요? 바로 이스라엘 백성이 요단강을 마른땅처럼 건너면서 강에 있는 열두 돌을 취해 가나안에 기념비를 세웠다는 내용입니다. 왜 이 장면을 굳이 한 장이나 되는 분량을 할애하면서까지 기록하고 있을까요? 그 이유를 알아보기 위해 열두 돌을 취한 장소인 요단강의 의미와 열두 돌을 취하여 세운 기념비의 의미를 생각해보려고 합니다. 먼저 요단강의 의미를 살펴보겠습니다.

요단강을 마주 보면서

　첫째, 난관의 장애물입니다.
　이스라엘 백성에게 요단강은 그들의 행진을 가로막고 있는 난관의 장애물입니다. 가나안으로 나아가는 데 가로막힌 장애물입니다. 요단강만 건너면 바로 가나안 땅입니다. 그런데 가나안 땅에 들어가기 전 이들은 요단강을 만났습니다. 이스라엘 백성은 최소한 3일이라는 시간 동안 요단강변에 머물렀습니다. 요단강만 아니라면 이런 시간은 불필요했을 것입니다. 요단강은 하나님의 백성의 행진을 가로막는 장애물, 난관입니다.

우리 모두는 가나안의 풍성한 삶을 늘 소망합니다. 거친 광야생활을 속히 벗어 던지고 젖과 꿀이 흐르는 가나안의 삶을 누리고 싶어 합니다. 따라서 요단을 속히 벗어나려 합니다. 그것이 우리 모두의 마음 아닐까요? 그런데 그때 꼭 기억해야 할 것이 있습니다. 가나안은 우리 손 안에 쉽게 들어오는 것이 아닙니다. 반드시 요단강을 통과해야만 들어갈 수 있습니다. 그러므로 요단강이 믿음의 행진을 가로막는다고 해도 두려워하거나 낙심하지 마십시오. 요단강은 하나님의 뜻을 순종하는 가운데 반드시 만날 수밖에 없는 고난의 상황임을 기억하십시오. 이제 거의 다 온 것입니다.

둘째, 축복의 관문입니다.

그런데 요단강은 장애물이기도 하지만 동시에 축복의 관문입니다. 요단강을 건너기만 하면 지금까지 누린 것과는 전혀 다른 젖과 꿀이 흐르는 약속의 땅에 갈 수 있습니다. 그러므로 요단강은 그들의 행진을 가로막고 있는 장애물인 것 같지만 또 다른 한편으로 보면 축복으로 향하는 관문입니다. 이스라엘 백성은 애굽에서 나와 가나안에 들어가기까지 두 개의 큰 물을 건넙니다. 하나는 홍해이고, 하나는 요단강입니다. 그러나 이 두 큰 물을 건너는 의미는 다릅니다.

먼저, 홍해는 애굽과의 완전한 분리를 의미합니다. 이스라엘 백성이 애굽에서 나왔을 때 바로는 곧바로 군대를 보내 그들을 다시 잡아오라고 명령합니다. 이스라엘 백성을 쉽게 떠나보내려 하지 않습니다. 여전히 애굽에 포로로 두어 속박하고 고통을 주려 한 것이지요. 이스라엘 백성은 출애굽 하다가 뜻밖에 홍해 앞에 서게 됩니다. 얼마나 두렵고 얼마나 당황했겠습니까? 그때 하나님께서 홍해를 가르고 그곳을 건너게 하십니다.

"그날에 여호와께서 이같이 이스라엘을 애굽 사람의 손에서 구원하시매 이스라엘이 바닷가에서 애굽 사람들이 죽어 있는 것을 보았더라"(출 14:30).

이스라엘 백성이 두 벽이 된 홍해를 마른땅처럼 건너갑니다. 이윽고 뒤따라온 애굽 군대가 홍해에 들어가자 하나님께서 가르셨던 홍해를 흐르도록 해서 수장하여 모두 몰살됩니다. 애굽은 더 이상 이스라엘 백성을 속박할 수 없게 되었습니다. 이제 다시 애굽으로 돌아갈 수 없게 된 것입니다. 이처럼 홍해는 애굽과의 완전한 분리가 이루어진 장소입니다. 이 사건을 영적으로 바라본다면 고통으로부터, 죄로부터 분리되는 것을 의미합니다.

그러나 요단강은 홍해와는 다른 의미를 갖습니다. 요단강은 이스라엘 백성이 가나안으로 삶의 자리가 옮겨지는 것을 의미합니다. 가나안을 향하는 관문이 바로 요단강입니다. 다시 말하면 요단강은 가나안으로 들어가는 장애물이기도 하지만 동시에 축복의 관문인 것입니다. 그러므로 성경은 우리에게 요단강을 보이면서 중요한 사실 하나를 가르칩니다. 바로 '요단강에 대한 관점, 태도와 생각을 수정하라'는 것입니다. 대부분의 성도는 요단강을 만나는 것조차 달가워하지 않습니다. 강을 건너는 데는 많은 수고가 필요합니다. 몸이 젖을 수도 있습니다. 가진 것을 버려야 할지도 모릅니다. 그래서 요단강을 만나고 싶어 하지 않고 오히려 돌아서길 원합니다. 그렇지만 명심하십시오. 요단강은 장애물이면서 동시에 젖과 꿀이 흐르는 가나안 땅을 누릴 수 있는 축복의 관문입니다.

이스라엘 백성처럼 우리도 생활하는 가운데 요단강과 마주하게 됩니다. 요단강 앞에서 수고와 희생이 싫고, 힘든 일이 싫어서 돌아서려고 할 때가 얼마나 많은지 모릅니다. 우리 중에는 '요단강을 만나지 않았으면 좋겠다'고 기도한 사람도 있을 것입니다. 요단강 건너는 것을 포기하는 사람도 있습니다. 르우벤과 갓 지파처럼 요단강 건너는 것을 포기합니다. 굳이 가나안으로 가지 않아도 좋다고 말합니다. 눈앞에 약속의 땅이 보이니 여기가 좋다고 주저앉습니다.

그러나 그렇게 되면 결국 아름답고 광활한 땅, 젖과 꿀이 흐르는 땅인 가나안을 소유하지 못하게 됩니다. 요단강을 건너야만 가나안을 소유할 수 있는데, 요단강을 건너려고 하지 않고 자꾸 피하려고만 하니까 가나안의 풍성한 삶을 소유하지 못하게 되는 것입니다. 그러므로 성도는 요단강을 피하려고 하지 말아야 합니다. 내 인생에서 만나는 요단강을 장애물이라고 생각하지 말고, '이것은 축복의 관문이다. 이 문을 밀치고 들어가자!'라는 신앙의 자세와 태도를 갖기를 바랍니다.

세워야 하는 열두 돌

이제 열두 돌의 의미를 생각해보겠습니다. 이스라엘 백성이 요단강을 건널 때 언약궤를 멘 제사장들은 강 한복판에 그대로 머물러 있었는데, 그때 하나님께서 백성에게 한 가지 명령을 하십니다. 그 명령은 가나안에 들어간 이스라엘 백성이 그 땅을 정복하기 전에 꼭 해야 할 중요한 일이었습니다. 2~3절을 보겠습니다.

"백성의 각 지파에 한 사람씩 열두 사람을 택하고 그들에게 명령하여 이르기를 요단 가운데 제사장들의 발이 굳게 선 그곳에서 돌 열둘을 택하여 그것을 가져다가 오늘밤 너희가 유숙할 그곳에 두게 하라 하시니라."

하나님께서는 이스라엘 열두 지파 가운데 각각 한 사람씩, 열두 사람을 택하라고 하십니다. 그리고 그 사람을 다시 강으로 들어가게 해서 마른땅과 같이 되어버린 요단강 바닥에 있는 열두 개의 돌을 택하여 이스라엘 백성이 유숙할 가나안 땅에 두라고 말씀하십니다. 6~7절 말씀을 계속해서 보겠습니다.

"이것이 너희 중에 표징이 되리라 후일에 너희의 자손들이 물어 이르되 이 돌들은 무슨 뜻이냐 하거든 그들에게 이르기를 요단 물이 여호와의 언약궤 앞에서 끊어졌나니 곧 언약궤가 요단을 건널 때에 요단 물이 끊어졌으므로 이 돌들이 이스라엘 자손에게 영원히 기념이 되리라 하라 하니라."

열두 돌을 세운 이유가 무엇이냐면 어떤 표시를 삼고 싶다는 것입니다. 바로 훗날에 출애굽과 가나안 정복 전쟁을 경험하지 못한 후손들이 "이 돌을 왜 세웠나요?" 하고 물어본다면, "우리 조상들에게 요단강을 마른땅과 같이 걷게 하신 하나님이 바로 너의 하나님이다"라는 것을 가르쳐주기 위해 기념비를 삼은 것입니다.

또한 제사장들의 발이 선 곳에 돌 열둘을 세웠습니다.

"여호수아가 또 요단 가운데 곧 언약궤를 멘 제사장들의 발이 선 곳에 돌 열둘을 세웠더니 오늘까지 거기에 있더라"(수 4:9).

이스라엘 백성은 이미 강을 성공적으로 건넜습니다. 이제 강 한가운데에 서 있던 제사장들만 올라오면 됩니다. 모든 상황이 끝나고 제사장들만 올라오면 되는데 왜 굳이 강바닥에 돌을 옮겨서 기념비를 세우도록 말씀하셨을까요?

"이는 땅의 모든 백성에게 여호와의 손이 강하신 것을 알게 하며 너희가 너희의 하나님 여호와를 항상 경외하게 하려 하심이라 하라"(수 4:24).

기념비를 세운 이유는 두 가지입니다. 첫째는 '하나님의 손이 강하다', 즉 하나님은 전능하신 능력을 가지신 분이라는 것을 알게 하기 위함입니다. 도저히 건널 수 없는 요단강을 건너게 하신 하나님이 우리가 믿는 하나님이라는 사실을 알고 기억할 수 있도록 하라는 것입니다. 두 번째는 이 기억으로 그들이 하나님을 배신하지 않고 항상 하나님을 경외하도록 하기 위함입니다. 결국 이것은 이스라엘 백성의 다음 세대를 위해 세운 것입니다. 다음 세대가 하나님을 바르게 알고 경외하게 하기 위해 기념비를 세운 것입니다. 다음 세대들도 하나님을 떠나지 않고 하나님의 사람으로 살아가기를 원한 것입니다.

기억의 돌

이처럼 열두 돌은 '기억의 돌'입니다. 이스라엘 백성이 요단강을 건넌 사건은 허구가 아닌 분명한 사실입니다. 그런데 돌을 세워 그 일을 기념하게 한 이유는 우리가 쉽게 잊어버리기 때문입니다. '망각', 이것은 비단 가나안에 도착한 이스라엘 백성에게만 해당하는 것이 아닙니다. 이미 하나님께서 이스라엘 백성에게 그들을 출애굽 하여 전에 살던 애굽과는 비교조차 할 수 없는 젖과 꿀이 흐르는 땅으로 데리고 가겠다고 약속하셨습니다. 출애굽 한 백성은 놀라운 기적을 체험하고 광야생활을 하게 되었습니다. 그런데 광야를 걷는 동안 힘겹고 어려우니까 하나님의 일하심과 약속을 잊어버리고 다시 애굽으로 돌아가자고 소리치는 사람들, 모세를 돌로 쳐 죽이려고 하는 사람들, 별의별 사람들이 다 일어났습니다. 또한 열두 정탐꾼이 가나안을 정탐하고 돌아왔을 때 그 땅이 얼마나 부요한 땅인지 그 땅에 난 과일을 가지고 와서 보여주었습니다. 그만큼 아름답고 광활한 땅이라는 것을 증명한 것입니다. 그렇지만 직접 눈으로 그 땅이 비옥하다는 것을 봤음에도 불구하고 그들은 자신의 상황을 원망하고 탄식

했습니다. 그 이유는 그들이 하나님의 약속을 잊어버렸기 때문입니다. 그래서 여기가 좋다, 이 정도 풀이면 짐승 먹이기 좋은 것 같으니 그냥 여기서 살겠다고 말한 것입니다.

그래서 하나님께서는 이스라엘 백성이 가나안 땅에 이르렀을 때 가장 먼저 이 일을 준비시킨 것입니다. 믿음이란 기억하는 것입니다. 하나님이 얼마나 전능하신 분인지, 택한 백성을 얼마나 사랑하시고 그들에게 풍성한 은혜를 베푸시는 분인지 잊지 않고 기억하는 것입니다. 이스라엘 백성이 가나안에 들어가서 그들의 눈에 보이는 크고 광활한 땅 때문에 마음이 빼앗기고 눈이 바뀌어버리면 하나님께서 우리를 여기까지 오게 하셨다는 은혜를 망각하고 살기가 굉장히 쉽기 때문에, 잊지 않게 하기 위해 기념비를 세운 것입니다. 우리도 하나님의 은혜를 언제나 잊지 말아야 합니다. 하나님의 은혜를 잊지 않고 기억하기 위해, 늘 하나님을 떠나지 않고 경외하는 아름다운 신앙의 사람으로 살기 위해 우리의 심령 속에도 열두 돌과 같은 기념비를 세워야 합니다.

승리의 돌

또한 열두 돌은 하나님께서 우리를 승리하게 하신 '승리의 돌'입니다. 요단강에 열두 돌을 세웁니다. 하지만 그것은 제사장이 강에 올라오는 순간 잠기게 되어 더 이상 볼 수 없는 돌입니다. 그러므로 제사장이 선 강바닥에 열두 돌을 세운 것은 '이스라엘 백성이 건널 수 없는 강을 건넜다'는 뜻입니다. 달리 말하면 '이 강을 건널 때 원래는 다 죽었다'는 뜻입니다.

그런데 지금 이스라엘 백성은 어디에 있습니까? 바로 약속의 땅인 가나안에 있습니다. 약속의 땅에서 호흡하고 있습니다. 그리고 가나안 땅에도 기념비를 세웁니다. 이 기념비는 바로 죽음의 강인 요단을 건너와 '지금 우리가 여기 호흡하며 살고 있다'는 뜻입니다. 이 장면을 좀더 영적으로 바라보면 이렇게 비유할 수 있을 것 같습니다. 요단 강바닥에 세워진 기념비는 죽음을 말하는 것이고, 강 건너편 가나안에 세워진 돌은 백성의 부활을 말하는 것입니다. 백성들은 요단강에 있는 열두 돌을 보면서 하나님의 은혜가 어떤 은혜인지를 생각했을 것입니다.

'강바닥에 잠긴 열두 돌처럼 우리는 모두 이미 죽은 존재들이야.'

가나안에 세운 열두 돌을 보면서도 백성들은 생각했을 것입니다.

'그럼에도 불구하고 하나님께서 우리에게 요단강을 건너는 승리를 허락해주셔서 오늘 우리가 여기서 호흡하며 살고 있는 거야.'

열두 돌을 통해 이것을 백성들에게 가르치신 것입니다. 우리는 잠긴 열두 돌처럼 죽을 수밖에 없는 소망 없는 자들인데, 하나님께서 강한 손으로 우리를 건너오게 하셔서 지금 여기 이렇게 우리가 살도록 인도해주셨다는 승리의 의미를 열두 돌이 담아내고 있는 것입니다.

홍해를 건널 때는 죄에 대해 죽은 것이고, 요단강을 건널 때는 자기 자아에 대해 죽은 것입니다. 따라서 홍해를 건넜다면 죄에 대해 죽은 자 즉 구원받은 백성인데, 요단강을 건너지 않았다면 약속된 가나안을 누리지 못하는 것이라고 말할 수 있습니다. 우리의 삶은 어떻습니까? 예수님을 믿어 구원받고 천국 백성이 되었는데도 하나님의 사람이 누릴 수 있는 모든 풍요로운 복들을 누리지 못하고 여전히 광야와 같은 척박한 삶을 살고 있지는 않은지 돌아보아야 합니다. 그것은 요단강을 통과하면서 열두 기념비를 세운 사람에게 주어지는 축복입니다. 내가 지금 광야에 있는 성도인지 가나안에 있는 성도인지를 언제나 점검해 보아야 합니다.

"이와 같이 너희도 너희 자신을 죄에 대하여는 죽은 자요 그리스도 예수 안에서 하나님께 대하여는 살아 있는 자로 여길지어다"(롬 6:11).

홍해를 건넌 우리에게 하나님께서는 애통해하며 이렇게 말씀하십니다. '너희는 죄에 대하여 이미 죽었고 그리스도에 대하여는 살게 된 자다. 그리스도에 대해 살았다면 내가 너희에게 약속한 가나안의 풍요로움을 누려야지 왜 여전히 광야에서 배회하고 있느냐?' 하나님의 질문에 우리는 여전히 이렇게 답변하고 있는 건 아닐까요? '아직 요단을 건너지 못했어요. 승리의 기념비를 세우지 못했어요. 요단강을 건너 가나안에 기념비를 세우지 못했어요. 내 삶에 아직까지도 기념비를 세운 적이 없어요.' 그래서 그리스도 안에 있지만 여전히 죽은 자처럼 살아가고 있다면 얼마나 안타깝습니까?

우리에게도 열두 기념비가 필요합니다. 하나님의 전능하심을 기억하고, 하나님의 승리를 신뢰하며 선포하는 열두 기념비가 필요합니다. 우리에게 하나님의 약속이 있다면 그 약속의 자리에 열두 믿음의 기념비를 세우기 바랍니다.

7
길갈의 은혜

수 5:8~12

여호와께서 여호수아에게 이르시되
내가 오늘 애굽의 수치를
너희에게서 떠나가게 하였다 하셨으므로
그곳 이름을 오늘까지 길갈이라 하느니라
(수 5:9)

　북한에서 남한으로 오는 새터민 가정이 계속 증가하고 있습니다. 하루빨리 평화로운 경제 협력과 통일이 이루어져 함께 행복하게 살고 복음도 확산되었으면 좋겠습니다. 새터민이 남한에 오면 굉장한 변화를 겪는다고 합니다. 체제와 이념과 사회 환경이 너무나 다르기 때문입니다. 더욱이 북한은 폐쇄 사회라 그 충격은 우리가 생각하는 것과 차원이 다른 것 같습니다.
　통계에 의하면 나이가 든 어른이 더 힘들고 나이가 어릴수록 잘 적응한다고 합니다. 아무래도 기존에 있는 사고의 축적이 적을수록 새로운 가치관과 문화양식을 받아들이는 데 어려움이 없는 것 같습니다. 그러나 나이가 들수록 기존의 사고방식이 지배적이라 새로운 양식으로 전환되는 데 어려움을 겪습니다. 이런 점은 이민을 가서 사는 경우에도 마찬가지입니다. 그 나라의 문화에 동화되어 함께 살아가기 위해서는 꽤 많은 시간이 필요하고, 어느 때에는 매우 힘든 과정을 겪은 후에야 이루어지게 됩니다.

새로운 신분으로 새로운 삶을 살기 위해서는 기존의 사고 중 어떤 것들은 버리고 새로운 것을 받아들여야 합니다. 이것은 단기간에 되지는 않지만 새로운 환경에서 사는 사람에게 꼭 필요합니다. 사고방식의 전환, 패러다임의 전환(paradigm shift)은 현재 내가 잘 살기 위해 필요한 것입니다.

하늘나라 이민

성도는 어둠의 권세 아래에서 종으로 살다가 (하나님의 은혜로) 하나님의 나라로 옮겨진 사람들입니다. 골로새서 1장 13절에 "그가 우리를 흑암의 권세에서 건져내사 그의 사랑의 아들의 나라로 옮기셨으니"라고 기록되어 있습니다. 나라가 바뀐 것이니 국적이 달라졌습니다. 죄의 노예 신분에서 하나님의 사랑받는 자녀로 신분이 변화되었기 때문에 이전의 사고방식과 생활습관을 버려야 합니다. 만약 버리지 않는다면 새로운 삶을 사는 데 걸림돌이 될 것입니다. 하나님께서는 우리의 신분에 걸맞은 삶을 살기 위해서 과거의 사고방식과 가치관과 문화를 버리라고 명하십니다.

하나님께서 기적을 베푸시는 것을 경험할 때 우리는 큰 힘을 얻습니다. 때로는 희열을 느끼기도 합니다. 우리가 풀 수 없는 문제가 하나님의 기적 같은 은혜로 풀릴 때 얼마나 즐겁습니까? 의학적으로 도저히 고칠 수 없어서 의사가 치료할 수 없다고 진단했는데, 하나님께서 고쳐주실 것을 바라며 기도했더니 그 병에서 치유함을 받았다면 얼마나 감격스럽습니까? 아무리 뒤집어 계산을 해봐도 상식적으로 절망일 수밖에 없는 상황인데 하나님의 은혜로 절망이 희망이 될 때 신앙생활에 참 기쁨을 느끼게 됩니다. 오늘 본문 말씀의 시작이 바로 그렇습니다. 이스라엘 백성은 하나님의 은혜로 요단강을 완벽하게 건너가게 됩니다.

"여호와의 언약궤를 멘 제사장들은 요단 가운데 마른땅에 굳게 섰고 그 모든 백성이 요단을 건너기를 마칠 때까지 모든 이스라엘은 그 마른땅으로 건너갔더라"(수 3:17).

드디어 이스라엘 백성이 그토록 바라던 목적지를 눈앞에 보고 있습니다. 40년 배회하던 광야생활을 청산할 감격스런 순간입니다. 하나님의 약속을 가로막는 장애물인 요단강을 건너야 하는 절박한 상황에서 그곳을 마른땅처럼 건너는 기적을 체험한 이스라엘 백성의 마음이 어떠했을지 상상만 해도 굉장한 장면입니다. 제사장들이 하나님의 언약궤를 메고 출렁이던 요단강에 발을 들여놓자 강물이 멈추어 마른땅처럼 건너는 장면은 얼마나 멋있는 광경이겠습니까? 그래서 그들은 요단강을 건너와서 다음 세대를 생각하며 요단강에 기념비를 세웠습니다.

"너희는 너희의 자손들에게 알게 하여 이르기를 이스라엘이 마른 땅을 밟고 이 요단을 건넜음이라"(수 4:22).

기념비를 세울 때 이스라엘 백성은 불평하지 않았을 것입니다. 다음 세대에게 '우리가 하나님의 일하심을 알려줄 것이다. 우리가 오늘 하나님으로 인해 어떤 삶을 살았는지, 우리가 어떤 믿음의 사람이었는지 다음 세대에게 알려줄 것이다'라는 다짐을 하며 기념비를 세우고 나왔습니다. 그런 다음 여호수아 5장 1절은 이렇게 시작합니다.

"요단 서쪽의 아모리 사람의 모든 왕들과 해변의 가나안 사람의 모든 왕들이 여호와께서 요단 물을 이스라엘 자손들 앞에서 말리시고 우리를 건네게 하셨음을 듣고 마음이 녹았고 이스라엘 자손들 때문에 정신을 잃었더라."

이스라엘 백성이 정복해야 할 가나안 땅에 살고 있는 이방 사람들의 상황에 대해 기록하고 있습니다. 그들의 상황은 바로 정신을 잃고 있었습니다. 이 부분을 공동번역에서는 '모두 넋을 잃었다'고 기록합니다. 이미 마음이 녹아버렸다고 말하는 것입니다. 이방 사람들이 정신을 잃은 이유는 하나님께서 이스라엘 백성에게 요단강을 마른땅으로 건네게 하셨다는 사실을 들었기 때문입니다. 가나안의 모든 왕들조차 혼비백산하여 정신을 잃었다고 말합니다. 앞으로 이스라엘이 정복해야 할 적군들이 전쟁도 하기 전에 두려움 가운데 벌벌 떨게 되었습니다.

가나안 사람들이 정신을 잃고 간담이 녹은 상황이라면 이스라엘 백성은 무엇을 해야 합니까? 바로 "돌격 앞으로!"라고 외치며 공격을

난공불락의 성을 넘는 믿음 **105**

해야 하지 않을까요? 우리가 만약 여호수아라면 이런 상황을 놓치지 않고 공격하지 않았을까요? 그러나 하나님께서는 이스라엘 백성을 멈추게 하시고 또 순종을 요구하십니다. 2절을 보겠습니다.

"그때에 여호와께서 여호수아에게 이르시되 너는 부싯돌로 칼을 만들어 이스라엘 자손들에게 다시 할례를 행하라 하시매."

'그때에'라는 단어로 2절을 시작합니다. '그때'는 언제입니까? 적군이 정신을 잃어 침략하기 가장 좋을 때, 이스라엘이 사기충천하여 가장 승리하기 좋을 그 시점입니다. 그때 하나님께서는 다시 이스라엘에게 명령하십니다.

"부싯돌로 칼을 만들어 이스라엘 자손들에게 다시 할례를 행하라."

할례와 언약

할례는 남자 성기의 표피를 자르는 예식입니다. 할례를 행하면 전쟁을 할 수 없는 상황이 되어버립니다. 곧 하나님께서 지금 상황과 전혀 상관없는 명령을 이스라엘 백성에게 내리시는 듯합니다. 그러나 요단강 순종의 훈련을 마친 이스라엘 백성은 상식으로 이해할 수 없는 하나님의 명령에 순종합니다. 8절입니다.

"또 그 모든 백성에게 할례 행하기를 마치매 백성이 진중 각 처소에 머물며 낫기를 기다릴 때에."

가나안 길갈에서 남자들은 모두 할례를 받습니다. 살점을 떼어내고 나서 아물 때까지 얼마나 고통스러웠을까요? 마음대로 움직일 수 없는 상황이 되어버렸습니다. 하나님께서는 이스라엘 백성에게 왜 할례를 행하라고 하셨을까요?

창세기 17장 10~14절을 보면 하나님이 아브라함과 약속을 맺는 장면이 기록되어 있습니다. 그때 할례 예식을 통해 아브라함과 그 후손에게 '언약의 표징'으로 삼습니다. 아브라함의 후손이 할례를 행한다는 것은 '약속의 사람들'이라는 것을 드러내는 것입니다. 그리고 '약속의 사람들'이라는 말 속에는 약속의 땅인 가나안 땅에 데리고 가겠다는 의미가 포함되어 있습니다. 그래서 이스라엘 백성은 후손들에게 "너희는 언약 백성이며 하나님의 사람이다. 너희는 하나님의 약속을 받은 약속의 사람이다. 하나님으로 말미암아 젖과 꿀이 흐르는 약속의 땅을 누릴 수 있는 사람들이다"라는 언약의 표징으로 할례를 행한 것입니다. 바로 그 할례를 지금 길갈에서 행하라고 명령하시는 것입니다.

"여호수아가 할례를 시행한 까닭은 이것이니 애굽에서 나온 모든 백성 중 남자 곧 모든 군사는 애굽에서 나온 후 광야 길에서 죽었는데 그 나온 백성은 다 할례를 받았으나 다만 애굽에서 나온 후 광야 길에서 난 자는 할례를 받지 못하였음이라"(수 5:4~5).

애굽에서 나온 이스라엘 백성은 다 할례를 받았습니다. 그런데 그 세대 사람들은 광야생활을 하는 동안 하나님의 말씀에 불순종하여 다 죽게 됩니다. 그리고 광야에서 태어난 출애굽 2세대는 가나안에 이를 때까지 할례를 받지 못했습니다. 그래서 하나님이 이들에게 할례를 행하라고 명령하시는 것입니다. 우리는 먼저 할례를 받은 장소인 '길갈'의 의미를 생각해보아야 합니다.

회복의 장소

이스라엘 백성에게 길갈은 회복의 장소입니다. 하나님께서는 이스라엘 백성에게 어떤 회복을 원하셨을까요? 9절을 보겠습니다.
"여호와께서 여호수아에게 이르시되 내가 오늘 애굽의 수치를 너희에게서 떠나가게 하였다 하셨으므로 그곳 이름을 오늘까지 길갈이라 하느니라."

'길갈(גִּלְגָּל, Gilgal)'이라는 지명은 '굴러갔다, 떠나게 했다'는 의미가 있습니다. 길갈은 이스라엘의 수치가 떠나간 장소라는 것입니다. 어떤 수치가 떠나간 것이냐면 바로 '애굽의 수치'입니다. 애굽의 수치가 이스라엘 백성에게서 떠나고 물러간 장소, 애굽의 수치와 결별하게 된 장소가 바로 길갈입니다. 이스라엘 백성이 떨쳐버린 애굽의 수치는 무엇일까요? 6절을 보겠습니다.
"이스라엘 자손들이 여호와의 음성을 청종하지 아니하므로 여호와께서 그들에게 대하여 맹세하사 그들의 조상들에게 맹세하여 우리에게 주리라고 하신 땅 곧 젖과 꿀이 흐르는 땅을 그들이 보지 못하게 하리라 하시매 애굽에서 나온 족속 곧 군사들이 다 멸절하기까지 사십 년 동안을 광야에서 헤매었더니."

이스라엘 백성이 애굽에 나와 약속의 땅인 가나안에 들어가는 데

무려 40년이란 세월을 보냈습니다. 하나님의 말씀에 불순종했기 때문입니다. 불순종으로 인해 출애굽 1세대는 광야에서 모두 죽게 되었습니다. 40년이라는 세월 동안 광야에서 배회하는 헛수고의 시간을 보내게 되었습니다. 이러한 헛수고, 수치 바로 이것을 물러가게 했다는 말입니다. 따라서 길갈은 잃어버린 40년을 다시 회복하는 장소입니다.

크게 두 장소에 따라 성도를 구분할 수 있습니다. 애굽의 속박에서 벗어난 것은 모두 같은 상황이지만 약속의 땅인 가나안에 들어가지 못하고 여전히 광야를 배회하는 '광야 성도'가 있습니다. 그런가 하면 하나님께서 약속하신 젖과 꿀이 흐르는 가나안 땅에 들어간 '가나안 성도'가 있습니다. 광야 성도는 늘 현실에 원망과 불평을 가지고 못마땅해 하며 불편함을 가지고 살아갑니다. 한 번도 평안한 삶을 살지 못합니다. 분명히 하나님의 약속을 받았음에도 불구하고 그 약속을 내 것으로 소유해보지도 못하고 광야를 배회하다가 인생을 끝내는 출애굽 1세대 백성이 바로 광야 성도입니다. 그러나 가나안 성도는 하나님께서 약속하신 땅인 가나안에 들어가 그 풍요로움을 누리며 하나님의 계획과 목적을 성취하는 삶을 삽니다.

하나님께서는 택한 백성을 가나안 성도로 만들기 원하십니다. 지난날 광야 성도로 살았던 삶을 떨쳐버리고 다시 가나안 성도로서 살아가도록 그들을 회복시키고자 하십니다. 우리에게도 이런 체험이 필요하지 않습니까? 광야에서 허덕거리며 살았던 안타까운 세월을 과감히 던져버리고, 떠나보내고 젖과 꿀이 흐르는 가나안의 삶을 누려야 하지 않겠습니까? 이를 위해 길갈을 그냥 지나치면 안 됩니다. 반드시 길갈에 머물러 할례를 받아야 합니다. 길갈의 체험을 반드시 가져야 합니다.

"그들의 대를 잇게 하신 이 자손에게 여호수아가 할례를 행하였으니 길에서는 그들에게 할례를 행하지 못하였으므로 할례 없는 자가 되었음이었더라"(수 5:7).

길갈에 이르기 전까지 이들은 분명히 하나님의 약속을 받은 사람들, 언약 백성이었지만 할례 없는 자의 삶을 살았습니다. 하나님의 약속을 분명히 받은 사람들이었지만 약속을 받지 못한 자처럼 살았습니다. 그래서 하나님께서 약속하신 대로 백성들을 약속의 땅으로 데리고 오신 것입니다. 이들을 회복시키기 위해 데리고 오신 것입니다. 약속 받지 못한 자로 살았던 안타까운 삶을 여기서 날려 보내라는 것입니다. 다시 말하면 이스라엘 백성의 명예를 회복시키기 위해 하나님께서는 이들을 길갈에 머물게 하였고 할례를 행하도록 명령하셨습니다.

이런 의미에서 길갈은 하나님의 백성이 하나님의 백성답게 이름값을 회복하는 곳입니다. 우리는 언약의 백성 즉 '약속의 사람들(promise people)'입니다. 우리를 부르는 이 호칭이 얼마나 귀한지 모릅니다. 그렇다면 우리는 약속의 사람답게 살고 있는지 물어보아야 합니다. 할례 없는 이방인들처럼 살고 있지는 않은지 되돌아보아야 합니다. 세상에서 그리스도인의 삶을 살고 있는지 아니면 하나님 없는 사람처럼 염려와 걱정, 불평과 갈등으로 점철된 하나님의 법과는 먼 삶을 살며 허덕거리고 방황하며 살고 있지 않는지 생각해보아야 합니다.

택한 백성이 가나안을 소유하기 전에 하나님께서는 길갈에서 그들의 행진을 멈추게 하셨습니다. 하나님 없는 삶을 살았던 그들을 회복시키기 위해 길갈에서 할례를 행하라고 말씀하십니다. 여기서 백성을 회복시키기 위한 하나님의 열심을 보게 됩니다. 하나님의 열심은 오늘 우리에게도 동일하게 역사하십니다. 이스라엘 백성의 수치를 떠나가게 하셨듯이 여전히 광야 생활을 동경하고 있는 우리에게 하나님의 백성으로서의 명예를 회복하도록 길갈의 열심을 나타내고자 하십니다. 이런 의미에서 우리에게도 길갈의 현장이 필요합니다.

이처럼 가나안을 정복하기 위해서는 반드시 영적 회복이 선행되어야 합니다. 회복이 있는 자리가 되어야 정복의 자리로 열매 맺게 됩니다. 그런데 우리는 '하나님! 가나안을 정복하게 해주시면 하나님의 백성답게 살겠습니다. 하나님의 영광을 위해 살겠습니다'라고 말합니다. 그러나 성경은 반대로 말씀합니다. '너의 인생이 하나님의 사람으로 회복되어야 약속의 땅이 주어진다.' 마태복음 6장 33절을 보십시오.

"먼저 그의 나라와 그의 의를 구하라 그리하면 이 모든 것이 너희에게 더하시리라."

염려하지 말고 하나님의 나라와 의를 먼저 구한다면 하나님께서 우리의 필요를 채우고 넘치게 하신다는 것이 성경이 가르치는 영적

공식입니다. 우리가 하나님의 백성으로 회복될 때 하나님께서는 우리에게 주실 것들을 우리의 것으로 소유하게 하십니다. 그래서 하나님께서는 이스라엘 백성에게 길갈에서 할례를 행하라고 말씀하십니다.

축복의 애피타이저

길갈은 회복의 장소이면서 동시에 '축복의 에피타이저(appetizer)'입니다. 음식을 먹을 때 먼저 조금 입을 축여 위를 달랜 후 음식을 먹습니다. 서양에서는 샐러드나 수프를 먼저 먹고 메인 식사를 합니다. 한국 음식도 마찬가지인데 그냥 밥을 먹으면 잘 넘어가지 않기 때문에 물김치 같은 것으로 입을 다시고 밥을 먹습니다. 어쩌면 길갈은 에피타이저 같습니다. 하나님께서 약속하신 땅, 가나안이라는 만찬을 취하기 전에 먼저 길갈에서 축복의 에피타이저를 먹게 하는 것입니다.

"또 이스라엘 자손들이 길갈에 진 쳤고 그 달 십사일 저녁에는 여리고 평지에서 유월절을 지켰으며 유월절 이튿날에 그 땅의 소산물을 먹되 그날에 무교병과 볶은 곡식을 먹었더라"(수 5:10~11).

'그 땅의 소산물을 먹었다.' 길갈에서 가나안 땅의 소산물을 먹은 것입니다. 이전까지 광야에서 만나와 메추라기를 먹었습니다. 그러나 길갈에 와서 그 땅의 소산물을 가지고 요리를 해서 먹었다는 이야기입니다. 아직 가나안의 진정한 맛을 경험하지 못한 이스라엘 백성에게 그 땅의 참 맛을 알 수 있도록 하나님께서 그 땅의 소산을 먼저 맛보게 하신 것입니다. 이스라엘 백성은 길갈의 소산물을 먹었습니다. 이것은 가나안을 맛본 것입니다. 그들은 요단강을 건넌 지 불과 나흘밖에 되지 않았을 때 길갈의 소산물을 먹었습니다.

"첫째 달 십일에 백성이 요단에서 올라와 여리고 동쪽 경계 길갈에 진 치매"(수 4:19).

이스라엘 백성이 요단강을 완전히 도하한 때는 첫째 달 10일입니다. 이스라엘이 애굽에 나왔을 때를 첫해 첫 달로 사용합니다. 요단을 건너 가나안에 들어갈 때가 첫째 달이라는 것은 정확하게 사십 년의 세월을 광야에서 보내다가 이제 가나안 땅에 들어와 첫 달을 시작하게 되었다는 것을 의미합니다. 그리고 유월절, 즉 그 달 14일에 그 땅의 소산물을 먹습니다. 불과 나흘 만에 가나안 땅에서 나오는 소산의 맛을 보기 시작했다는 것입니다.

생각해보면 이 장면은 참으로 기가 막힙니다. 지금 이들은 적진의 눈앞에서 축복의 에피타이저를 즐기고 있는 것입니다.

"주께서 내 원수의 목전에서 내게 상을 차려 주시고 기름을 내 머리에 부으셨으니 내 잔이 넘치나이다"(시 23:5).

이스라엘 백성이 길갈에서 그 땅의 소산을 먹고 있을 때 가나안에 살고 있는 이방 사람들이 그 장면을 바라보고 있었을 것입니다. 이처럼 원수들이 바라보고 있는 그곳에서 하나님께서 축복의 연회를 베풀어주셨다는 말씀입니다. 하나님께서는 가나안 족속들이 있는 길갈에서 그 땅의 곡식들로 요리해서 먹도록 하는 경험을 맛보게 하십니다. 또한 하나님께서는 길갈에서부터 그들에게 지속적으로 가나안 땅의 소산을 먹이는 복을 베푸십니다.

"또 그 땅의 소산물을 먹은 다음 날에 만나가 그쳤으니 이스라엘 사람들이 다시는 만나를 얻지 못하였고 그 해에 가나안 땅의 소출을 먹었더라"(수 5:12).

이스라엘 백성은 길갈에서부터 하나님께서 예비하신 가나안의 복을 누리기 시작했다는 말입니다. 이런 의미에서 우리는 길갈을 반드시 체험해야 합니다. 그림의 떡처럼 하나님께서 예비하신 복을 보고만 있는 것이 아니라 그 복을 누리는 자가 되어야 합니다.

길갈의 에피타이저를 맛보면 축복의 땅 가나안에서의 전쟁이 힘들지만은 않습니다. 길갈에서 가나안을 맛보면 입맛이 확 돕니다. 맛있는 음식점에 가보면 오랜 시간 기다릴 때가 있습니다. 한 시간 이상 기다려도 불평하지 않습니다. 그 음식의 맛을 알기 때문입니다. 그래서 오랜 시간 마다하지 않고 기다려서 먹는 것입니다. 가나안에 거주하는 이방 사람들을 몰아내는 전쟁에서 이스라엘 백성이 물러서지 않고 후퇴하지 않는 이유입니다.

왜 신앙생활에 열심이 없습니까? 왜 교회생활에서 재미를 맛보지 못하고 죽지 못해 끌려 나오듯 교회에 나옵니까? 맛을 알지 못해서 그렇습니다. 하나님을 전인격적으로 만나 예배의 맛을 알고 나면 교회에 가고 싶어 안달이 납니다. 기도의 맛을 알면 기도하고 싶어 못 참습니다. 30분 정도 기도한 것 같은데 세 시간이 훌쩍 지납니다. 새벽기도에 나가 기도하고 출근해서 밤늦게 퇴근해도 행복합니다. 이처럼 하나님께서 주시는 은혜의 복을 맛보게 되면 예배가 기다려집니다. 신앙생활이 정말 행복합니다. 이런 의미에서 길갈은 축복의 에피타이저입니다. 이런 축복의 삶을 이스라엘 백성만이 아니라 우리 모두가 누려야 합니다.

8
하나님의 군대 대장

수 5:13~15

여호와의 군대 대장이 여호수아에게 이르되
네 발에서 신을 벗으라 네가 선 곳은 거룩하니라 하니
여호수아가 그대로 행하니라
(수 5:15)

    호메로스(Homeros)가 쓴 것으로 알려져 있는 『일리아스(Ilias)』는 그가 쓴 『오디세이아』와 함께 서양의 최고 고전으로 널리 알려져 있습니다. 『일리아스』는 트로이 지역(오늘날의 터키)을 배경으로 하고 있는데 트로이 유물이 실제로 발굴됨에 따라 이야기가 완전히 허구가 아님이 밝혀졌고, 오늘날에는 그 유적지가 개발이 되어 관광명소가 되었습니다. 우리에게 '트로이의 목마 이야기'를 통해 알려져 있는 일리아스는 트로이와 그리스 연합군의 전쟁이 배경입니다. 이 전쟁에서 그리스 연합군이 이기고 트로이는 멸망하여 역사의 뒤편으로 사라지게 됩니다.

그런데 내용 중에 그리스 군이 이기는 데 결정적인 사건이 등장합니다. 바로 트로이의 왕자인 헥토르와 그리스의 장수 아킬레스의 결투입니다. 두 사람이 양측 나라의 대표로 맞붙게 됩니다. 이 결투에서 아킬레스가 승리하고 헥토르는 죽음을 맞이하게 됩니다. 헥토르가 죽자 전세가 확연하게 그리스 쪽으로 기울면서 트로이는 패전하게 됩니다. 두 사람이 벌인 결투는 두 나라의 운명을 가르는 결정적인 싸움이라고 할 수 있습니다. 이처럼 고대의 전쟁에서는 각 나라를 대표하는 장수가 나와 싸워 승패를 나누자고 하는 경우가 종종 있었습니다.

성경에 나오는 다윗과 골리앗의 싸움도 그러합니다. 이스라엘의 대표인 다윗과 블레셋의 대표인 골리앗이 결투를 벌입니다. 다윗이 승리하자 이스라엘은 결정적인 승기를 잡게 되었고, 도망치는 블레셋을 이스라엘 사람이 쫓아가며 그들의 진영을 정복하는 것을 봅니다(삼상 17장, 참조). 위대한 한 사람이 나라 전체를 구한 것입니다. 위대한 능력의 장수가 있느냐 없느냐는 것은 어느 때에는 군대의 숫자보다도 결정적인 승리의 이유가 되기 때문에 너무나도 중요합니다.

전쟁터에 있는 어린아이

우리 성도들은 매순간 영적 전쟁터에서 살아갑니다. 사탄과 어둠의 세력은 날마다 우리를 유혹하거나 위협하면서 우리를 타락의 길로, 죄악의 길로 나아가게 하고, 하나님과의 관계를 끊어버리려고 불철주야 공격합니다. 그들이 얼마나 열심이냐면 베드로전서 5장 8절에서 "근신하라 깨어라 너희 대적 마귀가 우는 사자같이 두루 다니며 삼킬 자를 찾나니"라고 말씀하셨습니다. 굶주려서 먹을 것을 찾는 맹수 사자처럼 무서운 것은 없습니다. 이러한 영적 전쟁터에서 연약한 인생은 속수무책으로 당하기가 쉽습니다. 세상 가운데 사는 성도의 모습은 때때로 무방비의 어린아이처럼 나약해보이기까지 합니다.

그러나 주님께서는 그대로 내버려두시지 않습니다. "내가 너희를 고아와 같이 버려두지 아니하고 너희에게로 오리라"(요 14:18)고 약속하신 주님께서는 언제나 우리와 함께하십니다. 주님께서는 "내가 너희에게 분부한 모든 것을 가르쳐 지키게 하라 볼지어다 내가 세상 끝날까지 너희와 항상 함께 있으리라 하시니라"(마 28:20)고 말씀하셨습니다. 하나님의 백성을 끝까지 지키며 함께하실 뿐 아니라 친히 싸워 승리하게 하십니다. 우리는 마침내 세상을 이기게 될 것입니다.

"무릇 하나님께로부터 난 자마다 세상을 이기느니라 세상을 이기는 승리는 이것이니 우리의 믿음이니라"(요일 5:4).

군대의 대장이 분명해지다

본문에서 여호수아는 길갈에서 누군가를 만납니다. 13~14절을 보겠습니다.

"여호수아가 여리고에 가까이 이르렀을 때에 눈을 들어 본즉 한 사람이 칼을 빼어 손에 들고 마주 서 있는지라 여호수아가 나아가서 그에게 묻되 너는 우리를 위하느냐 우리의 적들을 위하느냐 하니 그가 이르되 아니라 나는 여호와의 군대 대장으로 지금 왔느니라 하는지라 여호수아가 얼굴을 땅에 대고 엎드려 절하고 그에게 이르되 내 주여 종에게 무슨 말씀을 하려 하시나이까."

축복의 애피타이저를 맛보고 이제 일어나 그들이 정복해야 할 첫 성인 여리고를 향하여 행진하고 있습니다. 그런데 그때 무장한 한 사람이 행진을 가로막습니다. 그 사람의 위용과 무시무시한 모습으로 더 이상 전진할 수 없게 되었습니다. 하나님의 복을 받고 하나님의 인도함을 받는다고 해서 만사가 무사통과인 것은 아닙니다. 이것이 넘어야 할 장애물인지, 아니면 하나님의 가르치심의 때인지, 하나님의 어떤 뜻이 있는지를 살펴보아야 합니다. 여호수아 역시 알 수가 없어서 그에게 묻습니다.

"넌 누구냐? 우리 편이냐? 적군이냐?"

그러자 그 사람이 대답을 합니다.

"나는 여호와의 군대 대장으로 지금 왔느니라."

그때 여호수아는 즉시로 그 앞에 엎드려 경배합니다. 그리고 말합니다.

"내 주여! 종에게 무슨 말씀을 하려 하시나이까?"

이 장면은 무엇을 의미할까요?

여호수아는 지금까지 하나님의 말씀을 받아 그 뜻을 백성들에게 전달하고 무리의 영도자가 되어 여리고 앞까지 인도했습니다. 그는 하나님을 의지하여 겸손하고도 지혜롭게 처신했고 하나님의 은혜와 도우심으로 하나하나 문제를 해결하면서 나아왔습니다. 그런데 이제는 본격적으로 가나안 족속들과 전쟁을 치러야 합니다. 이제 치러질 전쟁들은 죽고 사는 문제입니다. 단지 요단을 건너는 것과는 비교할 수 없을 정도로 많은 희생을 각오해야만 합니다. 어떻게 전개될지 모르는 두려운 상황들이 기다리고 있습니다.

하나님께서는 여기서 여호수아에게 나타나 귀한 메시지를 주십니다. 이스라엘이나 여호수아는 홀로가 아니고 하나님께서 함께하신다는 것입니다. 그리고 하나님께서 친히 일하시겠다는 것입니다. 하나님께서는 친히 하늘의 군대를 파견하여 함께 싸우고 끝까지 승리하게 하겠다는 것을 알려주시기 위해서 하나님의 군대 대장을 보내 깨닫게 해주셨습니다. 그래서 여호수아는 하나님의 뜻을 알았기에 여호와의 군대 대장 앞에 곧장 엎드린 것입니다.

그리고 군대 대장의 말을 듣겠다고 말합니다. 그의 지도력을 받아들이겠다는 뜻입니다. '이제는 당신이 이스라엘의 대장입니다. 우리는 당신의 지도를 받겠습니다. 앞장서서 여호와의 군대가 싸워 주실 것을 믿겠습니다'라는 것입니다. 지금까지도 하나님께서 대장이셨지만, 이제 우리를 이끄시는 분이 더욱 분명해졌습니다. 여호수아는 기꺼이 모든 권한을 하나님께 드리고 자신은 하나님의 군대 대장의 통솔을 받는 지휘관이 되겠다고 합니다.

오늘날 우리는 높은 지위나 앞선 사람이 되기 위해 혈안이 되어 있는 시대에 살고 있습니다. 저마다 각자의 자리에서 대장이 되기를 원하고 그것을 위해서 밤낮을 가리지 않고 수고를 합니다. 자신의 리더십을 자랑하고 자신을 드높이고자 애를 씁니다. 명예와 좋은 영향력을 끼치기 위해 높은 자리를 꿈꾸는 것은 한편으로는 좋은 면이 있지만, 대장이 되려는 마음으로 일을 치르면 자신의 능력만큼만 성과를 보게 됩니다. 자신의 약점과 단점이 고스란히 드러나고 자신의 한계 안에서 간신히 그만큼의 성공을 거두게 됩니다. 하나님께서는 우리를 지도자로 세우시고 우리가 세상을 리드해 나가기를 기뻐하시지만, 하나님보다 앞서서 그 일을 하는 것은 원치 않으십니다. 언제나 하나님께서 대장이 되셔야 합니다. 어떤 자리에 있든지, 무슨 일로 위대한 과업을 하고 있든지, 하나님이 대장이시며 우리는 하나님의 종임을 인식하고 겸손해야 합니다. 여호와의 군대 대장을 통해서 하나님께서는 여호수아의 마음과 태도를 새롭게 무장시켜 주십니다. 길갈은 이처럼 하나님의 거룩한 계시의 장소가 되었습니다.

전사이신 하나님

하나님의 군대 대장이 이곳에 있는 이유는 하나님께서 친히 싸움의 선봉이 되시겠다는 것입니다. 물론 지금까지도 하나님의 인도하심 아래 길갈까지 올 수 있었습니다. 그러나 가나안 땅을 밟았다는 것은 전쟁의 시작이지 마무리가 아닙니다. 이제부터가 진짜 전쟁의 시작입니다. 때를 따라 돕는 은혜가 있는 것처럼 하나님의 은혜의 역사가 더욱 강력해지는 것입니다.

하나님께서는 당신의 백성을 참으로 섬세하게 돌보십니다. 결정적으로 중요한 시기에는 더욱 힘을 주고 확신을 주며 독려하십니다. 출애굽 한 이후 이스라엘은 아말렉과 싸우게 되었습니다. 아말렉 전투는 첫 전투로서 수백 년간 노예 생활을 하던 이스라엘 백성에게는 처음 맞이하는 높은 장애물이었습니다. 이때에 하나님께서 말씀하십니다.

"이르되 여호와께서 맹세하시기를 여호와가 아말렉과 더불어 대대로 싸우리라 하셨다 하였더라"(출 17:16).

하나님과 싸워서 누가 이기겠습니까? 하나님께서는 아말렉과 대대로 싸울 것이라고 말씀하심으로써 하나님의 백성을 대적하는 세력과는 끝까지 싸울 것임을 선언하셨습니다. 오늘날에도 우리는 수많은 아말렉과 마주합니다. 우리에게 임하시는 하나님의 은혜와 복을 시기하는 무리들입니다. 우리의 갈 길을 막고 지나가지 못하게 하는 세력들이 너무나 많습니다. 하나님의 이 약속은 지금도 유효합니다. 하나님께서는 우리에게 있는 아말렉들을 대대로 싸워서 이기실 것입니다. 그러므로 하나님을 믿는 백성은 하나님을 의지하여 마음 가운데 있는 모든 두려움을 쫓아내야 합니다. 하나님께서는 본격적인 가나안 입성에 앞서 요단강 동쪽의 땅을 차지할 때에도 말씀하셨습니다.

"너희는 그들을 두려워하지 말라 너희의 하나님 여호와께서 친히 너희를 위하여 싸우시리라 하였노라"(신 3:22).

하나님께서 친히 싸우실 것이니 우리는 그것을 믿어야 하며, 믿는 증거가 바로 마음에서 두려움을 버리는 것입니다.

이처럼 성경에서는 하나님을 때때로 전사로 묘사합니다. 신학자들은 이런 하나님에 대한 표현을 '전사이신 하나님' 또는 '신적 전사(Divine Warrior)'로 나타난다고 말합니다. 예를 들어 하박국 3장 9절에서 "주께서 활을 꺼내시고 화살을 바로 쏘셨나이다 (셀라) 주께서 강들로 땅을 쪼개셨나이다"라고 말씀하십니다. 주님께서 친히 전사가 되어 활을 꺼내 공격하시는 것으로 묘사합니다. 주님께서 자연만물의 창조주로서 땅을 쪼개기까지 하시는데 과연 누가 당하겠습니까?

우리를 위해 싸우시는 하나님의 모습은 우리 인생의 끝까지만이 아니라 세상의 마지막까지 계속 나타날 것입니다. 요한계시록 19장에 보면 백마를 탄 자가 나타나 사탄의 세력인 짐승과 땅의 임금들과 그들의 군대들과 전쟁을 하는데 거기서 승리를 거두면서 천년왕국이 시작됩니다. 요한계시록 전체에서 하나님께서는 사탄과 직접적인 전쟁을 통해 승리하시는 주로 나타납니다.

"그의 입에서 예리한 검이 나오니 그것으로 만국을 치겠고 친히 그들을 철장으로 다스리며 또 친히 하나님 곧 전능하신 이의 맹렬한 진노의 포도주 틀을 밟겠고 그 옷과 그 다리에 이름을 쓴 것이 있으니 만왕의 왕이요 만주의 주라 하였더라"(계 19:15~16).

험한 세상에서 우리는 홀로 살아가는 것이 아니고, 하나님을 대장으로 하여 보호를 받으며 힘을 공급받아 싸우며 나아가고 있음을 언제나 기억하기 바랍니다. 그리고 더 나아가 하나님을 믿는 우리는 우리의 대장되시는 하나님 뒤에서 함께 전열을 가다듬고 믿음으로 한 발 한 발 나아가야 합니다. 하나님께서 싸우시는데 우리는 가만히 있습니까? 아닙니다. 하나님께서 주도적으로 전쟁을 하며 승리를 이루시지만 우리 역시 하나님의 능력을 힘입어 함께 싸우며 그 전쟁에 참여하는 것입니다.

"우리가 육신으로 행하나 육신에 따라 싸우지 아니하노니 우리의 싸우는 무기는 육신에 속한 것이 아니요 오직 어떤 견고한 진도 무너뜨리는 하나님의 능력이라 모든 이론을 무너뜨리며"(고후 10:3~4).

우리는 눈에 보이는 싸움이 아니고, 육신의 능력으로 싸우는 싸움이 아니고, 하나님의 능력을 힘입어 영적 전쟁을 싸우고 있습니다. 이 전쟁은 하나님께서 대장이 되시니 반드시 이길 것이지만, 함께 열심히 싸우는 자에게만 전쟁의 승리 뒤에 오는 전리품처럼 인생의 보람과 기쁨과 열매를 갖게 될 것입니다.

세상을 이기는 능력

그렇다면 여호와의 군대 대장을 모시는 비결은 무엇일까요? 어떻게 하면 우리도 여호와의 군대가 우리 앞서서 싸우도록 할 수 있을까요? 그 비결이 15절에 있습니다.

"여호와의 군대 대장이 여호수아에게 이르되 네 발에서 신을 벗으라 네가 선 곳은 거룩하니라 하니 여호수아가 그대로 행하니라."

여호수아가 군대 대장에게 주도권을 드리자 그가 말합니다.

"네 발에서 신을 벗으라. 네가 선 곳은 거룩한 곳이다."

군대 대장이 한 말을 들어보십시오. 낯설지 않고 어디선가 들어본 적이 있습니다. 바로 하나님께서 모세를 부르실 때 하셨던 말씀과 너무나 비슷합니다. 이스라엘 백성이 애굽에서 고통받고 있을 때 하나님께서 그들을 출애굽 하기 위해 모세를 부르십니다. 그리고 그때 이렇게 말씀하셨습니다.

"하나님이 이르시되 이리로 가까이 오지 말라 네가 선 곳은 거룩한 땅이니 네 발에서 신을 벗으라"(출 3:5).

이스라엘 백성을 출애굽 시키기 위해 모세를 부르실 때처럼 하나님께서는 여호와의 군대 장관을 여호수아에게 보내어 똑같은 말씀을 하고 있습니다.

"네 발에서 신을 벗으라. 네가 선 곳은 거룩한 곳이다."

가나안에 들어간 우리가 앞으로 감당해야 할 수많은 적들과의 싸움에서 승리할 수 있는 비결은 무엇일까요? 하나님께서 군대를 보내어 이기게 하시는 승리의 비결은 무엇일까요? 바로 거룩한 삶을 추구하는 것입니다. 거룩한 삶을 사는 것이 하나님의 백성의 삶이라는 것을 결심할 때 가나안을 정복할 수 있습니다. 세상을 이기는 비결이 무엇입니까? 화려한 스펙으로 이길 수 있다고 생각하는 것은 이방인들이 하는 생각입니다. 성경은 우리의 삶을 거룩하게 할 때 하나님의 군대가 우리를 위해 싸울 것이라고 약속합니다. 나의 힘으로 걸었던 신을 벗을 때 여호와의 군대 장관, 예수 그리스도가 우리의 대장이 되어주실 것입니다.

성도의 강력한 무기는 거룩한 삶입니다. 하나님의 명령으로 인해 그분 앞에 엎드려 거룩한 삶을 추구할 때 앞서서 진격하시는 하나님의 일하심을 경험할 수 있습니다.

거룩한 삶을 추구하다 보면 너무나 많은 손해를 받는 것 같습니다. 또한 세상과 단절되어 왕따가 되는 것 같고 세상에서 비웃음거리와 놀림감이 되는 것 같습니다. 그래서 우리는 거룩함을 버리고 세상 사람들과 같아지려고 애씁니다. 가나안에 들어왔음에도 불구하고 여전히 광야에서 배회하는 것처럼 사는 것입니다. 참으로 어리석은 삶입니다. 가나안에서 감당해야 할 수많은 전쟁에서 승리하기 위해서는 여호와의 군대 장관을 앞장세워야 합니다. 여호와의 군대가 나를 위해 싸우게 해야 합니다. 이를 위해서는 거룩함을 추구해야 한다고 성경은 우리에게 말씀하십니다. 따라서 날마다 우리의 삶 가운데 거룩함의 향기가 묻어나기 위한 믿음의 결단이 있어야 합니다. 모세처럼, 여호수아처럼, 신을 벗고 엎드려 음성에 순종하고자 하는 결단이 있어야 합니다. 다니엘처럼 뜻을 정한 인생을 살아야 합니다.

이리 속의 양 같아도

'비록 세상에 발 디디며 살고 있지만 나의 정체성은 세상에 속한 것이 아니다. 세상 사람들과 호흡하며 살고 있어도 내 신앙을 더럽히는 일만큼은 결코 양보할 수 없다'는 마음으로 결단해야 합니다. 거룩한 삶을 추구하려는 신앙의 삶은 단순한 바람으로 그쳐서는 안 되고 죽음을 각오하는 단호한 결단이 필요합니다. 세상 가운데서 성도가 사는 것은 사실 극도의 위험 가운데 연약한 자가 방치되어 있는 것처럼 위태위태해 보입니다. 예수님께서는 세상 가운데 사는 우리를 보시고 "보라 내가 너희를 보냄이 양을 이리 가운데로 보냄과 같도다 그러므로 너희는 뱀같이 지혜롭고 비둘기같이 순결하라"(마 10:16)고 말씀하셨습니다. 이리 가운데 양이 있으니 얼마나 무시무시한 상황입니까?

하지만 우리에게는 목자가 있습니다. 이 목자는 자신의 생명을 걸고 우리를 지키실 것입니다. 그분은 경험과 능력이 많아 결코 실패하는 법이 없습니다. 우리는 하나님께서 원하시는 모습으로 지혜와 순결의 삶을 살면 됩니다. 하나님을 신뢰하며 사는 것은 마치 세상에서 바보가 되는 것 같아 보이지만 거룩함을 추구하면 여호와의 군대가 앞서서 우리를 도울 것입니다. 여호와의 군대 장관이신 예수 그리스도가 우리의 대장이 되어주실 것입니다.

9
강대한 성 앞에서
수 6:1~7

너희 모든 군사는
그 성을 둘러
성 주위를 매일 한 번씩 돌되
엿새 동안을 그리하라
(수 6:3)

난공불락의 성

성지순례를 하러 많은 사람이 이스라엘에 가서 여리고성 유적지를 보곤 합니다. 그런데 일반인들이 보기에는 옛날에 여리고성이 있었으리라고 생각되지 않는 일부 유적만 보일 뿐입니다. 막연한 탐방에 그치는 이곳에 대한 모습이 고고학자들에 의해 새롭게 조명된 것은 최근의 일입니다. 1999년에 고고학자 브라이언트 우드(Bryant Wood)는 《크리에이션 엑스 나이얼로우 저널(Creation Ex Nihilo Journal)》에 여리고의 실체를 밝히는 논문을 썼습니다. 그는 1900년대 초기와 중기의 독일과 영국의 탐사 팀 그리고 1997년의 이탈리아 탐사 팀에 의해 밝혀진 여리고성 유적의 발굴에 관한 보고서를 분석하여 정리했는데 여리고성의 대단한 위용이 설명되었습니다.

여리고 성은 성벽이 총 두 개로 외벽과 내벽으로 되어 있는데, 외벽은 5미터 정도 높이의 기초 성벽 위에 두께 2미터, 높이 7미터의 진흙 벽돌 벽이 있었고, 내벽으로는 지상에서부터 높이가 14미터 정도 되는 둑 위에 다시 높이 솟아오른 벽을 만든 이중구조로 되어 있었다고 합니다. 즉 난공불락의 구조를 가진 이중벽의 성으로 만약 양식만 있다면 수년 동안을 버틸 수 있는 성이었답니다. 고고학자들은 그 폐허 속에서 붕괴의 흔적과 불에 탄 유물들뿐 아니라 성경에 기록된 많은 내용들과 일치하는 유물들을 발굴할 수 있었습니다.

하나님께서는 교만을 높이 쌓아 올리고 있던 바벨탑을 흩어버리시고, 난공불락의 성을 만들어 하나님 없이도 스스로 안전하게 보호할 수 있다는 여리고성의 자만함을 무너뜨리셨습니다. 오늘날 우리 앞에 놓여 있는 크고 강대한 성은 무엇입니까? 그 성을 무너뜨려야 하나님께서 원하시는 목적으로 나아갈 수 있습니다. 여리고성의 함락은 오늘날 우리에게 승리의 비결을 알려주며 교훈합니다.

가나안 정복 전쟁

앞에서도 언급했듯이 여호수아서를 크게 세 부분으로 보면 첫째는 가나안 입성에 관한 이야기, 둘째는 가나안을 정복하는 이야기,

셋째는 가나안을 분배하여 자신들의 소유로 삼는 이야기입니다. 이것을 세 단어로 정리한다면 '입성', '정복', '소유'라고 말할 수 있습니다. 지금까지 가나안 입성에 관한 내용을 살펴봤다면 6장부터 12장까지는 가나안을 정복하는 과정입니다.

가나안은 자연스럽게 도착하면 되는 게 아닙니다. 희생을 치르면서 정복 전쟁을 해야 합니다. 이런 질문을 할 수 있습니다. 하나님께서 약속하신 땅이니까 전쟁 없이 그냥 들어가게 하면 안 되는가 하는 물음입니다. 하나님께서 준비해주신 땅이라면 그냥 쉽게 주시면 안 되나 하는 질문을 할 수 있습니다. 이스라엘 백성은 광야생활을 할 때도 전쟁을 경험했습니다. 그러나 이들이 감당해야 할 가나안 정복 전쟁은 이전에 경험한 전쟁과는 성격이 전혀 다릅니다. 광야에서 치른 전쟁은 그들의 안전과 생존을 위해 싸울 수밖에 없었던 일종의 방어적인 전쟁이었습니다. 그러나 가나안에서의 전쟁은 방어적인 전쟁이 아니고 하나님께서 약속한 모든 것을 그들의 것으로 소유하기 위한 일종의 정복 전쟁입니다.

세상 속에서 하나님의 약속을 소유할 우리가 명심해야 할 것이 있습니다. 구원받은 그리스도인의 삶은 전투하는 삶이라는 것입니다. 광야에서, 가나안에서 전투를 감당해야 하는 것이 우리의 소명이라는 것입니다. 그리스도인이 이 땅을 살아갈 때 가져야 할 중요한 의식은 바로 전투 의식입니다. 에베소서에서는 이 가르침을 더 분명하게 전합니다. 에베소서 2장 1절을 보면 '너희는 허물과 죄로 죽었는데 그리스도께서 너희를 살리셨다'고 말씀합니다. 그리고 그 다음에는 구원받은 그리스도인이 영적 싸움을 어떻게 싸워야 하는지 철저하게 가르쳐줍니다. 에베소서 6장 13~18절에서 하나님의 전신갑주를 취하도록 명령하고 있습니다. 진리로 띠를 띠고, 의의 호심경을 붙이고, 복음의 신을 신고, 믿음의 방패를 가지고, 구원의 투구와 성령의 검 곧 하나님의 말씀을 가지라고 말씀합니다. 에베소서는 우리에게 영적 전쟁과 함께 받는 그리스도 안에서의 축복을 말하고 있습니다. 곧 예수 그리스도로 말미암아 누릴 수 있는 축복은 영적 전쟁을 한 자들이 누릴 수 있는 것입니다.

우리에게 이러한 전투 의식이 있는지 돌아보아야 합니다. 주일예배에 한 번 나오는 것으로 그리스도인의 삶을 다 살고 있다고 생각한다면 다시 생각해야 합니다. 자신의 집 대문에 교패를 붙여 놓았고, 교회를 다니는 것만으로 만족하고 있다면 그리스도인으로의 삶으로서는 부족하게 살고 있다는 증거입니다. 이처럼 우리는 삶의 현장에서 날마다 두 개의 전쟁을 치릅니다. 사탄 마귀에게 공격을 받아 그리스도인의 영적 생명을 위협하는 전쟁과, 성경에 약속되어 있는 하나님께서 약속한 모든 말씀을 우리의 것으로 누리기 위해 싸우는 가나안 정복 전쟁이 그것입니다.

성도를 크게 세 부류로 나눠볼 수 있습니다. 첫 번째 부류는 가나안 전투의 의욕이 전혀 없이 사는 사람입니다. 주일예배만 드리고 세상의 물결에 따라 이리저리 밀려가며 살아가는 성도입니다. 두 번째 부류는 끊임없이 광야 전투에만 매달리는 성도입니다. 그리스도인다운 삶을 살지 못하도록 공격하는 여러 가지 악의 세력들로부터 생존을 위한 전쟁을 치르는 성도가 있습니다. 세 번째 부류는 가나안을 소유하기 위해 정복 전쟁을 치르는 성도입니다. 이 세 번째 전쟁이 중요합니다. 우리 모두 광야의 생존 전쟁을 넘어 가나안을 소유하기 위한 정복 전쟁을 치르는 영적인 전사들이 되어야 합니다. 그래야 가나안이 우리의 소유가 될 수 있습니다.

가나안 정복 전쟁을 보면 크게 세 무대에서 진행되었음을 알 수 있습니다. 첫 번째는 6~8장의 여리고성과 아이성 전투인 가나안 중부지역을 무대로 한 전쟁이고, 두 번째는 9~10장의 기브온과 벧호론에서의 가나안 북부지역의 전쟁입니다. 그리고 11장에 가면 메롬 물가에서의 전투를 소개합니다. 이처럼 크게 세 무대를 통해 치러진 전쟁은 7년 동안 진행되었습니다. 그렇다면 왜 세 무대 중심의 전쟁만 기록하고 있을까요? 여호수아서는 전쟁 자체를 소개하기 위한 내용이 아닙니다. 전쟁까지도 주관하시는 하나님의 뜻을 소개하면서 어떻게 하면 전쟁에서 승리하거나 실패하는지를 보여주기 위해 세 무대를 중심으로 우리에게 소개하고 있는 것입니다.

전쟁에는 반드시 승패가 따라옵니다. 이기는 자가 있으면 지는 자가 있습니다. 가나안 정복 전쟁도 마찬가지입니다. 이스라엘 백성들이 가나안 정복 전쟁을 할 때 승리한 적도 있지만 패배한 적도 있습니다. 따라서 우리는 이 전쟁을 살펴보면서 승리의 비결이 무엇인지 배우고, 패배의 원인은 무엇인지 배워야 합니다. 그것이 여호수아를 읽는 이유입니다.

크고 강대한 성 여리고

가나안 정복 전쟁은 어떻게 시작되었는지 살펴보겠습니다. 2~3절을 읽어봅시다.

"여호와께서 여호수아에게 이르시되 보라 내가 여리고와 그 왕과 용사들을 네 손에 넘겨주었으니 너희 모든 군사는 그 성을 둘러 성 주위를 매일 한 번씩 돌되 엿새 동안을 그리하라."

가나안 정복 전쟁은 여리고성에서부터 시작합니다. 그리고 이 전쟁은 바로 하나님의 명령으로 시작합니다. '네 손에 넘겨주었으니 모든 군사를 데리고 가서 그 성을 매일 한 번씩 엿새 동안 돌라'는 하나님의 명령을 받은 여호수아는 제사장과 백성들에게 그 명령을 전달합니다. 6~7절을 읽어봅시다.

"눈의 아들 여호수아가 제사장들을 불러 그들에게 이르되 너희는 언약궤를 메고 제사장 일곱은 양각 나팔 일곱을 잡고 여호와의 궤 앞에서 나아가라 하고 또 백성에게 이르되 나아가서 그 성을 돌되 무장한 자들이 여호와의 궤 앞에서 나아갈지니라 하니라."

명령을 받은 제사장과 백성들은 명령받은 대로 여리고 전쟁을 진행합니다. 계속해서 8~9절을 살펴봅시다.

"여호수아가 백성에게 이르기를 마치매 제사장 일곱은 양각 나팔 일곱을 잡고 여호와 앞에서 나아가며 나팔을 불고 여호와의 언약궤는 그 뒤를 따르며 그 무장한 자들은 나팔 부는 제사장들 앞에서 행진하며 후군은 궤 뒤를 따르고 제사장들은 나팔을 불며 행진하더라."

이스라엘 백성은 여호수아의 명령을 전달받은 그대로 여리고성을 돕니다. 여리고성을 매일 한 바퀴씩 돈다고 어떻게 전쟁에서 승리할 수 있을까요? 상식적으로 이해할 수 없습니다. 그렇지만 그 결과가 어떻습니까? 20절에 나옵니다.

"이에 백성은 외치고 제사장들은 나팔을 불매 백성이 나팔 소리를 들을 때에 크게 소리 질러 외치니 성벽이 무너져 내린지라 백성이 각기 앞으로 나아가 그 성에 들어가서 그 성을 점령하고."

하나님께서 여호수아에게 명령하고, 여호수아가 하나님의 명령을 백성에게 전달하고, 백성은 전달받은 명령대로 했더니 결국 견고한 여리고 성벽이 무너져 내렸습니다. 이스라엘 백성이 여리고 전쟁에서 승리한 비결은 무기 때문이 아닙니다. 백성의 숫자가 적군보다 많기 때문이 아닙니다. 그들이 이긴 비결은 다음과 같습니다.

믿음

성경은 여리고성을 무너뜨리는 정복 전쟁에서의 무기를 소개합니다. 먼저 '믿음'입니다. 이스라엘 백성이 여리고를 점령하기 위해 한 것은 단지 하나님의 명령을 따라 성벽을 하루에 한 바퀴씩 도는 것뿐이었습니다. 하나님의 명령에 온전히 순종한 믿음밖에 없었던 것입니다. 전쟁을 치르기 위해서 공성전을 한다면 군사들이 성벽에 올라가 성문을 열려고 노력하고 백병전을 통해 성을 점령하기 위해 무기를 개발하고 모든 것을 동원해야 하는 것이 상식인데, 그들은 칼과 창을 사용하지 않고 성 주위만 돌았습니다. 그들은 하나님의 명령을 믿고 따라 순종했으며 하나님께서는 그 성을 무너뜨리셨습니다. 성경은 '여호와를 신뢰하는 것'이 정복 전쟁에서 승리하는 비결이라고 가르칩니다.

이스라엘 백성이 명령받은 대로 여리고성을 돌 수 있었던 것은 그들의 지도자 여호수아를 전적으로 신뢰했기 때문이고, 여호수아가 백성들에게 명령할 수 있었던 것은 여호와 하나님을 전적으로 신뢰했기 때문입니다. 불과 40여 년 전 모세가 이스라엘 백성을 광야로 인도했을 때 그들은 하나님의 명령을 불신했습니다. 하나님을 신뢰하지 않고 '애굽으로 다시 돌아가자!'고 불평하며 소리쳤습니다. 하나님께서 만나와 메추라기를 내려주셔도, 구름기둥과 불기둥으로 인도하셔도 그들은 하나님을 신뢰하지 않았습니다. 또한 하나님의 명령을 붙잡고 이스라엘 백성을 이끌어가는 모세도 신뢰하지 않았습니다. 그러나 지금 가나안 전쟁을 하는 백성들을 보십시오. 그들은 자신에게 명령하는 여호수아의 말을 하나님의 명령으로 믿고 그 명령을 전적으로 신뢰하고 있습니다. 이성으로는 도저히 이해할 수 없는 명령이 주어졌는데도 그들은 전적으로 그 명령을 신뢰했습니다. 히브리서 11장 30절에는 여리고성 정복 비결을 이렇게 설명하고 있습니다.

"믿음으로 칠 일 동안 여리고를 도니 성이 무너졌으며."

이들은 '믿음으로' 여리고성을 점령했습니다. 하나님을 신뢰했고 하나님의 말씀을 신뢰한 결과 크고 강대한 성 여리고는 무너져 내렸습니다.

첫 번째 순종한 모습을 다시 살펴보겠습니다. 11절 말씀입니다.

"여호와의 궤가 그 성을 한 번 돌게 하고 그들이 진영으로 들어와서 진영에서 자니라."

이스라엘 백성이 여리고성을 한 번 돌았습니다. 그리고 진영으로 돌아와서 유숙합니다. 그때 백성들이 어떤 대화를 나누었을지 궁금합니다. 만약 우리라면 서로 수군대며 상식적이지 않은 일에 대해서 불평하지 않았을까요?

그런데 여기서 궁금한 점이 생깁니다. 기적을 베푸시는 하나님께서 여리고성을 이스라엘에게 주겠다고 약속하셨다면 한 바퀴 돌 때 무너지게 하시지 왜 굳이 엿새 동안 돌게 하셨을까요? 그리고 일곱째 날은 왜 일곱 바퀴를 돌라고 하셨을까요? 그 이유는 바로 그들의 '믿음'을 보고 싶었던 것입니다. 광야를 지나는 동안 지금까지 이스라엘 백성은 여리고성과 같이 견고한 성벽을 본 적이 없었습니다. 그래서 첫째 날, 성 주위를 한 바퀴 돌면서 이런 생각을 했을 것입니다.

'하나님 아니고서는 이 성을 무너뜨릴 수 없겠다.'

여리고 성벽은 견고하고 높았습니다. 광야생활만 했던 이스라엘 백성이 웅장하고 견고한 여리고 성벽을 봤을 때 얼마나 놀랐을까요? 성벽이 하늘 꼭대기에 닿았다고 표현할 정도로 엄청난 성벽을 보며 놀랐을 것입니다. 여리고성을 돌면서 이스라엘 백성은 '우리 힘으로는 안 된다. 하나님을 믿고 의지하는 것밖에 없다'고 생각했을 것입니다. 하나님께서는 백성들에게 이러한 현실을 파악하고 하나님을 의지하는 '믿음'을 갖도록 여리고성을 계속 돌도록 명령하셨습니다.

동행하심

또한 하나님께서는 이스라엘 백성에게 '믿음'뿐만 아니라 동행하시는 하나님을 더욱 '확신'하도록 거듭 말씀하십니다. 여리고성을 점령한 사건이 기록된 여호수아서 6장을 보면 7일 동안 여리고성을 돌았다는 기록 속에 '여호와의 궤'라는 표현이 열 번 이상 등장합니다. 이것은 여리고성을 무너뜨린 결정적인 역할을 한 것이 바로 '여호와의 궤'였다는 의미입니다. 이스라엘 민족에게 '여호와의 궤'는 '하나님이 우리와 함께하신다'는 결정적인 증거입니다. 그래서 이들은 광야를 지날 때도 여호와의 궤를 중심으로 행진했습니다. 진을 치고 유숙할 때도 여호와의 궤를 중심으로 동서남북 진영으로 머물렀습니다. 이처럼 이스라엘 백성에게 여호와의 궤는 '하나님이 항상 우리와 함께 계신다. 하나님이 여기에 계신다'는 의미입니다.

다시 11절을 보면 이들이 어떤 마음으로 여리고성을 돌고 있는지를 우리에게 설명하고 있습니다.

"여호와의 궤가 그 성을 한 번 돌게 하고 그들이 진영으로 들어와서 진영에서 자니라."

여호와의 궤가 성을 한 번 돌게 하고 그들이 진영으로 들어왔다고 말합니다. 그러니까 이스라엘 백성의 마음속에는 하나님이 우리와 함께하신다는 믿음이 있었습니다. 우리 힘으로 성을 도는 것이 아니라 하나님이 이 성을 돌고 계신다는 믿음으로 여리고성을 돌았던 것입니다. 그 결과 성은 무너졌습니다.

이 세상을 살면서 하나님의 약속을 누리려면 '믿음'이 필요합니다. 하나님의 말씀에 대한 신뢰가 필요하고 어떤 상황에서도 하나님이 함께하신다는 임마누엘의 믿음이 필요합니다. 그런데 여리고 사람들의 입장에서 보면 이스라엘 백성이 보이는 믿음의 행보는 어리석기 짝이 없어 보입니다. 이스라엘 백성이 요단을 건넌 후 여리고성을 향해 전진해오고 있습니다. 아마도 그들은 긴장해서 보고 있었을 것입니다. 그런데 말도 없이 조용히 성벽을 한 바퀴 돌더니 돌아갑니다. 다음 날도 한 바퀴 돌고 아무 일 없이 돌아갑니다. 그들이 볼 때 이 모습은 참으로 우습게 보였을 것입니다.

믿음으로 살아가는 우리의 모습은 어리석어 보일 때가 많습니다. 그래서 세상 사람들이 온갖 야유와 조소를 퍼붓습니다. 이러한 비웃음과 조롱으로 믿음의 사람들 스스로 갈등을 느낄 때도 있습니다. 그러나 이것을 마음에 새기십시오. 여리고성은 이스라엘의 무기가 아닌 하나님의 능력을 믿는 믿음으로 무너졌습니다. 세상은 우리의 믿음을 우습게 보지만 성경은 이렇게 말합니다.

"무릇 하나님께로부터 난 자마다 세상을 이기느니라 세상을 이기는 승리는 이것이니 우리의 믿음이니라"(요일 5:4).

성경의 메시지는 분명합니다. 하나님에게서 난 자들은 반드시 세상을 이깁니다. 하나님을 믿고 의지하는 자들을 하나님께서는 반드시 승리하게 하십니다.

순종

가나안 정복 전쟁의 또 다른 승리 비결은 믿음으로 인한 '순종'입니다. 이스라엘 백성이 하나님을 신뢰한다는 것을 '순종'으로 말하고 있습니다. 순종은 믿음의 실제요, 믿음의 표현입니다. 믿기 때문에 순종하는 것입니다. 순종하지 않는다면 믿지 않기 때문입니다.

"내 형제들아 만일 사람이 믿음이 있노라 하고 행함이 없으면 무슨 유익이 있으리요 그 믿음이 능히 자기를 구원하겠느냐"(약 2:14).

아무리 사람들이 믿는다고 말해도 믿음에 따른 순종이 없다면 순종 없는 믿음이 어떻게 자신을 구원할 수 있겠느냐고 우리에게 질문하고 있습니다. 따라서 순종과 행함이 없는 믿음을 야고보 사도는 다음과 같이 정의합니다.

"이와 같이 행함이 없는 믿음은 그 자체가 죽은 것이라"(약 2:17).

믿음은 순종의 열매를 맺게 합니다. 그리고 순종은 믿음의 뿌리에서 자양분을 얻습니다. 순종이 없다면 믿음의 기적을 맛볼 수 없습니다. 아무리 믿음의 고백을 많이 해도 그 믿음이 순종으로 행해지지 않는다면 승리는 주어지지 않습니다. 승리를 위해 우리에게 필요한 것은 순종입니다. 이스라엘 백성은 하나님의 말씀에 믿음으로 순종합니다.

계속해서 14절은 앞에서의 모습과 비슷하게 이어집니다.

"그 둘째 날에도 그 성을 한 번 돌고 진영으로 돌아오니라 엿새 동안을 이같이 행하니라"(수 6:14).

그들은 지금 하나님 앞에서 믿음의 실체인 순종의 모습을 보이고 있습니다. 그런데 순종의 행진을 요구하신 하나님께서 그들에게 또 다른 요구를 하십니다. 10절입니다.

"여호수아가 백성에게 명령하여 이르되 너희는 외치지 말며 너희 음성을 들리게 하지 말며 너희 입에서 아무 말도 내지 말라 그리하다가 내가 너희에게 명령하여 외치라 하는 날에 외칠지니라 하고."

하나님께서는 이스라엘 백성에게 성벽을 돌 때 음성이 들리지 않도록 아무 말도 하지 말라고 명령하십니다. 하나님께서 외치라 하는 날에 외치라고 하십니다. 그들에게 침묵을 요구하신 것입니다. 침묵도 순종의 한 모습이기 때문입니다. 하나님의 말씀에 순종하는 모습을 침묵으로 장엄하게 보여주고 있습니다.

광야에서 이스라엘 백성은 침묵하지 않았습니다. 생각하고 생각나는 대로, 감정이 이끄는 대로 말했습니다. 원망하는 말, 불평하는 말을 하나님을 향해 퍼부었습니다. 하나님의 뜻을 전달하는 모세에게도 퍼부었습니다. 하나님께서 매일 만나와 메추라기로 먹이시고 구름과 불기둥으로 인도하심에도 불구하고 그들은 순간순간 어려운 상황에 부딪힐 때마다 원망하고 불평했습니다. 그러나 가나안 정복 전쟁에서 그들은 침묵했습니다. 하나님께서 침묵을 요구하셨고, 그들은 믿음의 순종으로 '침묵'했습니다. 이러한 침묵은 믿음의 모습을 훈련하는 것이었습니다.

하나님께서 우리를 택하셨다면 결코 우리를 버리지 않으실 것입니다. 하나님께서는 우리를 통해 반드시 영광받으실 것입니다. 그렇다면 순종의 자리로 나아가야 합니다. 지금 당장 현실로 이루어지지 않더라도 하나님의 말씀에 순종함으로 승리할 수 있습니다. 순종은 말처럼 쉽지는 않습니다. 그렇지만 순종이 가져다주는 열매는 지금 당장의 어려움과 비교할 수 없을 정도로 아름답고 달콤합니다.

용기

다음으로 살펴볼 것은 믿음으로 인한 '용기'입니다. 우리는 흔히 내가 믿고 기도만 하면 여리고성은 쉽게 무너질 것이라고 생각하는 것 같습니다. 내 앞에 건너야 할 강이 있는데 내가 '믿습니다' 하고 기도만 하고 있으면 그 강을 쉽게 건널 수 있을 거라고 생각하는 것 같습니다. 그런데 요단을 건너는 것과 여리고를 정복한 것을 살펴보면 현저한 한 가지 차이점을 발견할 수 있습니다. 먼저 여호수아서 3장 14절을 봅시다.

"백성이 요단을 건너려고 자기들의 장막을 떠날 때에 제사장들은 언약궤를 메고 백성 앞에서 나아가니라."

요단을 건널 때 여호와의 궤가 앞장서 갔습니다. 백성들은 앞서가는 여호와의 궤를 보고 하나님께서 인도하신다는 믿음을 가지고 따라갔습니다. 그리고 제사장들이 요단강 물에 들어서자 강이 갈라졌습니다. 백성들은 갈라진 요단강을 마른땅처럼 그냥 건넜습니다. 그러니까 미리 해결된 상황을 누리기만 하면 되었습니다.

그러나 가나안 정복은 다릅니다. 언약궤가 이스라엘 백성 한가운데 있었습니다. 6~7절을 보겠습니다.

"눈의 아들 여호수아가 제사장들을 불러 그들에게 이르되 너희는 언약궤를 메고 제사장 일곱은 양각 나팔 일곱을 잡고 여호와의 궤 앞에서 나아가라 하고 또 백성에게 이르되 나아가서 그 성을 돌되 무장한 자들이 여호와의 궤 앞에서 나아갈지니라 하니라."

하나님의 언약궤를 중심으로 그 앞에 나팔을 부는 제사장들과 무장한 군사들이 서서 성벽을 돌도록 했습니다. 이것은 함께하시는 하나님을 믿는다면 믿음의 용기가 있어야 된다는 의미입니다. 하나님께서 우리 가운데 계신다는 사실을 믿는다면 믿음으로 도전해야 한다는 것입니다.

가나안은 우리에게 그냥 주어지지 않습니다. 하나님께서 다 예비해놓으셨지만 우리가 손을 뻗어야 하고 걸음으로 다가서야 합니다. 그것을 잡아 우리의 것으로 취해야 우리 소유가 될 수 있습니다. 가나안은 이미 예비되어 있습니다. 그러나 우리가 손을 내밀고 그것으로 나아가지 않기 때문에 우리의 것으로 누리지 못하는 것입니다. 우리는 믿고 도전해야 합니다.

어떤 사람은 자신의 믿음 없음을 이렇게 포장합니다.

"하나님이 다 해주시겠지! 하나님의 때가 있지!"

물론 이 말은 맞습니다. 그러나 하나 더 기억해야 할 것이 있습니다. 이스라엘 백성이 여리고성을 무너뜨릴 때 '하나님께서 다 해주시겠지!'라고 생각하며 그 성을 돌지 않았다면 성은 결코 무너지지 않았을 것입니다. 하나님의 일하심을 신뢰하며 그 신뢰를 붙잡고 용기를 가지고 담대히 순종의 자리로 갔기 때문에 견고한 성이 무너진 것입니다. 혹시 우리는 '때가 있겠지! 믿으면 해주시겠지! 기도만 하면 되겠지!'라고 생각은 하지만 정작 여리고성을 돌아야 할 상황에서는 회피하지 않는지 돌아봐야 합니다. 하나님을 신뢰한다고 고백은 하지만 정작 여리고성을 돌지 못하고 있다면 용기가 없어서 그렇습니다. 믿음에 대한 확신이 없기 때문에 그렇습니다.

  믿음은 도전입니다. 막연한 기다림이 아닙니다. 믿음은 구하고 찾는 것입니다. 두드리는 것입니다. 믿음이 순종의 자리에서 향기를 발할 수 있도록 삶의 자리에서 더욱 용기를 내기 바랍니다. 이로 인해 우리 앞에 놓인 가나안을 정복하게 될 것입니다.

10
보이지 않는 전쟁
수 7:1~13

너는 일어나서 백성을 거룩하게 하여 이르기를
너희는 내일을 위하여 스스로 거룩하게 하라 ······
그 온전히 바친 물건을 너희 가운데에서 제하기까지는
네 원수들 앞에 능히 맞서지 못하리라
(수 7:13)

마라톤 대회에서 마침내 완주한 선수에게 리포터가 방송을 위해 인터뷰를 했습니다. 리포터는 마라토너에게 뛰는 동안 가장 힘들었던 것이 무엇이었는지를 물어보았습니다.

"호흡입니까? 아니면 갈증입니까?"

그러자 마라토너가 말했답니다.

"저를 힘들게 한 것은 호흡도 갈증도 아닙니다. 신발 속에 모래알만 한 작은 돌멩이 하나가 굴러다니며 저를 가장 힘들게 했습니다."

유명한 이야기입니다. 군대를 다녀온 분은 이 이야기가 공감이 갈 것입니다. 기나긴 행군을 하는데 군화 속에 모래알같이 작은 돌 하나가 있으면 걸을 때마다 오는 통증으로 너무나 아픕니다. 중간에 군화를 벗을 수도 없는 상황에서 누구도 볼 수 없는 작은 모래알이 사람을 견딜 수 없게 하는 것입니다. 이처럼 눈에 보이지 않아도 현실에 존재하여 우리를 괴롭히는 것들이 많이 있습니다. 이러한 것들 중 어떤 것들은 견뎌야 하는 것도 있지만 어떤 것들은 제거하지 않으면 해결책이 없는 경우가 있습니다. 세상을 살아가는 우리의 슬픔은 세상살이가 바라는 대로 이루어지지 않는다는 것입니다. 우리 모두는 행복한 삶을 원하지만 원치 않는 불행이 찾아와 우리를 아프게 합니다. 이러한 일들이 우리가 감당할 수 없는 능력 밖의 일이라면 어쩔 수 없겠으나, 만일 슬픔과 실패의 원인을 찾아 그것을 줄여 나갈 수만 있다면 얼마나 지혜로운 인생이 되겠습니까?

뼈아픈 실패

지금까지 이스라엘 백성은 가나안 정복을 하면서 패배 없는 승전보를 올리고 있습니다. 하나님께서 그들과 함께하시고 붙잡았기 때문입니다. 이스라엘 백성은 가나안에서 연속적인 승리를 경험했습니다. 요단을 마른땅처럼 건너고 난공불락 여리고성을 함락했습니다. 그런데 여호수아 7장에 이르면 어이없이 전쟁에서 지는 이스라엘 백성의 모습을 보게 됩니다. 아이라고 하는 작은 성을 만나 전쟁을 벌이는 데 실패하게 됩니다.

아이성 전투는 여리고 정복에서 경험한 첫 패배이기도 하지만 이스라엘 백성의 첫 전투이기도 합니다. 여리고성은 이스라엘 백성이 전쟁을 통해 얻은 땅이 아니기 때문입니다. 성벽 주위를 돌고 큰소리로 외쳤을 뿐이지 칼과 창으로 싸워 함락한 것은 아니었습니다. 따라서 아이성 전투는 이스라엘 백성이 싸운 첫 번째 전쟁이요, 첫 번째 패배인 것입니다. 계속해서 승리하던 사람이 실패를 경험하면 그 충격이 상당합니다. 크고 작은 실패를 경험했다면 이에 대한 면역이 생겼겠지만 실패를 경험하지 않고 계속 승리만 했다면 조그마한 실패에도 크게 좌절합니다. 그래서 더 뼈아픈 실패가 되었습니다. 아이성 전쟁에서 패배한 충격이 어느 정도였는지 6~7절은 이렇게 묘사하고 있습니다.

"여호수아가 옷을 찢고 이스라엘 장로들과 함께 여호와의 궤 앞에서 땅에 엎드려 머리에 티끌을 뒤집어쓰고 저물도록 있다가 이르되 슬프도소이다 주 여호와여 어찌하여 이 백성을 인도하여 요단을 건너게 하시고 우리를 아모리 사람의 손에 넘겨 멸망시키려 하셨나이까 우리가 요단 저쪽을 만족하게 여겨 거주하였더면 좋을 뻔하였나이다."

여호수아가 백성들 앞에서 옷을 찢습니다. 패배가 얼마나 답답하고 치욕적이었으면 옷을 찢었을까요? 그는 장로들을 다 불러 모아 여호와의 궤 앞에 엎드려 통곡합니다. 그 땅에 있는 모든 먼지와 티끌을 뒤집어씁니다. 그리고 날이 저물도록 그 앞에 엎드려 통곡하다가 외칩니다.

'하나님! 슬픕니다. 우리를 이렇게 하시려고 요단을 건너 여기까지

오게 하신 겁니까? 이럴 줄 알았다면 차라리 요단을 건너지 않고 요단 저편에 살았으면 좋았을 뻔했습니다.'

여호수아답지 않게 하나님을 향해 원망의 소리를 쏟아놓고 있습니다. 패배에 대한 백성들의 충격이 어느 정도인지를 보여주는 것입니다. 패배의 장면이 기록된 5절을 보겠습니다.

"아이 사람이 그들을 삼십육 명쯤 쳐죽이고 성문 앞에서부터 스바림까지 쫓아가 내려가는 비탈에서 쳤으므로 백성의 마음이 녹아 물같이 된지라."

어디선가 많이 본 표현이 나옵니다. '백성들의 마음이 녹았다'는 것은 이스라엘 백성이 가나안 땅에 입성할 때 그 소식을 들은 가나안 사람들이 '그 소식을 듣고 정신을 잃었더라'와 비슷합니다.

아이성 전투를 통해 이스라엘 백성 36명이 죽게 됩니다. 당연히 승리를 기대하고 있던 이스라엘 백성에게 실로 충격적인 일이었습니다. 언뜻 생각해보면 전쟁 중에 이 정도는 죽을 수 있는 것 아닌가, 그렇다고 도망갈 것까지야 있겠느냐고 생각할 수 있을 것입니다. 그렇지만 이스라엘 백성은 전쟁 중에 죽음을 경험한 적이 없었습니다. 그래서 충격을 받고 퇴각하는데 그 뒤를 이어 아이성 사람들이 뒤를 쫓아오면서 도망가는 이스라엘 백성을 비탈에서 내리칩니다. 백성들의 마음은 물같이 녹고 맙니다. 이러한 실패의 원인은 놀랍게도 눈에 보이지 않는 영역에서 실패하여 시작됩니다. 진정한 전쟁은 우리의 내면에서부터 일어나는 것입니다. 그렇다면 실패의 원인은 무엇일까요?

자만심이 불러오는 것

　첫 번째 이유는 백성들의 자만심 때문입니다. 스스로 자신을 과신하여 실패를 불러왔다는 것입니다. 여리고성에 비하면 아이성은 보잘것없는 작은 성이었습니다. 정탐꾼들의 보고를 보면 알 수 있습니다. 3절입니다.
　"여호수아에게로 돌아와 그에게 이르되 백성을 다 올라가게 하지 말고 이삼천 명만 올라가서 아이를 치게 하소서 그들은 소수이니 모든 백성을 그리로 보내어 수고롭게 하지 마소서 하므로"
　아이성 전쟁을 하기 위해 이스라엘 백성 모두가 참여하지 않아도 된다는 말입니다. 2~3천 명만 보내도 이길 수 있다고 말합니다. 다 올라갈 필요 없이 소수만 올라가도 이길 수 있다고 생각한 것입니다. 백성들에게 아이성은 만만한 대상이었습니다. 이런 말을 하게 된 생각의 언저리에는 '우리가 여리고성까지 함락시키지 않았는가?' 하는 것이 전제되어 있습니다. 난공불락의 여리고도 함락했기 때문에 작은 아이성 정도는 단번에 정복할 수 있겠다는 생각을 한 것입니다.
　그런데 다시 생각해보면 여리고 전투에서 이스라엘 백성이 한 것은 아무것도 없었습니다. 그들은 하나님의 명령에 따라 성벽을 돌았을 뿐입니다. 소리를 쳤던 것뿐입니다. 그들은 칼을 쓰지도 않았고, 활을 쏘지도 않았습니다. 이스라엘 백성이 강해서 여리고를 함락한 것이 아니고 하나님의 능력이 여리고를 무너뜨렸습니다. 그런데 지금 이들은 아이성 앞에서 무엇을 생각하고 있습니까? 하나님을 의지하기보다 자신들의 힘, 자신들의 숫자를 계산하고 있습니다. 아이성 싸움의 무게중심을 하나님께 두지 않고 사람에게 두고 있습니다. 이것이 자만심입니다. 자만심은 하나님을 의지하지 않고 자신이 가지고 있는 힘, 소유하고 있는 무기, 지난날의 경험을 더 신뢰하는 것을 말합니다. 이들은 지금 영적인 능력을 소중하게 생각하지 않고 자신들의 계획과 물량을 더 신뢰하고 있습니다. 믿음을 붙들고 여리고성을 함락했던 백성들이 아이성 앞에서는 믿음을 붙잡지 않고 지난날의 경험에 무게중심을 옮긴 것입니다. 바로 이것이 자만심입니다.

자만심의 특징은 승리 이후에 가지게 된다는 것입니다. 패배를 계속하면 열등감이 생기는데 승리를 연속하면 자만심을 갖게 됩니다. 자신감은 굉장히 좋은 것입니다. 그러나 자신감이 중심을 잃게 되면 자신을 과신하게 되는 자만심으로 변질되기 쉽습니다. 그래서 승리는 자만심이 생기는 기회가 될 수 있습니다. 고린도전서 10장 12절은 우리에게 이렇게 말씀합니다.

"그런즉 선 줄로 생각하는 자는 넘어질까 조심하라."

자만심을 가지면 넘어진다는 말입니다. 우리는 모두 승리하는 인생을 살아야 합니다. 그러나 승리와 함께 잊지 말아야 할 것이 있습니다. 승리의 순간이 가장 위험한 순간이라는 것입니다. 승리의 자리에 실패도 함께 찾아올 수 있다는 사실을 알아야 합니다.

자만심은 고의적이지 않습니다. 나도 모르는 사이에 자만심을 가질 수 있다는 것입니다. 전혀 예상하지도 않았는데 나도 모르게 자만심의 포로가 되어 있는 경우가 많습니다. 이것이 자만심의 성격입니다. 자만심은 예고하고 오지 않습니다. 계획하지도 않았는데 나도 모르게 자만의 자리에 서 있게 됩니다. 그리고 자만심에 쉽게 넘어지고 맙니다. 더 큰 문제는 우리가 이 자만심을 경계하지 않는다는 것입니다. 우리는 '간음하지 말라, 도적질하지 말라, 살인하지 말라'와 같은 계명 앞에는 굉장히 긴장하고 예민합니다. 그런데 자만심 앞에서는 아무런 경계를 하지 않습니다. 나도 모르게 무장 해제되어 자만심의 포로가 되어버립니다. 그래서 나도 모르게 실패의 늪에 빠지고 맙니다. 어이없는 상황에서 넘어집니다. 그렇게 될 사람이 아닌데 실패의 나락으로 떨어지는 것입니다.

혹시 자기 자신을 과신하면서 자만심의 포로가 되어 살고 있지는 않습니까? 지나가는 사람 누구든지 붙들고 '자만심이 있습니까?' 하고 물으면 대부분 '나는 아니다'라고 말할 것입니다. 자만한 자는 자신이 자만하다고 느끼지 못합니다. 그런데 남이 보면 자만한 모습이 보일 수 있습니다. 자신을 정확하게 볼 수 있는 지혜가 필요합니다.

하나님과의 소통

이스라엘 백성이 아이성에서 패배한 두 번째 원인은 기도를 무시했기 때문입니다. 더 정확하게는 기도를 하지 않았습니다. 기도를 놓친 것이 아니라 기도를 안 했습니다. 이스라엘 백성이 요단강 앞에 이르렀을 때 눈에 보이는 가나안을 보며 얼마나 흥분했겠습니까? 모두가 이 순간을 소망하며 40년 광야생활을 지나왔기에 하루빨리 그곳에 가고 싶었을 것입니다. 그런데 그들은 요단 강변에서 최소한 3일 이상을 머뭅니다. 하나님의 명령대로 순종한 것입니다. 스스로를 성결하게 하면서 기다렸습니다. 그 기다림은 무엇일까요? 바로 하나님과의 소통, 하나님과의 교제를 위한 기다림입니다. 이것을 달리 말하면 기도하고 있었던 것입니다.

'하나님! 이제는 어떻게 해야 합니까? 언제 건너가야 합니까?'

하나님의 응답을 기다리고 있는 것입니다. 하나님께서 방법을 알려주실 때까지 뜻을 구하며 기다린 것입니다. 하나님께서 여호수아에게 말씀하실 때 비로소 백성들에게 말합니다. 여리고를 점령할 때도 마찬가지였습니다. 하나님이 명령하시기 전까지 그들은 길갈에서 여리고를 바라보며 기다리고 있었습니다.

'하나님! 말씀하십시오. 여리고를 어떻게 함락해야 할지 알려주십시오.'

그들은 기다리며 하나님과 소통했습니다.

그런데 아이성을 공격할 때는 그렇게 하지 않았습니다. 하나님의 지시를 기다리지 않았습니다.

"여호수아에게로 돌아와 그에게 이르되 백성을 다 올라가게 하지 말고 이삼천 명만 올라가서 아이를 치게 하소서 그들은 소수이니 모든 백성을 그리로 보내어 수고롭게 하지 마소서 하므로 백성 중 삼천 명쯤 그리로 올라갔다가 아이 사람 앞에서 도망하니"(수 7:3~4).

아이성에 도착한 이스라엘 백성은 전례대로 정탐꾼을 보냅니다. 정탐을 마치고 돌아온 이들의 보고를 들어보십시오.

"아이성은 작은 성이니 2~3천 명만 보내도 충분히 이기고도 남을 것입니다."

보고를 받은 후 이스라엘 백성은 곧바로 3천 명쯤 아이성을 공격했습니다. 마치 보고를 기다렸다는 듯이 보고를 받자마자 곧바로 아이성을 공격한 것입니다. 그런데 결과는 처절한 패배를 맛보게 됩니다. 이들의 모습은 경솔하고 성급해 보입니다. 그들은 승리에 도취되어 하나님과 소통하는 일의 중요성을 잊어버렸습니다. 하나님께 묻지 않았고 하나님의 소리에 귀를 기울이지 않았습니다. 그것이 실패로 이어졌습니다.

우리는 기도를 영혼의 호흡이라고 하면서 실상은 소중하게 생각하지 않습니다. 기도가 정말로 영혼의 호흡이라면 기도를 소홀히 할 수 없습니다. 그런데 마치 우리가 어디서나 숨 쉬고 있어서 공기의 소중함을 망각하는 것처럼 교회에서 기도를 많이 강조하다 보니 기도의 소중함이 머리에만 머무는 성도들이 적잖이 있습니다. 기도를 무시하면 실패합니다. 반대로 하나님과의 소통과 기도하는 일을 소중하게 여기면 승리합니다. 기도에 내 삶의 승리와 패배가 달려 있다는 것을 마음에 새기고 기도를 놓지 않기를 바랍니다.

기도에 대해 생각해볼 또 다른 질문은 '언제 기도해야 하는가?'입니다. 보편적으로 우리는 힘들고 어려울 때 기도해야 한다고 생각합니다. 그렇습니다. 절망의 끝자락에서 기도할 때 하나님께서 강하신 손으로 붙잡아주시는 응답을 반드시 경험할 것입니다. 그러나 성경은 승리했을 때에도 기도해야 한다고 가르칩니다. 만일 여리고를 정복하는 승리를 경험했을 때 이스라엘 백성이 승리에 취하지 않고 기도했다면 아이성 전투에서 패하지 않았을 것입니다. 아이성 패배를 당하고 여호와 궤 앞에 엎드려 머리에 재를 뒤집어쓰고 통곡하는 일은 없었을 것입니다. 승리의 자리에서도 하나님의 뜻을 구하는 기도가 필요한 것입니다. 그러나 우리는 승리의 자리에서 기쁨만 취할 때가 많습니다. 평안할 때, 일이 순조롭고 평탄할 때, 원하는 곳에 합격했을 때, 좋은 혼처가 나서 결혼할 때 기도해야 합니다. 하지만 우리는 결혼하기 전에는 기도하다가 결혼한 후에는 기도를 놓아버리는 경우가 많습니다.

그런데 하나님의 반응이 좀 다릅니다. 10절을 보겠습니다.

"여호와께서 여호수아에게 이르시되 일어나라 어찌하여 이렇게 엎드렸느냐."

하나님께서는 실패의 자리에서 재를 뿌리고 엎드려 기도하고 있는 여호수아에게 말씀하십니다. 이제라도 엎드려 기도하니 잘했다고 말씀하시지 않았습니다. 오히려 '일어나라! 어찌하여 엎드렸느냐?' 하고 말씀하십니다. 마치 하나님께서 지금 여호수아를 야단치고 계시는 듯합니다. 그리고 말씀하십니다. 13절을 보십시오.

"너는 일어나서 백성을 거룩하게 하여 이르기를 너희는 내일을 위하여 스스로 거룩하게 하라 이스라엘의 하나님 여호와의 말씀에 이스라엘아 너희 가운데에 온전히 바친 물건이 있나니 너희가 그 온전히 바친 물건을 너희 가운데에서 제하기까지는 네 원수들 앞에 능히 맞서지 못하리라."

일반적인 경우라면 늦었더라도 기도하는 게 좋은 것이지만 실패의 원인이 분명하니 그것을 제거해야 한다는 것입니다. 하나님께서는 실패의 원인을 제거하기 전까지는 이스라엘과 함께하지 않는다는 말씀을 하십니다. 그래서 하나님 앞에 엎드려 통곡하고 있는 여호수아에게 빨리 일어나 실패의 원인을 해결하라고 하시는 것입니다. 이미 실패했다면 그때는 실패한 원인을 빨리 찾아 그것을 해결하는 것이 중요합니다. 실패한 후 기도하지 말라는 것이 아닙니다. 기도와 함께 돌이켜 행하는 것이 중요하다는 것입니다.

불순종의 결과

이스라엘 백성이 패배한 세 번째 이유는 불순종했기 때문입니다. 하나님께서는 이스라엘 백성이 하나님의 명령을 어기고 속였다고 말씀하십니다. 11절을 보겠습니다.

"이스라엘이 범죄하여 내가 그들에게 명령한 나의 언약을 어겼으며 또한 그들이 온전히 바친 물건을 가져가고 도둑질하며 속이고 그것을 그들의 물건들 가운데에 두었느니라."

이스라엘 백성이 여리고성을 점령한 후 그 성을 취할 때 하나님께서 한 가지 명령을 내립니다. 여호수아 6장 17~19절입니다.

"이 성과 그 가운데에 있는 모든 것은 여호와께 온전히 바치되 기생 라합과 그 집에 동거하는 자는 모두 살려주라 이는 우리가 보낸 사자들을 그가 숨겨주었음이니라 너희는 온전히 바치고 그 바친 것

중에서 어떤 것이든지 취하여 너희가 이스라엘 진영으로 바치는 것이 되게 하여 고통을 당하게 되지 아니하도록 오직 너희는 그 바친 물건에 손대지 말라."

하나님의 명령은 여리고성을 점령한 후 전리품을 취하지 말라는 것입니다. 하나님의 곳간에 모든 전리품을 들이라고 말씀하십니다. 그런데 문제가 발생했습니다. 아간이라는 사람이 하나님의 명령을 어기고 전리품을 도둑질하여 자신의 집에 숨겨놓은 것입니다.

"내가 노략한 물건 중에 시날 산의 아름다운 외투 한 벌과 은 이백 세겔과 그 무게가 오십 세겔 되는 금덩이 하나를 보고 탐내어 가졌나이다 보소서 이제 그 물건들을 내 장막 가운데 땅속에 감추었는데 은은 그 밑에 있나이다 하더라"(수 7:21).

아간의 말을 살펴보면 죄의 원인을 발견할 수 있습니다. 아간은 '외투 한 벌과 금과 은이 탐이 나서 숨겼다'고 말합니다. 탐심이 생겨서 범죄했다는 것입니다. 결국 욕심 때문에 하나님의 말씀에 불순종하게 되었습니다. 욕심으로 죄를 짓게 된 것입니다. 이것은 모든 범죄의 전형입니다. 아담과 하와가 죄를 범할 때도 마찬가지였습니다. 창세기 3장 6절을 보면 뱀의 유혹에 넘어간 하와가 선악을 알게 하는 나무를 계속 보니까 "먹음직도 하고 보암직도 하고 지혜롭게 할 만큼 탐스럽기도 한 나무"가 되어버렸습니다. 선악과를 먹으면 반드시 죽을 것이라는 하나님의 경고도 탐욕 앞에서 무용지물이 되어버렸습니다. 탐스러운 마음이 그것을 소유하기 위해 하나님의 명령을 어겨버린 '죄의 씨앗'이 된 것입니다. 그래서 야고보서 1장 14~15절은 다음과 같이 경고합니다.

"오직 각 사람이 시험을 받는 것은 자기 욕심에 끌려 미혹됨이니 욕심이 잉태한즉 죄를 낳고 죄가 장성한즉 사망을 낳느니라."

하나님 말씀에 순종하기 위해 우리도 마음속의 탐심을 잘 다루어야 합니다.

중요한 한 가지 사실을 더 기억해야 합니다. 분명히 아간 한 사람이 범죄를 저질렀는데 하나님께서는 이 범죄를 '아간의 죄'라고 하지 않습니다. 11절을 다시 보겠습니다.

"이스라엘이 범죄하여 내가 그들에게 명령한 나의 언약을 어겼으며 또한 그들이 온전히 바친 물건을 가져가고 도둑질하며 속이고 그것을 그들의 물건들 가운데에 두었느니라."

아간이 지은 죄를 하나님께서는 '이스라엘이 범죄했다'고 말씀하십니다. 하나님께서는 왜 이렇게 말씀하셨을까요? 아간이 범죄한 것을 몰라서 이렇게 말씀하신 것은 아닐 것입니다.

"이스라엘 자손들이 온전히 바친 물건으로 말미암아 범죄하였으니 이는 유다 지파 세라의 증손 삽디의 손자 갈미의 아들 아간이 온전히 바친 물건을 가졌음이라 여호와께서 이스라엘 자손들에게 진노하시니라"(수 7:1).

하나님께서는 아간의 죄를 이스라엘의 죄라고 말씀하시고, 아간이 하나님을 속였는데 이스라엘이 하나님을 속였다고 말씀하시며, 아간에게 진노해야 함에도 불구하고 아간은 물론이고 이스라엘 자손들에게 진노하셨습니다. 여기서 우리는 한 사람의 중요성을 생각해볼 수 있습니다. 성도 한 사람 한 사람이 공동체 전체에 얼마나 중요한가를 잘 알 수 있습니다.

아간이라는 한 사람 때문에 이스라엘 공동체에 하나님의 진노가 임합니다. 하나님께서는 '우리'라는 귀한 공동체를 허락해주셨습니다. 그런데 소중한 '우리'라는 공동체를 누가 허무는가 하면 바로 '우리끼리'가 허뭅니다. 공동체 속에 있는 다른 '우리끼리'로 인해 공동체가 하나님의 진노를 받는 것입니다. 공동체 안의 한 사람이 중요하기 때문에 아간의 죄를 두고 '아간의 범죄했다'고 말하지 않고 '유다 지파 세라의 증손 삽디의 손자 갈미의 아들 아간이 범죄했다'고 말합니다. 유다 지파는 이스라엘의 대표 지파입니다. 아간이 유다 지파에 속한 사람이라는 것은 다시 말하면 공동체의 지도자가 범죄했다는 말입니다.

교회의 목사가, 집안의 아버지가 범죄했다는 것을 말하고 싶은 것입니다. 이것이 성경에서 말하는 '대표성의 원리'입니다. 한 사람이 범죄했는데 왜 우리가 죄인이 되어야 하느냐고 억울해할 필요가 없습니다. 우리는 대표성의 원리로 구원받은 자들이기 때문입니다. 예수님께서 십자가에서 산 제물이 되어 한 분의 의로운 죽으심으로 우리 모두가 용서함을 받았습니다. 그래서 이 말씀을 통해 나 자신이 공동체에 얼마나 귀중한 존재인가를 깨달아야 합니다. 나 한 사람이 가정과 공동체에 축복의 근원이 될 수도 있고 저주의 근원이 될 수도 있다는 사실을 기억하면, 이 말씀이 얼마나 두렵고 떨리는 말씀인지 모릅니다. 성경에서 다른 예들도 있습니다. 다윗의 범죄도 같은 경우입니다. 다윗은 우리야의 아내를 취하는 범죄를 저질렀습니다.

"나단이 자기 집으로 돌아가니라 우리아의 아내가 다윗에게 낳은 아이를 여호와께서 치시매 심히 앓는지라"(삼하 12:15).

다윗의 범죄로 인해 태어난 자녀를 하나님께서 치셔서 심히 앓게 되었습니다. 이와 같은 모습이 이스라엘 백성에게도 나타납니다. 여호수아 7장 24~25절을 보겠습니다.

"여호수아가 이스라엘 모든 사람과 더불어 세라의 아들 아간을 잡고 그 은과 그 외투와 그 금덩이와 그의 아들들과 그의 딸들과 그의 소들과 그의 나귀들과 그의 양들과 그의 장막과 그에게 속한 모든 것을 이끌고 아골 골짜기로 가서 여호수아가 이르되 네가 어찌하여 우리를 괴롭게 하였느냐 여호와께서 오늘 너를 괴롭게 하시리라 하니 온 이스라엘이 그를 돌로 치고 물건들도 돌로 치고 불사르고."

얼마나 두려운 말씀입니까? 한 사람의 불순종의 결과는 그의 온 집안에 재앙을 불러오게 되었습니다.

실패의 자리에서 회복하는 길

지금까지 아이성 전쟁의 패배를 통해 신앙생활의 실패 원인에 대해 살펴보았습니다. 바로 자만심, 기도 무시, 불순종입니다. 실패의 원인을 아는 것으로만 멈추면 안 됩니다. 어떻게 회복해야 하는가에 대한 회복의 길도 알아야 합니다. 그것은 두 가지입니다. 바로 죄를 숨기지 않고 고백하는 것과 그 죄를 죽이는 것입니다. 20절 말씀을 봅시다.

"아간이 여호수아에게 대답하여 이르되 참으로 나는 이스라엘의 하나님 여호와께 범죄하여 이러이러하게 행하였나이다."

제비뽑기를 통해 아간은 자신이 끝까지 감추려고 했던 죄가 드러나게 되었습니다. 그때 아간은 죄를 숨기지 않았습니다. 변명하지 않았습니다. 아간은 '내가 하나님께 이러이러한 잘못을 했습니다'라며 죄를 고백합니다. 21절을 이어서 보겠습니다.

"내가 노략한 물건 중에 시날 산의 아름다운 외투 한 벌과 은 이백 세겔과 그 무게가 오십 세겔 되는 금덩이 하나를 보고 탐내어 가졌나이다 보소서 이제 그 물건들을 내 장막 가운데 땅속에 감추었는데 은은 그 밑에 있나이다 하더라."

결국 회복의 비결은 고백함에 있습니다. 25~26절도 봅시다.

"여호수아가 이르되 네가 어찌하여 우리를 괴롭게 하였느냐 여호와께서 오늘 너를 괴롭게 하시리라 하니 온 이스라엘이 그를 돌로 치고 물건들도 돌로 치고 불사르고 그 위에 돌무더기를 크게 쌓았더니 오늘까지 있더라 여호와께서 그의 맹렬한 진노를 그치시니 그러므로 그곳 이름을 오늘까지 아골 골짜기라 부르더라."

죄는 죽고 제거되면서 해결되어야 합니다. 죄가 해결된 곳은 바로 아골 골짜기입니다. 그곳은 저주의 산이며 동시에 죄가 죽는 자리입니다. 호세아서를 보면 아골 골짜기로 소망의 문을 달아주겠다고 말씀하십니다. 하나님께서 아골 골짜기에서 회복을 약속하신 것입니다.

"만일 우리가 우리 죄를 자백하면 그는 미쁘시고 의로우사 우리 죄를 사하시며 우리를 모든 불의에서 깨끗하게 하실 것이요"(요일 1:9).

회복의 열쇠는 '죄의 고백과 죄를 죽임'입니다. 모든 죄를 버리고 자복하고 회개하고 돌이키는 길밖에 없습니다. 그러할 때에 하나님께서는 은혜로우사 우리를 용서하고 깨끗하게 하고 회복의 열쇠를 통해 다시 승리의 개가를 부르게 하실 것입니다.

164 | **11. 회복**(수 8:30~35)
그때에 여호수아가
이스라엘의 하나님 여호와를 위하여
에발산에 한 제단을 쌓았으니
(수 8:30)

180 | **12. 적군의 전략**(수 9:1~15)
무리가 그들의 양식을 취하고는
어떻게 할지를 여호와께 묻지 아니하고
여호수아가 곧 그들과 화친하여 그들을 살리리라는
조약을 맺고 회중 족장들이 그들에게 맹세하였더라
(수 9:14~15)

194 | **13. 우리의 최선과 여호와의 도움**(수 10:6~15)
……여호수아가 여호와께 아뢰어
이스라엘의 목전에서 이르되
태양아 너는 기브온 위에 머무르라
달아 너도 아얄론 골짜기에서 그리할지어다 하매
(수 10:12)

208 | **14. 다시 출발선에서**(수 10:43)
여호수아가
온 이스라엘과 더불어
길갈 진영으로 돌아왔더라
(수 10:43)

218 | **15. 전쟁을 그치지 말라**(수 11:21~23)
이와 같이 여호수아가
여호와께서 모세에게 말씀하신 대로
그 온 땅을 점령하여
이스라엘 지파의 구분에 따라 기업으로 주매
그 땅에 전쟁이 그쳤더라
(수 11:23)

3

승리를 위한
새로운 헌신

11
회복

수 8:30~35

그때에 여호수아가
이스라엘의 하나님 여호와를 위하여
에발산에 한 제단을 쌓았으니
(수 8:30)

　댐이 무너질 때 처음부터 전체가 다 붕괴되는 것이 아닙니다. 작은 것 하나가 큰 사고로 이어집니다. 1985년 7월 19일 이탈리아 알프스 산맥 남단 스타바(Stava) 계곡에 있는 댐이 붕괴하여 홍수가 마을을 덮쳐 정확히 3분 29초 만에 사망자 268명이 발생하고 건물 63곳, 다리 8개가 붕괴된 대참사가 있었습니다. 이 댐이 왜 붕괴했는지 많은 전문가가 연구를 시작했습니다. 처음에는 지진이 원인이라는 주장이 제기되었습니다. 광산의 다이너마이트 사용이 영향을 주었다는 의견도 개진되었습니다. 그러다가 조사팀은 놀라운 사항을 발견했습니다. 사고 6개월 전에 댐 외벽에서 작은 산사태가 일어나

크기가 약 20미터쯤 되는 구멍이 생겨 물이 새어나왔다는 것입니다. 발견한 지 두 달 후에 보수를 할 때까지 구멍은 그대로 있었고 몇 달 후 추가 보수를 했는데 사고 4일 전에 댐을 재가동했음이 밝혀졌습니다. 조사팀은 댐 위쪽에서 최소 6개월 전부터 붕괴가 시작되었다는 판단에 도달했고 그 부분을 자세히 조사하여 댐에 고인 물이 외벽을 적셔 댐이 조금씩 무너져 내렸다는 결과가 나왔습니다.

전문가들의 말에 의하면 아무리 거대한 댐이라도 문제가 발생했을 때 빠르게 조치하지 않으면 큰 화를 불러올 수 있다고 합니다. 잘못된 일을 바로잡는 일은 빠르면 빠를수록 좋다는 교훈을 얻게 됩니다. 그렇지 않으면 잃는 범위와 위험이 점점 더 커지기 때문입니다.

승리의 이유

아간 한 사람의 범죄는 하나님의 거룩한 전쟁에 임하는 전투에 큰 실패와 오점으로 남게 되었습니다. 먼저 이스라엘은 이 실패로 인해 피해뿐 아니라 승승장구하던 마음이 낙심한 채 충격을 받았습니다. 가장 의지했던 하나님께서 이 일로 진노하시니 어떤 자가 자신감을 얻을 수 있겠습니까?

"이스라엘 자손들이 온전히 바친 물건으로 말미암아 범죄하였으니 이는 유다 지파 세라의 증손 삽디의 손자 갈미의 아들 아간이 온전히 바친 물건을 가졌음이라 여호와께서 이스라엘 자손들에게 진노하시니라"(수 7:1).

아이성 전쟁의 패배를 통해 아간 한 사람만이 아니라 그의 조상들까지도 화를 입게 되었습니다. 이스라엘 백성은 마음을 다시 가다듬고 이번에는 3만 명의 군사를 데리고 갑니다. 이전과는 다른 차원으로 두려움을 안고 진군하게 되었습니다. 3만 명은 혹시라도 생명을 잃을지도 모르는 전쟁터로 다시 나가야 했습니다. 그런데 하나님께서는 자세한 지략을 다시 알려주십니다.

"너는 여리고와 그 왕에게 행한 것같이 아이와 그 왕에게 행하되 오직 거기서 탈취할 물건과 가축은 스스로 가지라 너는 아이 성 뒤에 복병을 둘지니라 하시니"(수 8:2).

이스라엘 백성이 여리고를 점령할 때 하나님께서는 성에 들어가서 그 안에 있는 어떤 것도 취하지 말라고 명령하셨습니다. 전쟁을 통해 얻은 모든 전리품은 여호와의 곳간에 넣어야 했습니다. 그런데 아이성 전쟁에 대한 하나님의 계획은 이전과 달랐습니다. '거기서 탈취한 것은 너희가 다 가지라'는 것입니다. 여리고성 전쟁과는 전혀 다른 명령을 하셨습니다. 만일 여리고성에서 욕심을 가지지 않고 하나님의 뜻에 순종했다면 아이성을 쉽게 정복했을 뿐만 아니라 그 성에 있는 모든 전리품들을 자기의 것으로 취할 수 있었을 것입니다. 실패는 성공의 어머니라고 아름답게 묘사할 수 있겠지만 또 그 말이 어떤 면에서는 분명히 맞는 말이지만, 실패는 너무나 큰 고통과 지출을 감당하게 합니다. 두려움을 안겨주기도 하고, 이루었지만 누리지 못하게 만들기도 합니다.

그런데 하나님의 은혜로 이들은 승리를 합니다. 7장에서의 패배와 8장에서의 승리의 차이를 이렇게 비교해볼 수 있습니다. 7장을 살펴보면 '여호와께서 이스라엘 백성에게 명령하시되'라는 표현이 전혀 없습니다. 그런데 여호수아 8장은 다릅니다.

"여호와께서 여호수아에게 이르시되 두려워하지 말라 놀라지 말라 군사를 다 거느리고 일어나 아이로 올라가라 보라 내가 아이 왕과 그의 백성과 그의 성읍과 그의 땅을 다 네 손에 넘겨주었으니"(수 8:1).

하나님께서는 아이성을 재탈환하기 위해 전쟁을 어떻게 해야 하는지에 대해 말씀하십니다. 이스라엘 군사 3만 명을 두 무리로 나눕니다. 한 무리는 아이성 뒤편에 매복하고 다른 5천 명의 군사는 여호수아가 인솔하여 아이성을 향해 진격하다가 도망합니다. 그리고 아이성에서 연기가 나면 다시 돌아서서 진격하는 것이 하나님께서 명령하신 전쟁 방법입니다.

여호수아는 하나님께서 가르쳐주신 대로 병사 5천 명을 데리고 아이성을 공격합니다. 아이성 사람들은 이스라엘의 공격을 두려워하지 않았을 것입니다. 지난번 전쟁에서 승리한 상황과 너무나 흡사했기 때문입니다. 3천 명의 군사도 혼비백산하여 퇴각시켰는데 전보다 조금 많은 5천 명도 혼쭐을 낼 수 있을 것이라고 생각했을 것입니다. 아이성을 향해 돌격하는 5천 명의 군사는 곧바로 돌아서서 도망칩니다. 바로 하나님의 명령대로입니다. 아이성 사람들이 이때다 싶어 성문을 열어둔 채 모든 군사를 데리고 추격합니다. 그때 아이성 뒤편에 있던 다른 무리의 군사들이 아이성을 점령하고 성에 불을 지릅니다. 성에서 연기가 피어오르자 연기를 본 무리들이 다시 돌아서서 진격합니다. 앞에는 5천 명의 군사가 뒤에는 2만 5천 명의 군사가 에워싸 아이성 군대를 전멸시킵니다. 그리고 아이성을 마침내 점령했습니다.

7장과 8장은 하나님의 말씀을 먼저 듣고 명령하신 말씀대로 행동했는가, 그렇지 않은가의 차이입니다. 7장을 보면 하나님께서 말씀도 하지 않으셨는데 여호수아가 아이성에 정탐꾼을 보냅니다. 마치 여리고 전쟁처럼 하면 이길 거라는 생각을 한 듯합니다. 그리고 정탐꾼의 보고를 받습니다.

"아이성은 작습니다. 그러니까 한 3천 명만 이끌고 가더라도 간단히 이길 것입니다."

정탐꾼의 보고를 들은 여호수아는 곧바로 전쟁을 시작합니다. 그리고 이러한 경솔함이 실패의 원인이 된 것입니다.

성공의 어머니는 하나님의 말씀에 대한 순종함에 있습니다. 실패는 반드시 성공을 이루게 하는 보증수표가 아닙니다. 그러나 하나님의 말씀에 순종하면 반드시 성공합니다. 성경은 하나님의 명령에 순종하지 않고 나의 경험과 지식, 판단으로 행동하면 반드시 실패한다고 가르칩니다. 지난번에 승리한 경험에 도취하여 쓰라린 패배를 맛본 아이성은 이제 이스라엘의 소유가 되었습니다. 아이성을 정복하게 된 것입니다. 정복했다는 말은 실패를 만회하고 '다시 회복했다'는 뜻입니다.

제단을 쌓는 것

아이성을 정복한 후 이스라엘 백성은 아주 특별한 행동을 합니다. 이 또한 하나님의 명령에 따른 것입니다. 30~35절을 보면 이스라엘 백성이 집단적으로 특별한 행동을 취합니다. 에발산에서 제단을 쌓고 그곳에서 하나님 앞에 제사를 지내며 율법을 낭독하는 것입니다. 이것은 하나님과의 관계가 회복되는 것을 의미합니다.

한번 실패한 경험이 있는 아이성을 드디어 정복했습니다. 가시적으로는 하나님의 뜻이 회복된 것 같습니다. 그렇지만 현상적으로 회복된 것 같아 보여도 이것은 온전한 회복이 아닙니다. 하나님께 제단을 쌓아 제사하며 그 말씀을 선포하는 것이 온전한 회복입니다. 다시 말하면 하나님과의 관계가 회복되는 것이 온전한 회복이라는 말입니다. 성을 차지하는 것보다 중요한 것이 바로 하나님과의 관계 회복입니다. 성공하는 것보다 중요한 것이 하나님과의 소통입니다.

우리는 신앙생활을 하면서 회복에 대해 많이 오해합니다. 고칠 수 없는 병에서 치유 받으면 회복되었다고 생각합니다. 어려운 시험에 합격하면 회복되었다고 생각합니다. 잃은 것을 찾거나 빼앗긴 것이 내게 다시 돌아올 때 회복되었다고 생각합니다. 그러나 이러한 것은 단지 현상적인 회복일 뿐입니다. 성경이 말하는 성도의 온전한 회복은 하나님과의 관계 회복입니다. 이러한 진정한 회복의 수단을 자세히 살펴보는 것이 유익합니다.

에발산의 이유

먼저, 제단을 주목해야 합니다. 아이성을 탈환한 후 이스라엘 백성이 가장 먼저 한 일은 제단을 쌓는 것이었습니다. 30절을 보겠습니다.

"그때에 여호수아가 이스라엘의 하나님 여호와를 위하여 에발산에 한 제단을 쌓았으니."

백성들은 '여호와를 위하여' 제단을 쌓았습니다. 하나님과의 관계 회복을 위해 제단을 쌓은 것입니다. 그리고 제물을 바치는데, 화목제물을 드립니다. 제단의 목적은 오로지 하나님과 화목이요, 관계 회복인 것입니다.

이들이 에발산에서 제단을 쌓은 이유가 있습니다. 이스라엘 백성은 여리고에서 아이성을 향해서 왔습니다. 지도를 보면 아이성은 여리고보다 북쪽에 있습니다. 조금 더 북쪽으로 가면 높은 두 산을 만납니다. 왼편에 있는 산은 에발산이고, 오른편에 있는 산은 그리심산입니다. 그리고 두 산 사이의 계곡을 세겜 계곡, 세겜 골짜기라고 부릅니다. 그러니까 이스라엘 백성은 아이성 전쟁에서 승리하고 세겜까지 올라간 것입니다. 세겜으로 올라가면서까지 그곳에 제단을 쌓아야 할 필요성이 있었던 것입니다.

일반적으로 그리심산은 축복의 산이요, 에발산은 저주의 산으로 알려져 있습니다. 신명기 11장 29절에서 "네 하나님 여호와께서 네가 가서 차지할 땅으로 너를 인도하여 들이실 때에 너는 그리심산에서 축복을 선포하고 에발산에서 저주를 선포하라"고 하셨기 때문입니다. 이들이 하필 저주의 산인 에발산에 제단을 쌓은 것은 다음과 같은 메시지가 담겨 있습니다.

'너희는 하나님의 진노로 말미암아 지난번 아이성 전쟁에서 패배했다. 그러나 내가 너희에게 은혜를 베풀어주었기에 지금 승리했다. 하나님의 진노로 버림받았던 에발산과 같은 너희에게 지금 필요한 것은 제단이다. 제단을 통해 하나님의 관계를 회복하고, 너희에게 임했던 모든 실패와 저주의 껍데기를 다 벗어버려라.'

그래서 하나님께서는 백성들에게 에발산에서 제단을 쌓으라고 명령하신 것입니다. 백성들이 제단을 쌓고 거기서 무엇을 했는지 31절을 보겠습니다.

"이는 여호와의 종 모세가 이스라엘 자손에게 명령한 것과 모세의 율법책에 기록된 대로 쇠 연장으로 다듬지 아니한 새 돌로 만든 제단이라 무리가 여호와께 번제물과 화목제물을 그 위에 드렸으며."

번제는 제물을 불살라 드리는 제사이고, 화목제는 하나님과의 화목을 위한 제사입니다. 하나님의 진노에 놓인 이들은 저주의 산인 에발산에서 하나님과의 회복을 위한 제단을 쌓는 일이 필요했습니다. 하나님의 진노를 받아야 마땅한 이스라엘 백성은 온전히 자기를 드리는 번제와 화목과 소통을 강조하는 화목제를 드림으로써 그들의 죄를 불살라버리고 하나님과 화목을 추구했습니다. 따라서 이 제단은 축복의 산인 그리심산이 아닌 에발산에서 해야 했습니다. 실패한 자, 버려진 자, 절망한 자에게 제단을 쌓는 일은 정말로 중요합니다.

32절을 보겠습니다.

"여호수아가 거기서 모세가 기록한 율법을 이스라엘 자손의 목전에서 그 돌에 기록하매."

하나님께서는 여호수아에게 모세의 율법을 돌에 기록해서 그 위에 제물을 놓고 제사를 지내게 했습니다. 이것은 이스라엘 백성이 하나님의 말씀에 불순종하여 하나님의 진노를 받았지만 이제 하나님의 말씀 위에 제단을 쌓고 제사를 지냄으로써 율법이 백성들을 고발하지 못할 것이라는 의미입니다.

우리에게도 이러한 회복이 필요합니다. 바르게 살고자 애썼고 예배드릴 때마다 결심하고 기도했지만 하나님의 명령에 온전히 순종하지 못하여 우리의 삶이 늘 에발산 같지는 않습니까? 축복의 그리심산을 바라보고 그곳으로 가려고 하는데 내 삶의 현장이 에발산과 같다면 무엇으로 회복할 수 있겠습니까? 바로 그곳에서 제단을 쌓아야 합니다.

백성을 회복하는 제단은 '예수 그리스도'를 예표합니다. 죄로 인해 버려진 망한 인생에게 필요한 것은, 저주 가운데 놓인 자에게 필요한 것은 '오직 예수 그리스도'뿐입니다. 믿는 우리가 불순종으로 실패하고 넘어졌을 때 필요한 것은 제단이신 예수 그리스도입니다. 여호와의 제단 앞에 엎드릴 수 있기를 바랍니다. 거기서 아집과 교만, 불순종한 모든 것을 죽일 수 있기를 바랍니다. 그때 우리에게 하나님과의 화목이 이루어지고 삶의 온전한 회복이 이루어질 것입니다.

그런데 우리의 모습을 보면 에발산에 제단을 쌓으려 하지 않고 그리심산에 세우려고 하는 경우가 참 많습니다. 신앙생활을 소홀히 하는 성도를 만나 이유를 물어보면 '사는 게 무척 바빠요. 할 일이 너무 많아요. 사는 것이 힘들어요. 내 삶이 산산조각 나 있어요. 싸매어지고 회복되기 전까지 기다려주세요'라고 대답합니다. 어떤 문제가 해결되면, 깨진 것이 다시 온전해지면, 그때 제단을 쌓겠다고 말합니다. 이것은 그리심산에 제단을 쌓으려고 하는 것입니다.

그런데 성경은 에발산에서 회복의 제단을 쌓으라고 말합니다. 삶이 온전히 회복되기를 원한다면 에발산이기에 더욱 제단을 쌓으려는 마음이 있기를 바랍니다. 내 상태가 에발산이기 때문에 회복의 제단이 필요한 것입니다. 에발산이기 때문에 제단을 쌓을 수 없다고 생각하니까 삶이 회복되지 않습니다. 온몸이 곪아 터지는 아픔 때문에 수술을 받지 않겠다는 어리석은 사람은 없을 것입니다. 오히려 아프니까 치료를 하고 약을 바르며 수술도 하는 것입니다. 마찬가지로 우리 삶의 에발산과 같은 자리에서 하나님과의 관계가 회복되는 믿음과 소망의 제단이 세워지기를 바랍니다.

선택

우리를 회복하는 다른 수단은 '선택'입니다. 여호수아는 제단에서 제사를 드린 후에 이스라엘 백성을 모두 불러 모아 두 그룹으로 나눕니다. 33~34절을 봅시다.

"온 이스라엘과 그 장로들과 관리들과 재판장들과 본토인뿐 아니라 이방인까지 여호와의 언약궤를 멘 레위 사람 제사장들 앞에서 궤의 좌우에 서되 절반은 그리심산 앞에, 절반은 에발산 앞에 섰으니 이는 전에 여호와의 종 모세가 이스라엘 백성에게 축복하라고 명령한 대로 함이라 그후에 여호수아가 율법책에 기록된 모든 것대로 축복과 저주하는 율법의 모든 말씀을 낭독하였으니."

여호수아는 이스라엘 백성을 세겜 골짜기로 데리고 가서 하나님의 율법을 낭독합니다. 여호수아가 먼저 축복의 말씀을 낭독하면 그리심산에 있던 백성들이 말씀을 받아 에발산에 있는 백성들을 향해 외칩니다. 저주의 말씀이 나올 때는 에발산에 있는 백성들이 말씀을 받아 축복의 산 그리심산에 있는 백성들을 향해 외칩니다. 여호수아가 낭독하고 있는 주된 내용은 십계명의 기초가 되는 말씀입니다. 이 장면은 신명기 27장과 매우 흡사하기 때문입니다. 그때 모세가 선포한 메시지를 여호수아도 동일하게 선포했을 것입니다. 그 내용을 살펴보도록 하겠습니다. 신명기 28장 2~6절입니다.

"네가 네 하나님 여호와의 말씀을 청종하면 이 모든 복이 네게 임하며 네게 이르리니 성읍에서도 복을 받고 들에서도 복을 받을 것이며 네 몸의 자녀와 네 토지의 소산과 네 짐승의 새끼와 소와 양의 새끼가 복을 받을 것이며 네 광주리와 떡 반죽 그릇이 복을 받을 것이며 네가 들어와도 복을 받고 나가도 복을 받을 것이니라."

너무나 복된 약속의 말씀입니다. 얼마나 복이 임하는지 떡 반죽 그릇이 복을 받고, 성읍에서도 복을 받고, 들에서도 복을 받고, 나가도 복을 받고, 들어와도 복을 받고……. 이러한 복은 우리가 다 소망하는 것입니다. 그런데 이런 복은 아무나 누리는 것이 아닙니다. 말씀을 보면 복을 받을 조건이 있다는 것을 알 수 있습니다. 그 조건은 "하나님 여호와의 말씀을 청종하면", 즉 하나님의 명령을 온전히 청종하여 순종하는 것입니다. 그리고 이 말씀을 뒤집어서 저주의 말씀을 선포합니다. 신명기 28장 15~19절을 보겠습니다.

"네가 만일 네 하나님 여호와의 말씀을 순종하지 아니하여 내가 오늘 네게 명령하는 그의 모든 명령과 규례를 지켜 행하지 아니하면 이 모든 저주가 네게 임하며 네게 이를 것이니 네가 성읍에서도 저주를 받으며 들에서도 저주를 받을 것이요 또 네 광주리와 떡 반죽 그릇이 저주를 받을 것이요 네 몸의 소생과 네 토지의 소산과 네 소와 양의 새끼가 저주를 받을 것이며 네가 들어와도 저주를 받고 나가도 저주를 받으리라."

하나님께서는 왜 여호수아에게 축복과 저주의 산에서 말씀을 외치도록 하셨을까요? 그것은 '선택하라'는 것입니다. 가나안 정복을 위해 이스라엘 백성은 앞으로 수많은 전쟁을 감당해야 합니다. 이 무수한 전쟁을 승리로 누리며 살기 위해서, 복을 복으로 거머쥐기 위해서 선택해야 한다는 것입니다. 저주를 선택할 것인가 아니면 축복을 선택할 것인가, 순종을 선택할 것인가 아니면 불순종을 선택할 것인가를 결정하여 선택하도록 선포하고 있습니다. 이스라엘 백성이 실패한 이유는 불순종을 선택했기 때문입니다. 불순종을 선택하여 실패를 당했습니다. 반대로 승리한 이유는 순종을 선택했기 때문입니다. 선택은 이렇게 우리의 생사화복을 결정하는 중요한 것입니다.

인격적인 하나님께서는 우리를 기계처럼 다루지 않고 우리에게 축복과 저주의 길을 놓아두고 순종과 불순종의 선택권을 남겨주셨습니다.

아담과 하와가 어떤 선택을 했는지 생각해봅시다. 에덴동산에서 금지했던 것이 선악과입니다. 에덴동산에는 선악과만 있었던 것이 아닙니다. 많은 과실들이 있었습니다. 하나만 금지했으니 거의 무한대의 자유함이었습니다. 그중에서 특히 생명나무도 있었습니다. 아담과 하와는 이 모든 것을 다 누릴 권리가 있었습니다. 그렇지만 그들은 금지한 하나를 선택하고 맙니다. 하나님의 말씀에 불순종하는 선택을 했던 그들은 하나님의 진노 가운데 놓이게 되어 결국 에덴동산에서 쫓겨나게 됩니다. 순종은 들어가도 복을 받고 나가도 복을 받습니다. 그러나 불순종은 들어가도 저주를 받고 나가도 저주를 받습니다. 우리는 결단하여 순종을 선택해야 합니다.

청종

마지막 회복의 수단은 '청종'입니다. 성경은 하나님의 말씀을 잘 귀담아듣는 것이 회복의 수단이라고 가르칩니다. 33절을 다시 보겠습니다.

"온 이스라엘과 그 장로들과 관리들과 재판장들과 본토인뿐 아니라 이방인까지 여호와의 언약궤를 멘 레위 사람 제사장들 앞에서 궤의 좌우에 서되 절반은 그리심산 앞에, 절반은 에발산 앞에 섰으니 이는 전에 여호와의 종 모세가 이스라엘 백성에게 축복하라고 명령한 대로 함이라."

백성들을 에발산과 그리심산으로 나누어 서게 한 후 하나님의 말씀을 통해서 축복과 저주를 낭독합니다. 언약궤는 두 산 한가운데인 세겜 골짜기에 있었습니다. 곧 언약궤를 중심으로 나뉘었다는 것입니다. 이것은 언약궤가 이스라엘 백성의 중심이라는 뜻입니다. 언약궤는 하나님의 임재를 뜻합니다. 그래서 이스라엘 백성이 행진할 때 언약궤를 앞장세워 행진하고, 언약궤를 중심으로 동서남북으로 진을 쳐서 머물렀습니다. 또한 언약궤를 메고 앞서가 요단강을 마르게 했으며, 요단강 중심에 언약궤를 놓아 이스라엘 백성이 요단강을 마른 땅처럼 건너가게 되었습니다. 곧 언약궤를 두 산 중심에 놓았다는 것은 우리 가운데 하나님이 계신다는 것을 의미합니다.

온전하게 회복되는 신앙의 삶을 살기 위해서는 내 삶의 한가운데에 하나님을 모시고 날마다 하나님께서 들려주시는 말씀을 청종해야 합니다. 주일학교 아이들이 부르는 찬양을 함께 부르다가 후렴 가사가 참으로 와 닿았습니다.

"내 마음의 한 자리 가장 귀한 그 자리,
주 오셔서 앉으소서 주님만 나의 보배,
내 마음의 한 자리 가장 귀한 그 자리,
주 오셔서 다스리소서 주님만 나의 영광"

('내 마음의 한 자리' 중에서)

회복의 삶을 살기 위해서는 내 마음과 삶의 가장 귀한 자리에 하나님께서 앉으시도록 해야 합니다. 내 마음을 하나님께서 다스리시도록 삶의 중심에 하나님을 왕으로 모실 수 있기를 축복합니다. 그래서 왕이신 하나님께서 날마다 하시는 왕의 음성을 귀담아들을 수 있기를 바랍니다. 축복의 말씀을 귀담아듣고, 저주의 말씀도 귀담아들어야 합니다. 그러면서 '그래, 나는 이러니까 저주받을 불순종의 모습을 버려야지. 축복이 이렇게 약속되어 있으니까 순종해야지' 하고 결단하기 바랍니다. 하나님의 말씀에 귀 기울일 때 우리의 삶이 언제나 축복의 자리에 세워질 것입니다.

하나님의 백성은 하나님의 음성을 들어야 합니다. 금년 한 해, 몇 권의 책을 읽겠다고 계획을 세우는 것은 매우 유익한 일입니다. 그런데 그것보다 더 중요한 것이 바로 성경을 일독하는 것입니다. 성경을 내 삶의 가장 소중한 것으로 여기며 날마다 말씀을 묵상해야 합니다. 1년에 성경일독을 한 번도 못하는 것은 부끄러운 것입니다. 마음속에 새겨진 성경구절이 하나도 없다면, 다른 사람에게 하나님의 말씀을 단 한 구절도 선물해본 적이 없다면, 그 삶이 하나님께서 기뻐하시는 삶이겠습니까? 하나님을 중심에 모시고 하나님의 말씀을 귀기울여 들어야 합니다. 하나님의 말씀인 성경을 늘 가까이해야 합니다. 하나님의 말씀을 청종하여 하나님의 복을 소유하는 자가 되기를 바랍니다.

12
적군의 전략
수 9:1~15

무리가 그들의 양식을 취하고는
어떻게 할지를 여호와께 묻지 아니하고
여호수아가 곧 그들과 화친하여 그들을 살리리라는
조약을 맺고 회중 족장들이 그들에게 맹세하였더라
(수 9:14-15)

기독교 사상가이자 변증가인 C. S. 루이스(C. S. Lewis, 1898~1963)의 『스크루테이프의 편지(The Screwtape Letters)』라는 책이 있습니다. 이 책의 주인공인 스크루테이프는 놀랍게도 악마입니다. 경험 많은 선배 악마 스크루테이프가 조카이자 풋내기 악마인 웜우드에게 인간을 유혹하는 방법에 관해 쓴 31통의 편지로 이루어져 있습니다. 역설적인 방식으로 쓴 이 책을 통해서 악마가 어떤 관심사를 가지고 인간을 유혹하는지 그들의 입장에서 생각해보게 됩니다. 악마의 입장에서 바라보면 인간이 얼마나 유혹에 쉽게 넘어가고 연약한지를 알게 되고 우리 자신이 얼마나 많은 위험 가운데 살아가고 있는지를 알게 됩니다.

호시탐탐 우리를 연구하여 넘어뜨리려는 마귀는 얼마나 악한 지혜를 가지고 있는지는 모릅니다. 에베소서 6장 11절에는 "마귀의 간계를 능히 대적하기 위하여 하나님의 전신 갑주를 입으라"고 하셨습니다. 간계(μεθοδεία, 메도데이아)란 계획에 따라 연구하는 것을 말하는 것으로 사탄의 음모나 계략의 치밀함을 보여줍니다. 그러니 우리가 하나님의 도우심을 받지 않고서는 능히 이길 수가 없습니다. 우리의 적군인 사탄의 전략을 살펴보고 어떻게 대응하는지를 아는 것은 영적 생활에서 필수적인 것입니다.

전쟁과 전략

인생을 무엇에 비유할 수 있을까요? 어느 가수는 우리 인생의 여행을 떠나자고 목이 터지도록 노래합니다. 그런데 지금까지 살아온 경험에 비추어보면 인생은 단지 여행이라고 말할 수 없습니다. 여행이라고 하면 무엇인가 신기하고 기분 좋은 여유를 꿈꾸게 되는데 살아가는 현실을 보면 그렇지 않습니다. 늘 긴장하며 쫓기듯이 하루하루를 살아냅니다. 왜 인생이 여행이 아닌 전쟁을 치르듯 하루하루 살아가는 것인지를 보면 우리의 인생에는 무거운 죄들이 있기 때문입니다. 죄 많은 우리 인생에는 끊임없이 죄와 투쟁하며 분투하는 싸움이 벌어지기 때문입니다. 투쟁을 멈추고 여행하듯이 여가를 즐길 수 없습니다. 죄는 끊임없이 유혹하기 때문에 우리는 그 싸움에서 어떻게 하든 죄에 침몰되지 않으려고 몸부림쳐야 합니다. 그래서 산다는 것은 여행이 아니고 전쟁이라고 말할 수 있습니다.

전쟁은 승패가 납니다. 승리가 늘어가고 패배가 줄어들면 그 삶은 성공한 삶이라고 말할 수 있습니다. 그러나 패배가 늘어가고 승리가 줄어들면 그 생활은 대단히 힘들고 고통스러울 수밖에 없습니다. 그렇다면 승리하는 데 무엇이 필요할까요? 바로 전략입니다. 축구 시합을 이겼을 때 선수들이 잘 싸웠다고 칭찬하면서 감독의 전략이 타고났다고 이야기합니다. 어떤 전략을 세우느냐에 따라 승리와 패배가 결정됩니다. 승리를 판가름하는 것은 전략입니다. 우리 그리스도인의 삶에도 반드시 전략이 필요합니다.

우리 인생에서 경험하는 한 번의 승리가 연속적 승리를 보장하지는 않습니다. 한 번의 패배로 인생이 끝나버리는 것도 아닙니다. 이스라엘 백성은 승리와 패배를 교차하며 경험했습니다. 우리 인생도 마찬가지입니다. 우리가 관심 있는 것은 승리의 비율을 높여가는 것입니다. 영적인 세계에서도 승리를 위한 전략이 필요합니다.

하나님은 위대한 전략가입니다. 요단을 건널 때도, 여리고성과 아이성을 점령할 때도 이스라엘 백성에게 하나님께서 전략을 세워주셨습니다. 그리고 전략대로 순종했을 때 항상 승리가 뒤따랐습니다. 하나님이 탁월한 전략가라면 하나님의 백성인 우리가 세상에서 승리하는 삶을 살기 위해 하나님께서 주시는 승리의 전략이 필요합니다. 그런데 우리는 하나님의 전략을 품는 일에 굉장히 약합니다. 세상을 살면서 자신의 지혜와 능력으로 극복하려고 애를 씁니다. 그런데 자신의 미래와 형통함을 위해서 날마다 배우고 전략도 세우고 머리를 굴리며 많은 시간을 보내지만, 정작 자신의 영혼은 등한시하거나 그리스도인으로서 세상 가운데 어떻게 살 것인가에 대한 전략에는 별로 관심을 갖지 않습니다.

하지만 사탄은 실제로 전략을 세웁니다. 사탄은 능한 전략가입니다. 사탄은 '우는 사자'요, '간교한 뱀'으로 묘사됩니다. 특별히 우는 사자의 울음소리보다 간교하게 스치며 지나가는 뱀을 더욱 경계해야 합니다. 우렁찬 사자의 울음소리가 들릴 때는 피하고 도망할 수 있지만 은밀하게 소리 없이 파고 들어오는 간교한 뱀의 전략은 어떻게 막아내지도 못하고 패배하는 경우가 많기 때문입니다. 에덴동산에서 아담과 하와도 우는 사자의 울음소리 때문에 패배한 것이 아니라 소리 없이 찾아온 뱀의 전략에 넘어갔습니다. 그래서 창세기 3장에서 뱀에 대해 '간교하다'고 표현합니다. 이것은 부정적인 의미로 '굉장히 교활하다'는 뜻이지만 긍정적으로는 '굉장히 지혜롭다'는 뜻입니다. 사탄은 매우 탁월한 전략가입니다. 그렇다면 사탄이 그리스도인을 공략하기 위해 어떤 전략을 세우고 공격하는지를 주의해야 합니다. 여호수아 9장에서 사탄의 전략을 살펴볼 수 있습니다.

담합 전략

사탄은 담합전략을 씁니다. 세상은 늘 힘을 가지고 모든 것을 정복하려고 합니다. 그런데 성경은 하나님을 붙잡는 하나님의 능력으로 이긴다고 가르칩니다. 이스라엘 백성이 계속 승리의 개가를 부르며 진군해온다는 소식을 가나안 사람들이 듣습니다. 이 소식을 듣고 그들이 취한 행동이 무엇일까요? 1~2절을 보겠습니다.

"이 일 후에 요단 서쪽 산지와 평지와 레바논 앞 대해 연안에 있는 헷 사람과 아모리 사람과 가나안 사람과 브리스 사람과 히위 사람과 여부스 사람의 모든 왕들이 이 일을 듣고 모여서 일심으로 여호수아와 이스라엘에 맞서서 싸우려 하더라."

가나안 사람들은 담합(談合)하여 힘을 모았습니다. 이들은 가나안에 살고 있는 다른 족속들입니다. 지금까지 족속 간에 경계를 그어 놓고 서로 반목하며 팽팽한 긴장의 끈을 놓지 않았던 사람들입니다. 이렇게 대립하던 족속들이 이스라엘을 공격하기 위해 모든 이해관계를 뛰어넘어 대동단결합니다. 이것이 세상이 그리스도인들을 공격하는 전술이고, 마귀가 그리스도인을 넘어뜨릴 때 쓰는 방법입니다.

사탄은 성도의 승리, 축복, 형통함을 절대 수수방관하지 않습니다. 우리가 은혜 가운데 머물러 있을 때, 하나님의 복을 받아 잘 되어간다고 생각할 때, 사탄은 전심전력해서 우리를 향해 총공격한다는 사실을 기억해야 합니다.

그런데 우리는 사탄의 전략을 이해하지 못하고 내가 높아지고 많은 것들을 누리며 잘 나가게 되면 오히려 투쟁을 멈추려고 합니다. 성경은 하나님의 축복을 누리는 것과 세상을 향한 투쟁은 항상 함께해야 한다는 것을 가르칩니다. 우리가 세상에서 소위 잘 나갈 때 사탄은 총공세를 펼칩니다. 그런데 우리는 이만큼 잘 나가고 풍성히 가졌으니까 투쟁이 끝이라고 착각합니다. 바로 그때 넘어지는 것입니다. 그래서 성경은 "선 줄로 생각하는 자는 넘어질까 조심하라"(고전 10:12)고 가르칩니다.

승리의 순간에 사탄이 담합하여 공격해온다는 사실을 기억해야 합니다. 우리는 약하고 힘이 없을 때 오히려 사탄의 공격에 더 민감하게 반응하며 경계합니다. 하나님을 붙들고 있기 때문입니다. 그렇지만 우리가 가진 것으로 살 수 있겠다 싶을 때 패배를 경험합니다. 사탄은 그때 담합해서 총공세를 퍼붓기 시작합니다. 그런데 우리는 경계하지 않고 투쟁을 멈춥니다. 그러니 넘어지고 쓰러질 수밖에 없습니다.

교회도 마찬가지입니다. 교회가 하나님의 복을 누리며 부흥하고 별 문제가 없다고 생각할 때 넘어지는 경우가 많습니다. 특히 교회를 향해 총공세를 퍼붓는 세상의 단결된 모습을 볼 때가 있습니다. 그들은 한결같이 성경을 부정하고 교회를 파괴하려 합니다. 인터넷을 검색하거나 유투브에 들어가 보면 기독교를 기독교라고 부르지 않습니다. 하나님을 하나님이라고도 부르지 않습니다. 입에 차마 담을 수 없는 비하적인 표현과 욕설로 총공세를 퍼붓고 있습니다. 그런데도 우리 그리스도인들은 세상을 향해 대항할 용기가 없는 경우가 많습니다. 우리를 공격하는 적의 전략을 기억해야 합니다. 승리했다고 자만하지 마십시오. 영적 긴장의 끈을 놓지 말아야 합니다. 사탄은 우리가 승리했기에 오히려 담합하여 공격한다는 사실을 잊지 말아야 합니다.

속임 전략

사탄은 속임 전략을 씁니다. 우리를 기만하고 속이는 것입니다. 속임 전략은 매우 효과적일 때가 많습니다. 이스라엘을 공격하기 위해 가나안 족속들이 먼저 이스라엘 백성에게 접근합니다. 그들은 연기를 하며 화친하자고 접근하여 백성들을 속였습니다. 3~6절을 보겠습니다.

"기브온 주민들이 여호수아가 여리고와 아이에 행한 일을 듣고 꾀를 내어 사신의 모양을 꾸미되 해어진 전대와 해어지고 찢어져서 기운 가죽 포도주 부대를 나귀에 싣고 그 발에는 낡아서 기운 신을 신고 낡은 옷을 입고 다 마르고 곰팡이가 난 떡을 준비하고 그들이 길 갈 진영으로 가서 여호수아에게 이르러 그와 이스라엘 사람들에게 이르되 우리는 먼 나라에서 왔나이다 이제 우리와 조약을 맺읍시다 하니."

기브온 주민은 가나안에 있는 족속입니다. 그런데 거짓말로 먼 나라에서 왔다고 속입니다. 먼 나라에서 온 것처럼 거짓으로 꾸몄습니다. 먼 길을 온 사신처럼 옷을 입고, 신발도 해진 것을 신고, 물병도 물이 마른 것처럼, 떡도 오래되어 말라비틀어져 곰팡이가 핀 떡을 챙겼습니다. 누가 봐도 먼 길을 왔다고 느낄 정도로 꾸몄습니다. 그리고 이스라엘 백성에게 찾아가 '우리는 먼 나라에서 왔다'고 거짓으로 속입니다.

사탄은 이렇게 사실을 왜곡하고 거짓으로 바꿔 우리를 공략합니다. 사탄이 자기 모습 그대로 온다면 많은 사람이 무서워서 피할 것입니다. 그들은 사탄이 아닌 것처럼 옵니다. 오히려 광명의 천사로 가장하여 옵니다. 고린도후서 11장 14절에서 "이것은 이상한 일이 아니니라 사탄도 자기를 광명의 천사로 가장하나니"라고 했습니다. 사탄인 줄 알면 도망가든지 싸우든지 하겠는데 아닌 것처럼 찾아오는 것입니다. 그들은 속임으로 유혹하고 죄를 짓게 합니다. 사실을 왜곡하고 거짓을 참으로 바꾸어 알도록 설득하는 것이 악한 자들의 전략입니다.

우리가 사는 세상을 보면 이것이 현실임을 보게 됩니다. 거짓이 참인 것처럼 사탕 같은 달콤한 논리로 말할 때 사람들은 깜박 속아 넘어갑니다. 수려한 말로 거짓을 참인 것처럼 말하기 때문에 그렇습니다. 현재 사회에서 리더 자리에 있는 많은 분들이 50대입니다. 이분들은 학교에서 비판적 지성을 배웠습니다. 무엇인가를 비판하고 파고드는 것이 바른 지성이라고 배웠습니다. 살면서 무엇인가 비판하여 바라볼 필요는 있습니다. 그렇지만 사사건건 늘 비판하는 것만이 지성이 있는 것이고 비판하지 않으면 철학도, 가치관도 없는 사람처럼 여깁니다. 그래서 사람을 선동하고 사람을 부추기고 좌우를 가르고 상하를 나눕니다. 사회적 갈등을 조장하기도 합니다. 진리가 무엇인지 중요한 게 아니고 사람을 설득하여 효과적으로 선동하기도 합니다.

이스라엘과 화친하러 온 기브온 사람의 말을 들으면 자신들이 처한 현실은 싹 감추고 있습니다. 지금 이들은 '당신들 때문에 우리가 여리고에서 졌습니다. 아이성에서 패했습니다'라는 말을 전혀 하지 않습니다. 오히려 그들은 '우리는 먼 나라에서 왔기 때문에 세상이 어떻게 돌아가는지 전혀 모릅니다' 하고 다가왔습니다. 이스라엘 백성들은 거기에 속았습니다.

"그들이 여호수아에게 이르되 우리는 당신의 종들이니이다 하매 여호수아가 그들에게 묻되 너희는 누구며 어디서 왔느냐 하니"(수 9:8).

어떻게 이들이 종들입니까? 가나안의 원주민, 즉 가나안의 주인이라고 말해야 합니다. 그런데 이들은 '우리는 당신의 종'이라고 아첨을 합니다. 비굴하게 아첨하면서 상대방을 공략하는 것입니다. 혹시 우리도 세상에서 이런 전략을 가지고 비굴함과 아첨으로 어떻게든 살아남아 보려고 몸부림치고 있지는 않습니까? 성도이면서도 성도라는 신분을 숨긴 채 세상에 납작 엎드리며 살아남아 보려고 애쓰고 있지 않습니까? 이것은 잘못된 것입니다.

"우리의 이 떡은 우리가 당신들에게로 오려고 떠나던 날에 우리들의 집에서 아직도 뜨거운 것을 양식으로 가지고 왔으나 보소서 이제 말랐고 곰팡이가 났으며"(수 9:12).

그들은 천연덕스럽게 거짓말을 합니다. 뜨거운 양식을 들고 출발했는데 먼 길을 걷고 오느라 다 말랐고 심지어 곰팡이가 났다고 말합니다. 이 말을 들은 여호수아가 얼마나 마음에 동요가 생기는지 모릅니다. 9절을 보십시오.

"그들이 여호수아에게 대답하되 종들은 당신의 하나님 여호와의 이름으로 말미암아 심히 먼 나라에서 왔사오니 이는 우리가 그의 소문과 그가 애굽에서 행하신 모든 일을 들으며."

그들은 "당신의 하나님 여호와의 이름으로 말미암아"라고 하면서 '우리는 당신들이 믿는 하나님을 경배합니다, 당신들이 믿는 하나님의 위대하심을 우리도 믿습니다'라고 이야기하고 있습니다. 이처럼 사탄은 영적인 가면을 쓰면서 우리를 공격합니다. 이것이 바로 이단의 특징입니다. 들어간다고 협박하는 게 아니라 가만히 자연스럽게 들어옵니다. 사탄의 전략에 언제 걸려드는지도 모르고 걸려드는 것입니다. 뱀은 소리 없이 들어옵니다. 그래서 늘 경각심을 갖고 적의 전략에 대해 대비해야 하는 것입니다.

대비란 다른 게 아니라 더 잘 믿고 더 바르게 믿어야 하는 것입니다. 요한복음 8장 44절은 "너희는 너희 아비 마귀에게서 났으니 너희 아비의 욕심대로 너희도 행하고자 하느니라 그는 처음부터 살인한 자요 진리가 그 속에 없으므로 진리에 서지 못하고 거짓을 말할 때마다 제 것으로 말하나니 이는 그가 거짓말쟁이요 거짓의 아비가 되었음이라"고 말씀합니다. 마귀는 속이는 자이며 거짓말쟁이입니다. 속이려고 달려드는 자는 적극적입니다. 마지막 때에는 이 속임이 더 성행한다고 경고합니다.

"악한 사람들과 속이는 자들은 더욱 악하여져서 속이기도 하고 속기도 하나니"(딤후 3:13).

마지막 때에는 온통 거짓이 난무할 것입니다. 그 속에서 우리가 성도로 살아가고 있음을 알아야 합니다.

참인지 거짓인지조차 가려낼 수 없는 영적 무감각에 빠져 있는 것은 절망적인 상태입니다. 속이고 거짓을 일삼는 것이 세상을 사는 방법이라는 말에 암묵적으로 동의하며 산다면 더더욱 큰일입니다. 세상은 평등, 인권이라는 미명으로 죄를 용납하도록 우리를 속일 때가 많습니다. 영적으로 더욱 민감하고 정신을 차려야 합니다.

화친 전략

사탄은 화친 전략을 씁니다. 거짓과 속임뿐만 아니라 '화친 전략'으로 우리를 넘어지게 합니다. 6절을 보겠습니다.

"그들이 길갈 진영으로 가서 여호수아에게 이르러 그와 이스라엘 사람들에게 이르되 우리는 먼 나라에서 왔나이다 이제 우리와 조약을 맺읍시다 하니."

사실 가나안 족속들은 이스라엘 백성과 싸워서는 안 됩니다. 하나도 득이 되는 게 없습니다. 지금 이스라엘은 연전연승하고 있기 때문입니다. 그래서 화친하자는 전략을 세운 것입니다.

"이스라엘 사람들이 히위 사람에게 이르되 너희가 우리 가운데에 거주하는 듯하니 우리가 어떻게 너희와 조약을 맺을 수 있으랴 하나 그들이 여호수아에게 이르되 우리는 당신의 종들이니이다 하매 여호수아가 그들에게 묻되 너희는 누구며 어디서 왔느냐 하니"(수 9:7~8).

이들은 경계심을 풀게 하고 화친하자고 합니다. 전쟁을 하지도 않았는데 '우리가 졌다'고 말하며 엎드리는 척합니다. 잘 지내자고, 싸우지 말고 평안히 지내자고 합니다. 성도들 안에서 이런 말을 하는 경우가 있습니다.

"예수를 믿어도 융통성을 가져라. 그렇게 사는 것도 좋은데 세상을 살려면 너무 광적으로 믿으면 안 된다. 한쪽으로 치우치지 마라. 상식적으로 믿어라."

이런 말을 들을 때마다 무식하고 비성적인 사람인 것처럼 오해받기 싫어서 함께 어울려 융통성을 부립니다. 진리를 흔들어 무너뜨리고, 세상의 방법으로 살아가는 게 옳은 것처럼 행동합니다. 그런데 거대한 댐을 무너지게 하는 것은 조그마한 틈입니다. 융통성 있는 것이 처음에는 옳은 것처럼 보이지만 그것이 올무가 되어버립니다. 세상의 덫에 걸리면 성도로서 힘을 쓸 수 없으며 하나님의 능력을 덧입을 수 없습니다.

자연스럽게 화친하여 다가오는 사탄의 전략을 경계하지 않으면 당하는 줄도 모르고 당하게 됩니다. 이러한 적들의 전략 앞에 무너지는 이스라엘을 보십시오. 14~15절입니다.

"무리가 그들의 양식을 취하고는 어떻게 할지를 여호와께 묻지 아니하고 여호수아가 곧 그들과 화친하여 그들을 살리리라는 조약을 맺고 회중 족장들이 그들에게 맹세하였더라."

이스라엘 백성은 화친 전략에 넘어가 하나님께 묻는 것을 잃어버렸습니다. '잊어버렸다'고 하지 않고 '잃어버렸다'고 표현한 것은, 이스라엘 백성이 여호와께 물을 수 있었음에도 불구하고 '의도적으로' 묻지 않았다는 것을 강조하기 위함입니다. 그들은 어쩌면 하나님께 물어보기 싫었을 것입니다. 허락해주지 않을 거란 생각에 묻지 않았을 수도 있습니다.

우리가 적들과 화친하여 마음을 열어두는 순간 하나님께 묻고자 하는 마음을 빼앗깁니다. 사탄에게 틈을 주는 순간 자신도 모르게 하나님께서 원하시는 곳과 전혀 다른 곳에 있게 됩니다. 매주 교회에 다니고 스스로 기독교인이라고 밝히며 살았지만 사탄의 전략에 자신도 모르게 빠져버려 적진 깊이 포로가 되어 있다는 것도 모르고 살아갑니다. 한참 후에야 내가 여호와께 묻지 않고 살았다는 것을 깨닫게 됩니다.

묻고 구하는 것

우리 자신을 돌아봅시다. 오늘 하루를 살면서 내가 어떻게 살아야 하는지 하나님께 물어보았는지, 지난 한 주간 동안 살면서 하나님의 뜻을 얼마나 구하며 살았는지 돌아보아야 합니다. 내가 해야 할 일 가운데 어떤 일들이 하나님께 영광이 되는 일인지, 내가 만나는 사람이 만나야 할 사람인지 교제를 끊어야 할 사람인지 물어보는 일에 게을러서는 안 됩니다. 이스라엘 백성은 요단을 건널 때 하나님께 묻고 그 소리에 순종하며 강을 건넜습니다. 여리고를 점령할 때도 마찬가지였습니다. 그러나 아이성 전투에서는 여호와께 묻지 않았고, 그래서 패배했습니다.

우리가 똑똑한 줄 알고 하나님께 묻는 것을 생략하고 마음 가는 대로 판단하고 행동한다면 이 어리석은 습성으로 인해 교회와 가정,

자신을 무너지게 만들 수 있습니다. 하나님께 묻고 기도해야 합니다. 말씀을 통해 판단 기준을 세우고, 기도를 통해 성령께서 들려주시는 음성을 들으려고 애써야 합니다. 하나님과 동행하는 자는 실패가 있더라도 다시 일어서며, 이기는 자들은 전에 입었던 상처까지도 유익한 경험이 됩니다. 말씀과 기도로 사탄의 교묘한 속임수를 분별하며 매 순간마다 승리하는 자가 되어야 합니다.

13
우리의 최선과 여호와의 도움

수 10:6~15

……여호수아가 여호와께 아뢰어
이스라엘의 목전에서 이르되
태양아 너는 기브온 위에 머무르라
달아 너도 아얄론 골짜기에서 그리할지어다 하매
(수 10:12)

고대에 태양과 달은 최고의 우상숭배 대상이었습니다. 각 나라의 신화에는 태양과 달에 대한 신화 이야기들로 가득합니다. 태양과 달만큼 변함없이 운행하며 강력한 빛과 에너지를 뿜어내는 존재가 세상에 없기 때문일 것입니다. 다른 모든 것들도 이들의 영향력 아래 움직이고 있는 것처럼 보였을 것입니다. 그런데 만물을 창조하신 하나님께서는 주권적으로 자연 질서를 바꾸기도 하시고 자신의 뜻대로 역사하시는 전능자이십니다. 이러한 전능자의 도움을 받는 우리는 아무런 일도 하지 않은 채 하늘만 바라보는 자가 되어서는 안 되고, 하나님께서 주시는 능력으로 최선을 다해 일을 해야 합니다.

기브온 사람들이 가나안에 살면서도 먼 곳에서 온 것처럼 여호수아를 속이고 동맹을 맺은 이유는 이스라엘 군대가 얼마나 강한지 잘 알았기 때문입니다. 이스라엘 백성이 마침내 가나안 땅을 정복할 것을 알았기 때문에 속이면서까지 동맹을 맺었습니다. 기브온이 이스라엘 군대와 동맹을 맺었다는 소식이 주변에 퍼지게 되었습니다. 그랬더니 이제 가나안 주변 지역의 족속들이 더욱더 불안해졌습니다. 모두가 힘을 합해도 이스라엘 군대를 이길 수 없다는 생각을 하고 있었는데 기브온이 배반했다는 소식을 들으니 얼마나 불안했겠습니까. 그래서 아모리 족속의 다섯 왕이 동맹을 맺고 이스라엘과 동맹한 기브온을 공격합니다. 그러자 기브온이 급하게 이스라엘을 찾습니다. 이때를 위해 우리가 이스라엘과 동맹을 맺은 것이라고 즉시로 여호수아에게 도움을 요청합니다. 그래서 여호수아가 군대를 이끌고 기브온 전투에 참여합니다. 8절에서 하나님께서 말씀하십니다.

"그때에 여호와께서 여호수아에게 이르시되 그들을 두려워하지 말라 내가 그들을 네 손에 넘겨주었으니 그들 중에서 한 사람도 너를 당할 자 없으리라 하신지라."

여호수아가 군대를 이끌고 길갈에서 기브온 전투를 위해 출진할 때 여호와께서 승리를 약속하시니 사기가 충천합니다. 8~12절까지 계속해서 매 절마다 '여호와께서' 주어가 되어 전쟁을 이끌어 가십니다. 그리고 하나님께서 이스라엘 백성을 대신하여 싸워주시는 인상적인 사건이 나옵니다.

태양과 달에 선포하는 믿음

이스라엘 백성들이 여리고를 함락하고 아이성을 정복할 때 여호와께서 친히 전장에서 이스라엘을 위해서 싸우셨다는 직접적인 기록은 없습니다. 그런데 10장의 전투에서는 여호와의 신이 전장 한복판에서 이스라엘 백성을 위하여 싸우시는 모습으로 등장합니다. 심지어는 여호와께서 전장의 한복판에서 이들을 위하여 기적을 베풀면서 싸워주십니다. 전에도 물론 하나님께서 하셨습니다. 그러나 지금까지는 땅의 것을 통해서 일어난 기적이었다면 이제는 하늘의 세계에서 이루어지는 기적으로 나타납니다. 12절입니다.

"여호와께서 아모리 사람을 이스라엘 자손에게 넘겨주시던 날에 여호수아가 여호와께 아뢰어 이스라엘의 목전에서 이르되 태양아 너는 기브온 위에 머무르라 달아 너도 아얄론 골짜기에서 그리할지어다 하매."

승리를 하고 있던 여호수아가 하나님을 향해 기도하면서 동시에 백성들 눈앞에서 선포하고 있습니다.

'하나님! 저 이글거리는 태양이 기브온 위에 머물게 해주십시오. 달은 아얄론 골짜기에 멈추게 해주십시오. 전쟁을 하는 동안 태양도 지지 않고, 달도 뜨지 않게 해주십시오.'

놀라운 기도입니다. 아무도 감히 드리기 힘든 천계를 움직여달라는 기도를 간구할 뿐 아니라 선포하고 있습니다. 이 장면에서 세상 사람에게는 무모하게 보이지만 마침내 기적을 이루어낸 이스라엘 백성의 믿음을 보게 됩니다. 하나님과 동행함으로써 얻은 승리의 경험은 하나님께 대한 신뢰가 쌓이게 되어 점점 견고한 믿음으로 변화된 것입니다. 요단강을 가르게 하셨던 하나님이 우리의 하나님이며, 여리고성을 함락시켜주셨던 하나님이 우리의 하나님이라면, 하늘에 있는 저 태양도 멈추실 수 있고 달도 그 자리에 머무르게 하실 수 있다는 믿음이 있었던 것입니다.

여호수아의 기도를 보면서 과연 우리의 믿음은 어디에 머물고 있는지를 돌아보게 됩니다. 단지 나의 모든 생활을 책임져 달라고 기도하면 응답해주신다는 소박한 수준에 머물러 있지는 않은지 되돌아봅니다. 오랫동안 예수님을 믿고 교회에서 온갖 일들을 다 감당해도 믿음이 자라나지 않는다면 배고플 때 빵을 구해 허기를 채우는 정도의 믿음이요, 병들어서 고통을 당할 때 그 병에서 고침을 받으려는 믿음의 자리에만 머물게 됩니다.

우리에게도 여호수아처럼 상상할 수도 없는 기적으로 응답하실 하나님의 능력을 믿는 믿음의 증폭이 있으면 좋겠습니다. 하늘의 태양과 달을 뜻대로 운행하시는 하나님의 능력에 대한 절대적인 신뢰, 의존하는 믿음이 있다면 그 자리가 바로 가나안의 풍요로움을 누리는 자리가 될 것입니다.

"여호와께서 사람의 목소리를 들으신 이 같은 날은 전에도 없었고 후에도 없었나니 이는 여호와께서 이스라엘을 위하여 싸우셨음이니라"(수 10:14).

이 선포에 여호와께서 친히 이스라엘을 위하여 싸우셨다고 성경이 증언합니다. 하나님께서 대신 싸우신다면 요단강이 갈라지는 정도가 아니라, 여리고성이 무너지는 정도가 아니라, 태양이 멈추고 달이 멈추는 놀라운 역사가 일어납니다. 하나님께서 돕는 자가 되시면 상상할 수 없는 기적이 일어납니다. 11절은 계속해서 말씀합니다.

"그들이 이스라엘 앞에서 도망하여 벧호론의 비탈에서 내려갈 때에 여호와께서 하늘에서 큰 우박 덩이를 아세가에 이르기까지 내리시매 그들이 죽었으니 이스라엘 자손의 칼에 죽은 자보다 우박에 죽은 자가 더 많았더라."

하나님께서 돕는 자가 되어 전장의 한복판에서 싸워주시니까 '이스라엘 자손의 칼에 죽은 자보다 하나님께서 내리신 우박에 죽은 자가 더 많게 된 것'입니다. 하나님께서 도우시면 모든 전쟁과 모든 상황은 끝이 납니다. 하나님은 언제 이렇게 돕는 자가 되어 우리를 위하여 싸워주시는가에 대해 7~8절은 말씀합니다.

"여호수아가 모든 군사와 용사와 더불어 길갈에서 올라가니라 그 때에 여호와께서 여호수아에게 이르시되 그들을 두려워하지 말라 내가 그들을 네 손에 넘겨주었으니 그들 중에서 한 사람도 너를 당할 자 없으리라 하신지라."

바로 출전하는 '그때에' 여호수아에게 하나님께서 말씀하심으로 이루어진 것입니다. 하나님께서 언제 우리를 돕는 자가 되시는가 하면 여호수아가 모든 군사와 용사를 데리고 출전할 때, 즉 우리가 최선을 다하고 있을 때입니다. 우리가 최선을 다하고 있을 때 하나님께서 우리를 도우십니다.

믿는 자의 최선

'우리의 최선'이란 말을 오해하지 말아야 합니다. '우리의 최선'이란 전적으로 하나님을 신뢰하고 그 명령에 절대적으로 순종하려는 태도를 말합니다. 바로 그때 하나님께서 우리를 위해 대신 싸우는 자가 되어주십니다. 그런데 자신의 약점에 주목하느라 최선을 다하지 않고 하나님께서 우리 대신 싸워주시기만 기대하는 경우가 있습니다. 자신의 할 일을 하지 않은 채 하늘만 바라보는 경우가 있습니다. 어떤 이들은 '최선을 다하는 것은 믿음이 없기 때문이다'라고 말하며 안방에 에어컨 틀어놓고 가만히 앉아 있으면서 '하나님은 능력이 많으시잖아요? 가서 역사해주세요. 하나님이 해주세요'라고 말하기도 합니다. 그런데 하나님의 능력은 택한 백성들이 최선을 다할 때 나타납니다. 이 사실을 성경이 증언합니다.

가나안 정복 사건들을 살펴보면 모두 동일합니다. 요단강을 건널 때 여호수아가 아침에 일찍 일어나 백성들을 데리고 갔다고 기록합니다. 여리고성을 무너뜨릴 때도 하나님의 명령에 따라 매일 하루에 한 바퀴씩 돌았습니다. 즉 이들은 하나님을 온전히 신뢰하고 그 말씀에 전적으로 순종하여 행했습니다. 다른 말로 이스라엘 백성은 자신이 할 일을 최선을 다해 이행했습니다. 하나님을 의지하고 신뢰하며 최선을 다하는 것이 믿음이지, 자신이 할 일은 하지 않은 채 하나님께 모든 것을 미루는 것이 믿음이 아니라는 것입니다. 하나님을 믿고 최선을 다할 때 하나님께서는 열심히 우리를 위해 싸우십니다.

"모든 백성이 평안히 막게다 진영으로 돌아와 여호수아에게 이르렀더니 혀를 놀려 이스라엘 자손을 대적하는 자가 없었더라"(수 10:21).

모든 백성이 진영으로 평안히 돌아왔을 뿐 아니라 주변 족속들이 혀를 놀려 이스라엘 자손을 대적하는 자가 없게 되었습니다. 칼을 들어 이스라엘을 대적하는 것은 이제 상상도 못할 일이 되어 버렸습니다. 하나님께서 함께하여 싸워주시면 이런 결과가 나타납니다.

그런데 불행히도 우리의 모습은 반대인 경우가 많습니다. 세상 사람들은 정신없이 교회를 향해 혀를 놀리며 자기 마음 내키는 대로 말합니다. 우리에게 하나님께서 도우시는 모습이 보이지 않기 때문입니다. 물론 불신앙의 눈에 하나님의 역사가 잘 안 보이는 것이 사실이지만, 본문의 가나안 민족들의 모습이 오늘 우리 시대에도 재현되기를 간절히 바랍니다. 그리고 하나님을 믿는다고 하면서 거룩과 성결의 삶을 위해 최선을 다하지 않을 때, 하나님의 사람답게 삶의 자리에서 최선을 다하지 않을 때, 시간 날 때만 억지로 예배 흉내를 내기 때문에 성경을 가지고 다니나 하나님께서 내게 주시는 말씀으로 읽어보고 맛본 경험이 없을 때 세상이 우리를 만만히 본다는 것을 알자는 것입니다.

우리가 얼마나 높은 자리에 있는지, 얼마나 많이 배웠는지, 이런 것들이 우리의 참 승리를 보여주는 것이 아닙니다. 세상의 어느 한쪽 귀퉁이에 초라하고 보잘것없는 존재로 있다고 해도 세상이 혀를 놀려 함부로 말할 수 없는 사람, 그 사람이 진짜 승리자입니다. 하나님께서 도우시고 대신 싸워주심을 보여주기 때문입니다.

다섯 왕 : 발견하고 봉쇄하라

이스라엘 백성이 어떤 모습으로 최선을 다하는지 몇 가지로 살펴보겠습니다. 17~18절 말씀은 한 사건을 이야기합니다.

"어떤 사람이 여호수아에게 고하여 이르되 막게다의 굴에 그 다섯 왕들이 숨은 것을 발견하였나이다 하니 여호수아가 이르되 굴 어귀에 큰 돌을 굴려 막고 사람을 그 곁에 두어 그들을 지키게 하고."

다섯 왕은 이스라엘을 대적하는 사람들의 우두머리들입니다. 이들이 한 굴에 숨어 있는 것을 한 사람이 발견하고 여호수아에게 알립니다. 그때 여호수아는 이들을 봉쇄하여 도망치지 못하게 합니다. 그리고 전쟁을 치르니 승리하게 되었습니다. 왕이 사라진 병사들이 무슨 힘을 쓸 수 있겠습니까?

우리는 적군이 누군지 알고 어디 있는지 발견해서 활동하지 못하도록 봉쇄하는 일을 해야 합니다. 많은 경우 똑같은 실수로 실패를 반복합니다. 하나님의 도움을 구하는 기도는 많이 드리지만 무엇이 나를 패배하게 만드는지, 무엇이 내가 하나님의 사람으로 살아가는 데 걸림돌이 되는지, 무엇이 나의 기도를 가로막는지, 무엇이 하나님의 말씀을 붙들지 못하게 하는지에 대하여 무지할 때가 많습니다. 그렇게 실패가 반복되면 낙심하여 믿음생활이 오히려 후퇴하기도 합니다. 성경은 적군을 발견해서 봉쇄하는 것이 승리의 비결이라고 말씀합니다.

먼저 무엇이 나를 무너지게 하는지를 발견해야 합니다. 어떤 사람은 성격 때문에 무너집니다. 절제하지 못하는 감정 때문에 실수가 반복됩니다. 그래서 결국 무너져 가나안을 누리지 못합니다. 다짐을 하지만 시간이 지나면 똑같은 일에 미혹을 받아 다시 넘어집니다. 그런데도 우리를 넘어지게 하는 것이 무엇인지 발견하지 못하고, 아니 발견하려고 하지 않고 우리는 계속 똑같이 송구영신예배 때 이기겠노라 결심만 합니다. 우리를 넘어지게 하는 적군을 발견하고 봉쇄하는 과정을 놓치지 말아야 합니다. 적군을 발견하고 그 적군이 활동하지 못하도록 봉쇄하는 일에 최선을 다하면 하나님께서 돕는 자가 되어 우리를 위해 싸워주실 것입니다.

다섯 왕 : 끌어내어 밟으라

여호수아는 가나안의 다섯 왕은 그냥 내버려두지 않았습니다. 전쟁에 승리한 후 여호수아는 이스라엘 백성에게 명령하여 왕들이 갇혀 있던 돌문을 열게 합니다. 그 굴속에 있는 왕들을 끌어냈습니다.
"그때에 여호수아가 이르되 굴 어귀를 열고 그 굴에서 그 다섯 왕들을 내게로 끌어내라 하매"(수 10:22).
"그 왕들을 여호수아에게로 끌어내매 여호수아가 이스라엘 모든 사람을 부르고 자기와 함께 갔던 지휘관들에게 이르되 가까이 와서 이 왕들의 목을 발로 밟으라 하매 그들이 가까이 가서 그들의 목을 밟으매"(수 10:24).
지휘관들을 시켜 가까이 가서 그 왕들의 목을 발로 밟으라고 말합니다. 그 이유가 25절에 나옵니다.

"여호수아가 그들에게 이르되 두려워하지 말며 놀라지 말고 강하고 담대하라 너희가 맞서서 싸우는 모든 대적에게 여호와께서 다 이와 같이 하시리라 하고."

여호수아는 이 일을 통해 지휘관들을 강하게 훈련시켰습니다. '너희가 싸우면 하나님의 능력이 이렇게 나타난다. 지금 왕들의 목을 밟은 것처럼 너희는 이기게 된다. 그러니까 두려워하지 말고 강하고 담대하라. 가나안 족속에게 전면전을 선포하라'고 말입니다. 우리의 최선이란 하나님께서 이기게 하실 줄 믿고 가만히 있는 것이 아니라 적의 목을 밟고 적들과 전면전을 선포하는 일입니다. 용기를 내어 전장에 적극적으로 참여하라는 것입니다.

행함이 없는 믿음은 게으른 믿음이며, 더 나아가면 죽은 믿음이 됩니다. 적들을 그대로 둔 채 더 좋은 직장, 더 높은 자리, 더 편안 생활을 추구하면 그때부터는 적군이 놓아주지 않습니다. 하나님께 받아서 누리려고 하면 사탄이 옆에서 평화를 깨뜨려 누리지 못하게 방해합니다. 그러므로 이제는 적군을 두려워하지 말고 적의 목을 밟고 담대하게 가나안 전쟁을 선포해야 합니다.

우리 가운데 아직도 숨겨놓은 죄가 있다면 버려야 합니다. 해결해야 할 것은 해결해야 합니다. 그대로 두면 화가 됩니다. 뒤로 미루어서는 안 됩니다. 우리를 넘어뜨리려는 죄를 가볍게 여기지 말고 가둔 뒤에 끌어내어 목을 밟아야 합니다. 하나님께서 우리의 인생 앞에서 군대장관이 되어 적군과의 전쟁에서 싸워주시기 때문에 우리도 적군을 끌어내어 밟아야 합니다. 우리를 힘들게 만들고, 고통스럽게 만드는 적이 무엇인지 발견하고 그것을 묶고 끌어내어 밟아야 합니다. 우리가 하나님을 믿는 믿음 가운데 힘써 일할 때 하나님께서 도와주심으로 문제들이 해결되며, 전쟁을 각오하고 전쟁터에 나갈 때 하나님께서 이기게 해주십니다.

다섯 왕 : 죽여서 매장하라

다섯 왕에 대한 이야기는 여기서 끝나지 않습니다. 여호수아는 다섯 왕을 끌어내어 목을 밟은 후에 그들의 목을 쳐서 죽이고 매장합니다. 26~27절을 보겠습니다.

"그후에 여호수아가 그 왕들을 쳐죽여 다섯 나무에 매달고 저녁까지 나무에 달린 채로 두었다가 해 질 때에 여호수아가 명령하매 그들의 시체를 나무에서 내려 그들이 숨었던 굴 안에 던지고 굴 어귀를 큰 돌로 막았더니 오늘까지 그대로 있더라."

왕들을 죽인 후 시체를 저녁까지 나무에 달아놓았다가 그들이 숨었던 굴 안에 던지고 굴 어귀를 큰 돌로 막았습니다. 그 무덤이 오늘까지 그대로 있다고 말합니다. 그것은 오늘까지 계속 죽어 있다는 말입니다. 달리 말하면 다시는 활동하지 못했다는 것입니다.

영원한 승리를 누리려면 가나안을 누리지 못하게 만드는 것들을 완전히 죽여서 매장해버려야 합니다. 그런데 우리에게 문제는 한둘이 아닙니다. 우리는 보통 적을 발견하지 못할 때가 많습니다. 발견했다 하더라도 그냥 적을 한 번 밟고 지나가는 정도로만 끝내는 경우가 많습니다. 부흥회를 참석해서 은혜를 받습니다. '아! 이것이 내 문제구나' 하고 생각합니다. 그런데 거기서 끝입니다. 밟아놓기만 하고 그냥 지나갑니다. 설교를 듣고 말씀대로 새롭게 살 것을 다짐합니다. 그러나 눈물을 흘리고 교회를 나가면서 주차장에서 자리를 놓고 다른 사람과 험한 말로 다툽니다. 이것이 우리의 문제입니다. 결단을 하고 적을 끌어내어 밟긴 하지만 거기에서 멈춥니다. 그러면 적들은 다시 슬그머니 나를 넘어뜨리려는 적군이 되어 공격합니다. 이러한 모습이 얼마나 많이 반복되는지 모릅니다. 성경은 죄를 알았다면 완전히 죽여서 매장시켜버리라고 말합니다. 활동하지 못하도록, 다시는 내 눈 앞에 얼씬거리지 않도록 굴속에 매장시켜버리라고 말합니다.

감격하여 예배하고, 끊임없이 기도하며, 하나님의 약속에 대한 소망을 가지고 있는데도 마치 하나님이 안 계신 것 같다는 의심이 생길 때가 있습니다. 하나님의 약속은 성경 속에 글자로만 남아 있는 것 같습니다. 그것은 내 속에 있는 적을 죽여 없애지 않았기 때문입니다. 청산하지 못한 내 속의 적군과 전면전을 펼쳐야 합니다. 그러면 하나님께서 돕는 자가 되어 싸워주십니다. 하나님을 믿는 자들은 두려움을 버려야 합니다. 하나님 앞에서 적군은 속수무책입니다. 그리스도인에게 적들은 종이호랑이일 뿐입니다. 사망의 음침한 골짜기를 다녀도 하나님께서 나의 목자가 되시기 때문에 두려워하지 않겠다고 고백해야 합니다.

숨겨놓은 죄를 불러내어 발로 밟고 죽여서 매장시켜버릴 때 가나안은 우리의 것이 됩니다. 21절을 다시 보겠습니다.

"모든 백성이 평안히 막게다 진영으로 돌아와 여호수아에게 이르렀더니 혀를 놀려 이스라엘 자손을 대적하는 자가 없었더라."

우리를 대적하는 적을 지나치지 말고, 그것을 발견하여 힘의 원천을 봉쇄하고, 우리의 삶에 끌어내어 목을 밟고 죽여 매장시키면 적은 우리를 더 이상 괴롭히거나 고통스럽게 하지 않습니다. 이러한 일을 위해 최선을 다하는 자에게 하나님께서 복과 능력을 주어 함께하실 것입니다.

14
다시 출발선에서
수 10:43

여호수아가
온 이스라엘과 더불어
길갈 진영으로 돌아왔더라
(수 10:43)

　사람마다 특별한 추억의 장소가 있습니다. 대개는 고향이 그 장소입니다. 어릴 적 뛰어놀던 고향은 우리의 마음속에 아련하게 남아 있습니다. 나이가 들수록 그때를 생각해보게 되고 어린 시절의 행복감에 젖어들기도 합니다. 지독하게 가난하게 살았던 장소도 마음속에 깊이 남아 있습니다. 그 장소를 생각할 때마다 고통스러운 눈물이 생각나기도 하고, 용기와 도전의 희열을 느끼기도 합니다. 이처럼 특별한 시기, 특별한 가치, 특별한 추억, 특별한 기억이 있는 장소는 이미 장소가 아니라 우리의 마음 한곳에 깊이 자리를 잡아 지속적으로 영향을 줍니다.

영적생활에서도 마찬가지입니다. 우리에게는 영적인 어떤 사건과 일을 추억할 수 있는 장소가 있습니다. 어느 집회에서 은혜를 누린 경험이 있다면 힘들 때마다 그 집회를 추억하게 됩니다. 또 직장의 분주함 가운데 지칠 때마다 '내가 그때 그 교회에서 열심히 신앙생활하면서 성령 충만한 삶을 살았지'라고 추억합니다. 그래서 저는 아주 가끔씩 은혜의 추억이 있는 곳에 찾아갑니다. 그곳에서만 쓰여진 추억의 이야기를 꺼내보기도 합니다. 그때 미숙하고 부끄러웠던 모습에 얼굴이 후끈 달아오르기도 하고, 그때 누렸던 은혜를 다시 사모하고 결단하는 마음도 가지기도 합니다. 이스라엘 백성들에게도 이러한 추억의 장소가 있었습니다. 그곳이 바로 '길갈'입니다.

"여호수아가 온 이스라엘과 더불어 길갈 진영으로 돌아왔더라"(수 10:43).

길갈은 이스라엘 백성들이 진을 치고 머무는 진영입니다. 그래서 전쟁을 치르고 다시 길갈로 돌아온 것입니다.

"여호수아가 모든 군사와 용사와 더불어 길갈에서 올라가니라"(수 10:7).

"여호수아가 온 이스라엘과 더불어 길갈 진영으로 돌아왔더라"(수 10:15).

길갈은 전쟁에 출진하고 전쟁을 마치면 돌아와 쉴 수 있는 베이스캠프였습니다. 이스라엘 백성은 언제부터 길갈에 진을 쳤을까요? 여호수아서 4장 19절 말씀입니다.

"첫째 달 십일에 백성이 요단에서 올라와 여리고 동쪽 경계 길갈에 진 치매."

이스라엘 백성이 요단을 건너와 처음 진을 친 곳이 길갈입니다. 곧 가나안 땅에 들어가자마자 처음으로 진을 친 곳입니다. 길갈에 진을 쳐서 본부로 구축해놓고 이곳을 거점으로 가나안 정복 전쟁을 계속해오고 있습니다. 그들은 길갈에 꽤 오랫동안 진을 쳤습니다.

"그때에 유다 자손이 길갈에 있는 여호수아에게 나아오고 그니스 사람 여분네의 아들 갈렙이 여호수아에게 말하되 여호와께서 가데스 바네아에서 나와 당신에게 대하여 하나님의 사람 모세에게 이르신 일을 당신이 아시는 바라"(수 14:6).

이스라엘 백성이 가나안 여러 족속의 땅을 정복하여 가나안 땅을 분배하는 시점이 되었습니다. 그때 갈렙이 여호수아를 찾아옵니다. 그리고 전쟁을 해야 한다면 전쟁을 감당하겠다고 하면서 자신의 몫을 달라고 요청합니다. 그냥 달라는 것이 아니고 자신이 출정하겠다고 하면서 요청하고 있습니다. 이 장면에서 여호수아와 갈렙이 대화를 나누고 있는 장소가 바로 길갈입니다. 이 말은 그때에도 길갈에서 진을 거두지 않았다는 것입니다. 정리하면 이스라엘 백성은 요단을 건너 가나안 땅에 들어와 길갈에 진을 친 후 가나안 정복 전쟁이 끝낼 때까지 길갈에 진지를 구축하고 정복 전쟁을 펼쳤습니다.

길갈 : 영적 진지

길갈은 이스라엘 백성의 영적인 본부, 영적 진지입니다. 성경은 우리에게 세상 한가운데서 하나님께서 주신 약속의 땅을 정복하고 은혜를 누리기 위해 영적인 진지를 구축해야 한다고 가르칩니다.

"첫째 달 십일에 백성이 요단에서 올라와 여리고 동쪽 경계 길갈에 진 치매"(수 4:19).

이스라엘 백성이 진을 친 길갈은 가나안 땅 지경 안에 있습니다. 가나안은 하나님께서 이스라엘 백성에게 주겠다고 약속하신 땅입니다. 젖과 꿀이 흐르는 아름답고 광활한 땅입니다. 백성은 그 땅을 정복하고 취해서 자신의 것으로 누려야 합니다. 그 땅을 취하기 위해 해야 할 일이 있는데 그것이 바로 그 땅 안에 영적 진지를 구축하는 일입니다.

우리가 이 땅에 살면서 하나님의 능력을 덧입는 하나님의 사람으로 세상을 이기고 은혜와 복을 누리기 위해 해야 할 일이 있습니다. 바로 영적 진지를 구축하는 것입니다. 싸우러 나가기 위해서, 싸우고 돌아오기 위해서 우리는 베이스캠프, 영적 진지를 가지고 있어야 합니다. 요즘 성도들의 약점은 육신의 진지를 구축하는 일에 굉장히 열심이라는 것입니다. 평안하고 안락한 육신의 거처를 구축하기 위해서 얼마나 많은 땀을 흘리고 노력하는지 모릅니다. 이 땅에서 삶의 자리를 만들기 위해서 수고하고 투자하고 노력합니다. 그러나 하나님의 사람으로 세상과 싸워 하나님의 약속을 우리의 것으로 누리기 위한 영적 진지를 구축하는 일에는 소홀한 경우가 많습니다. 우리에게 더욱 중요한 것은 하나님의 백성으로 이 땅에서 패배하지 않고 승리하며 살기 위한 영적인 진지를 구축하는 일입니다.

이곳은 우리가 휴가 기간을 보낼 장소이기도 합니다. 단지 육체적으로 쉼을 누리고 즐기는 것이 아니라 영적인 부분에서 전열을 가다듬는 그 시간과 장소가 바로 길갈이 될 것입니다. 우리에게는 영적 길갈이 필요합니다. 한 주간 나의 생활을 돌아보며 '나에게 길갈은 어디인가?', '나의 전인격을 움직이는 출발점은 어디인가? 전쟁과 같은 세상 속에서 내가 돌아갈 곳은 어디인가? 하나님의 명령을 받는 곳은 어디인가?' 하는 질문에 답해보기 바랍니다.

어떤 사람에게는 길갈이 새벽에 기도하는 장소일 수 있습니다. 하나님을 믿음으로 바라보는 이 자리가 길갈일 수도 있습니다. 하루 일과를 마치고 피곤한 육신을 이끌고 잠자리에 들기 전 무릎을 꿇는 기도의 자리가 길갈일 수 있습니다. 문제는 '시간이냐, 장소냐?'가 아니라 영적 진지인 길갈이 '있느냐, 없느냐?' 하는 것입니다. 우리 모두에게 영적 진지인 길갈이 구축되어야 합니다.

길갈 : 청산의 장소

길갈은 청산의 장소입니다. 청산이란 '수치가 없어졌다. 부끄러움이 물러갔다'는 의미입니다. 여호수아 5장을 보면 이스라엘 백성이 할례를 행합니다. 할례는 '하나님의 백성'이라는 것을 나타내는 의식입니다. 따라서 할례를 통해 육신의 혈통적 존재가 아닌 하나님의 선택으로 말미암아 하나님의 백성이 되었다는 것을 보증하게 됩니다. 할례를 행함으로 하나님의 백성이라는 것을 확증하게 된 것입니다.

이스라엘 백성은 길갈에서 할례를 행했습니다. 육신을 입고 태어났지만 이제는 하나님의 백성이라는 육신의 증표인 할례를 길갈에서 행한 것입니다.

"여호수아가 할례를 시행한 까닭은 이것이니 애굽에서 나온 모든 백성 중 남자 곧 모든 군사는 애굽에서 나온 후 광야 길에서 죽었는데 그 나온 백성은 다 할례를 받았으나 다만 애굽에서 나온 후 광야 길에서 난 자는 할례를 받지 못하였음이라"(수 5:4~5).

애굽에서 나올 때 이스라엘 백성은 할례를 받았습니다. 그렇지만 이들은 광야를 지나며 하나님을 원망하고 불평하다가 죽게 됩니다. 그리고 광야에서 그 다음 세대가 가나안으로 들어가게 되었을 때 그들은 할례를 받지 못했습니다. 다른 말로 하면 할례 받지 않은 하나님의 백성답지 못한 상태가 되고 말았습니다. 하나님께서는 그들에게 할례를 명하여 지금까지 하나님의 백성답지 못하게 지나온 시간이 그들에게 얼마나 부끄러움과 수치였는지 돌아보게 했습니다. 그래서 이스라엘 백성은 요단을 건너 약속의 땅에 들어오자마자 도착한 길갈에서 할례를 행합니다.

"여호와께서 여호수아에게 이르시되 내가 오늘 애굽의 수치를 너희에게서 떠나가게 하였다 하셨으므로 그곳 이름을 오늘까지 길갈이라 하느니라"(수 5:9).

하나님의 백성이 애굽의 포로로서 살았던 부끄러운 수치가 할례를 행함으로 떠나보내게 되었습니다. 자유를 모르던 백성이 이제 자유를 알고 누리게 된 것입니다. 우리에게도 부끄러움과 수치를 청산하는 길갈이 있어야 합니다. 길갈은 세상을 살면서 더러워지고 변질된 우리의 수치를 청산하는 장소입니다. 문제가 해결되는 장소입니다.

길갈 : 은혜의 장소

길갈은 하나님의 은혜를 누리는 은혜의 장소였습니다. 이어지는 여호수아 5장 10절에 보면 유월절 만찬을 지킵니다.

"또 이스라엘 자손들이 길갈에 진 쳤고 그 달 십사일 저녁에는 여리고 평지에서 유월절을 지켰으며."

유월절은 이스라엘 백성에게 모든 재앙이 그들의 위로 넘어가는 것을 의미합니다. 하나님의 특별하신 은혜로 죽음에서 생존하게 된 구원을 기억하면서 지키는 절기가 유월절입니다. 길갈에서 할례를 행한 이스라엘 백성이 드디어 하나님의 백성다운 자리로 돌아오자 하나님께서는 이들에게 유월절을 지키게 하셨습니다. 그리고 하나님의 명령에 순종하여 하나님의 백성답게 살지 못한 수치를 믿음으로 던져버리자 하늘이 열리고 하늘의 복을 누리기 시작했습니다. 우리에게도 이와 같은 은혜의 장소 길갈이 필요합니다. 요한복음 10장 10절에서 예수님께서는 이 땅에 오신 목적을 이렇게 말씀하십니다.

"도둑이 오는 것은 도둑질하고 죽이고 멸망시키려는 것뿐이요 내가 온 것은 양으로 생명을 얻게 하고 더 풍성히 얻게 하려는 것이라."

예수님께서는 순전한 양이 되어 우리에게 생명을 주는 것으로 끝내지 않고 더 풍성히 누리게 하기 위해 이 땅에 오셨다고 말씀하십니다.

생명이 없을 때는 살아서 누릴 수 있는 모든 것을 누릴 수 없습니다. 그러나 생명을 얻으면 생명을 통해 누릴 수 있는 풍성함을 마음껏 누릴 수 있습니다. 생명을 얻은 것으로만, 구원받은 것으로만 만족해서는 안 됩니다. 이스라엘 백성이 길갈에서 할례를 통해 수치를 굴러가게 한 후 유월절을 통해 하나님의 은혜를 풍성히 누린 것처럼, 구원받은 우리의 삶에 하늘이 열리고 하늘로부터 하나님의 은혜가 장대비처럼 쏟아지는 복을 누리기를 갈망하며 살아야 합니다.

어떤 의미에서 구원은 완성이 아니라 시작입니다. 죄와 허물로 죽었던 우리가 생명을 얻어 다시 살아나게 되었다는 것에 멈추어서는 안 됩니다. 살게 되었기에 이제부터 사는 것을 누려야 합니다. 가나안 땅을 밟은 것에 만족할 것이 아니고 가나안을 차지하고 누리며 하나님께서 원하시는 사명을 감당하는 자가 되어야 합니다. 이처럼 구원은 새로운 삶의 복을 누리게 되는 시작입니다. 우리에게 이러한 은혜의 길갈이 필요합니다.

길갈 : 기억의 장소

이스라엘 백성에게 길갈은 '기억의 장소'였습니다. 이스라엘 백성이 길갈에 도착하자마자 했던 행동이 여호수아 4장 19~20절에 나타나 있습니다.

"첫째 달 십일에 백성이 요단에서 올라와 여리고 동쪽 경계 길갈에 진 치매 여호수아가 요단에서 가져온 그 열두 돌을 길갈에 세우고."

요단을 건널 때 하나님께서 그들에게 열두 돌을 길갈에 세우라고 말씀하십니다. 하나님께서 원하시는 것은 분명했습니다.

"이스라엘 자손들에게 말하여 이르되 후일에 너희의 자손들이 그들의 아버지에게 묻기를 이 돌들은 무슨 뜻이니이까 하거든 너희는 너희의 자손들에게 알게 하여 이르기를 이스라엘이 마른 땅을 밟고 이 요단을 건넜음이라"(수 4:21~22).

하나님의 역사하심을 다음 세대에게 기억시키기 위해 기념비를 세웠습니다. 길갈에 세워진 열두 기념비는 하나님이 우리를 도우시는 하나님이라는 것을 알도록 하기 위함입니다. 영적 진지요, 청산의 장소요, 은혜의 장소인 길갈에서 하나님을 기억하기 위함이었습니다.

우리에게도 하나님의 은혜를 기억하고 기념하는 길갈이 있어야 합니다. 우리는 최소 1년에 하루는 어버이날에 어버이의 은혜를 기억하고, 스승의 날에 스승의 은혜를 기억합니다. 육신의 부모와 스승에게도 보여주신 사랑을 기억하고 감사하는데, 영원토록 변함없이 우리를 사랑하고 돌보시는 하나님의 은혜는 얼마나 더 기억해야 하겠습니까? 부모의 은혜를 아는 것이 '자녀다움'입니다. 스승의 은혜를 아는 것이 '제자다움'입니다. 하나님의 백성은 하나님의 은혜를 기억해야 '하나님의 자녀다움'을 보일 수 있습니다. 만약 하나님의 백성이 그 은혜를 기억하지 못한다면 타락하게 되고 맙니다.

하나님의 은혜를 기억하는 장소, 길갈이 있습니까? 신앙의 중심을 잡게 하는 몇 가지 방법이 있습니다. 그중 하나가 하나님의 은혜를 기억하는 것입니다. 원망이 생기고 마음에 불평이 생길 때마다 하나님께서 내게 주신 은혜를 생각합니다. 그러면 다시 중심을 잡고 마음의 평정심을 가질 수 있습니다. 성경을 보면 하나님의 은혜를 기억하며 기념비를 세우는 장면을 볼 수 있습니다.

　이삭을 낳은 후 아브라함은 에셀나무를 심고 거기서 영생하시는 하나님의 이름을 불렀습니다. 에셀나무를 바라볼 때마다 아브라함은 임신할 수 없는 여자를 통해 생명을 허락하시는 하나님을 기억하고 고백했습니다. 이삭도 아버지가 심은 그 나무를 보며 하나님의 은혜를 기억했을 것입니다. 아브라함과 이삭이 에셀나무 그늘에 앉아 "너를 태어나게 하신 능력의 하나님이 너의 하나님이란다" 하며 하나님을 기억하는 아름다운 은혜의 추억을 나누지 않았겠습니까?

　형을 피해 도망가던 야곱은 빈 들판에서 돌을 베개 삼아 잠을 잡니다. 향방을 알 수 없는 자신의 인생을 바라보며 얼마나 괴로웠겠습니까? 앞이 캄캄했을 것입니다. 그때 하나님께서 나타나 사닥다리 환상을 보여주며 야곱을 위로하고 힘주십니다. 야곱은 그곳을 기념하여 베고 있던 돌을 가져다가 기둥으로 세웁니다. 그러면서 '허허벌판 같은 이곳에서도 하나님이 나와 함께하시는구나. 목적지를 잃어 표류하는 배와 같은 내 인생에도 하나님이 함께하시는구나' 하고 고백합니다. 우리도 하나님의 은혜를 기억하는 장소, 길갈로 언제나 되돌아가야 합니다. 언제나 다시 돌아가 힘을 얻는 영적인 고향, 기갈의 은혜가 있는 사람은 참으로 복된 자입니다.

15
전쟁을 그치지 말라

수 11:21~23

이와 같이 여호수아가
여호와께서 모세에게 말씀하신 대로
그 온 땅을 점령하여
이스라엘 지파의 구분에 따라 기업으로 주매
그 땅에 전쟁이 그쳤더라
(수 11:23)

　한때 우리나라에서는 남북한 관계에서 휴전(休戰)이냐 종전(終戰)이냐를 놓고 많은 이야기가 오갔습니다. 군사 분계선을 마주 대하고 대치중이지만 전쟁을 하지 않는 점에서는 동일합니다. 그러나 휴전은 전쟁을 쉬는 상태로 전쟁이 완전히 끝이 난 종전과는 개념 자체가 전혀 다릅니다. 전쟁을 하지 않고 있는 현상만 놓고 볼 것이 아니라 그 상태가 무엇을 의미하는지 분명히 알아야 합니다. 이것은 매우 중요합니다.

　본문에 이스라엘과 가나안 간의 전쟁이 그쳤다고 말합니다. 이것 역시 상태가 아니라 의미가 중요합니다. 이스라엘 백성이 가나안에서 치른 전쟁을 살펴보면 위치에 따라 세 부분으로 나눌 수 있습니다. 먼저 백성들이 요단을 건너 들어가 전쟁을 치른 곳은 가나안의 중부지역인데 그곳이 바로 여리고와 아이성입니다. 그리고 난 뒤 가나안을 남과 북으로 나누어 남부지역으로 내려가 전쟁을 치렀고, 이후 북부지역으로 올라가 가나안을 점령하게 됩니다. 여호수아 11장에 이르면 가나안 온 땅을 정복하는 내용이 기록되어 있습니다. 21절을 보겠습니다.

"그때에 여호수아가 가서 산지와 헤브론과 드빌과 아납과 유다 온 산지와 이스라엘의 온 산지에서 아낙 사람들을 멸절하고 그가 또 그들의 성읍들을 진멸하여 바쳤으므로."

이 내용의 앞부분인 16~17절에서는 가나안 전쟁을 조금 더 상세하게 기술합니다.

"여호수아가 이같이 그 온 땅 곧 산지와 온 네겝과 고센 온 땅과 평지와 아라바와 이스라엘 산지와 평지를 점령하였으니 곧 세일로 올라가는 할락 산에서부터 헤르몬 산 아래 레바논 골짜기의 바알갓까지라 그들의 왕들을 모두 잡아 쳐죽였으며."

여기까지 보면 이제 이스라엘 백성이 가나안 땅에 들어가서 정복해야 할 모든 곳을 다 정복한 것처럼 보입니다. 그래서 드디어 가나안 전쟁을 마쳤다는 말이 나옵니다.

"이와 같이 여호수아가 여호와께서 모세에게 말씀하신 대로 그 온 땅을 점령하여 이스라엘 지파의 구분에 따라 기업으로 주매 그 땅에 전쟁이 그쳤더라"(수 11:23).

이스라엘 백성은 가나안을 정복했다고 생각한 후 그 땅을 지파별로 분배해서 나누어 가지게 되었습니다. 그런데 여기에 감추어진 사실이 있습니다. 그리 비중을 두지 않고 가볍게 지나갈 수 있는 구절입니다. 22절입니다.

"이스라엘 자손의 땅에는 아낙 사람들이 하나도 남지 아니하였고 가사와 가드와 아스돗에만 남았더라."

가나안을 완전히 정복했다면 '남았더라'라는 표현이 기록되면 안 됩니다. 그러나 아낙 사람들이 가사와 가드와 아스돗에 남아 있었습니다. 약간 남았다고 표현하는 것이 더 이해하기 쉬울 것 같습니다. 아낙 사람들이 약간 남은 것은 이스라엘 백성에게 큰 영향을 미치지 못할 것이라는 판단 아래 전쟁을 멈추게 된 것입니다. 그리고 전쟁을 통해 정복했던 왕들의 이름을 나열합니다. 이렇게 많은 족속을 정복했다는 것을 알려주는 것입니다.

그런데 13장 1절에는 이렇게 기록합니다.

"여호수아가 나이가 많아 늙으매 여호와께서 그에게 이르시되 너는 나이가 많아 늙었고 얻을 땅이 매우 많이 남아 있도다."

이것은 앞뒤 문맥에 맞지 않는 내용처럼 보입니다. 12장에서는 이스라엘 백성이 가나안 전쟁을 마친 것처럼 보입니다. 그런데 13장 1절을 보면 이스라엘 백성에게 주시려는 약속한 땅이 매우 많이 남아 있다는 것을 알 수 있습니다. 곧 이스라엘 백성이 전쟁을 그친 것은 하나님께서 전쟁을 그치게 하신 것이 아니라 그들의 판단과 생각에 따라서 전쟁을 그쳤다는 말입니다. 여기에서 우리에게 주는 메시지가 있습니다. 사람의 판단과 생각으로 스스로 전쟁을 멈추어선 안 된다는 것입니다.

하나님께서 백성들에게 가나안 땅을 약속하셨습니다. 그들은 눈에 보이는 저 산과 넓은 평지, 이 모든 곳을 그들에게 주실 것을 알았습니다. 그런데 그 약속을 알고 있음에도 불구하고 일정 지역을 정복한 후에 스스로 만족하고 전쟁을 멈춰버립니다. 하나님께서는 아직도 줄 땅이 매우 많다고 말씀하시는데 그들은 힘든 전쟁을 끝내버린 것입니다. 가나안 정복 전쟁은 하나님께서 백성들에게 명령하여 시작되었기 때문에 전쟁의 끝도 하나님의 명령으로 매듭지어야 함에도 불구하고 그들 스스로 전쟁을 멈추었습니다.

"여호수아가 그 모든 왕들과 싸운 지가 오랫동안이라"(수 11:18).

가나안 정복 전쟁은 약 7년 동안 이어졌습니다. 짧은 기간이 아닙니다. 오랫동안 전쟁을 치르면서 지친 여호수아가 가나안을 이만큼만 취해도 충분하다고 생각하면서 전쟁을 멈추었을 가능성이 있습니다. 애굽에서 길고 긴 세월을 노예로 살았던 이스라엘 백성은, 40년 동안 광야를 지나며 나그네로 살다가 이제야 가나안 땅에 들어왔는데 또다시 7년 동안 전쟁을 치르는 가운데 지칠 대로 지쳤을 것입니다. 그래서 '이제는 그만, 이쯤에서 멈추자, 이만큼이면 돼', 이러면서 스스로 합리화하며 전쟁을 멈추었을 가능성이 있습니다.

이스라엘 백성의 이러한 모습이 우리 삶 속에서 여전히 재현되는 것을 봅니다. 한때는 하나님이 너무 좋아 기도의 자리를 지키는 것이 행복했던 적이 있습니다. 성경을 읽는 일에 열심을 냈던 적이 있습니다. 예배 시간을 기다리고 사모했던 적이 있습니다. 그러나 어느새 이러한 신앙의 모습들이 추억으로 변해버렸습니다. 이쯤하면 '하나님의 은혜를 받을 만큼 받았고, 성경도 알 만큼 알고, 교회생활도 할 만큼 했다'고 스스로 판단하여 그토록 열심을 냈던 신앙생활을 멈추는 일이 있습니다. 그러나 사도 바울은 에베소 성도들에게 "범사에 그에게까지 자랄지라"(엡 4:15)고 권면합니다. 우리는 스스로 어느 정도 성장했다고 싶으면 힘든 일을 포기합니다. 이렇게 타협하는 순간 영적 전쟁을 멈추게 되고 우리의 성장은 정체되어버립니다.

성경은 우리에게 타협하거나 멈추지 말라고 가르칩니다. 본문은 '여호수아야! 네가 차지할 땅이 아직 매우 많이 남았다'고 말씀하고 있습니다. 하나님께서 우리를 위해 준비해놓으신 풍성한 은혜를 남김없이 다 누릴 때까지 우리의 영적 전쟁을 멈추어서는 안 됩니다.

한걸음 더 나아가 생각해볼 것이 있습니다. 여호수아 11장 22절을 다시 봅시다.

"이스라엘 자손의 땅에는 아낙 사람들이 하나도 남지 아니하였고 가사와 가드와 아스돗에만 남았더라."

사람들은 남아 있는 아낙 사람들이 많지 않아서 별 영향력을 행사하지 않을 거라고 생각했습니다. 그래서 가사와 가드와 아스돗에 조금 남아 있는 아낙 사람들을 제거하는 일을 제쳐두었습니다. 그런데 이것은 이스라엘 백성의 큰 실수였습니다. 가나안 정복 전쟁을 멈추고 아낙 사람들을 조금 남겨둔 것이 결국 이스라엘 백성에게 화근이 됩니다.

가사 : 들릴라를 만나다

아낙 사람들이 남아 있던 장소 중 하나인 가사는 사사 삼손이 들릴라를 만나는 곳입니다. 사사 시대는 이스라엘 역사에서 영적으로 어두웠던 시기 중 하나입니다. 사사기 16장은 이스라엘의 마지막 자존심인 사사 삼손에 관한 이야기가 기록되어 있습니다.

"삼손이 가사에 가서 거기서 한 기생을 보고 그에게로 들어갔더니"(삿 16:1).

삼손은 위대한 사명을 가지고 태어난 나실인입니다. 그는 이스라엘을 구원으로 이끌어야 할 지도자였습니다. 그런데 그가 한 기생을 만나 인생을 망치게 되는데, 바로 가사 지역에 있던 들릴라입니다. 가사 사람에게 삼손이 그만 넘어지고 마는 것입니다. 사사기 16장 19절을 보겠습니다.

"들릴라가 삼손에게 자기 무릎을 베고 자게 하고 사람을 불러 그의 머리털 일곱 가닥을 밀고 괴롭게 하여 본즉 그의 힘이 없어졌더라."

이 구절을 다시 묘사하면 이렇습니다. 들릴라의 무릎에 한 남자가 머리를 놓고 있습니다. 코를 골며 자고 있는데 완전히 곯아떨어졌습니다. 바로 삼손입니다. 삼손은 그녀를 완전히 신뢰하여 무방비로 잠을 자고 있습니다. 힘의 비밀이 긴 머리털이라고 삼손을 통해 들은 들릴라는 자기 무릎에서 자고 있는 삼손을 비웃으며 바라봅니다. 그리고 창밖을 향해 들어오라고 손을 흔드니, 밖에서 기다리고 있던 사람들이 들어와 삼손의 머리털을 밀어버립니다. 삼손은 머리털이 밀리는 줄도 모르고 코를 골며 자고 있습니다. 머리털이 밀린 삼손을 바라보며 들릴리와 사람들은 비아냥거립니다. 인기척에 잠이 깬 삼손이 그들을 제압하려고 해도 제압할 수 없었습니다. 힘의 근원이 없어졌기 때문입니다. 들릴라에게 무너지는 순간, 하나님께로부터 공급되는 능력이 차단되어버렸습니다.

"블레셋 사람들이 그를 붙잡아 그의 눈을 빼고 끌고 가사에 내려가 놋줄로 매고 그에게 옥에서 맷돌을 돌리게 하였더라"(삿 16:21).

삼손은 이스라엘의 마지막 자존심이었습니다. 그런데 들릴라의 유혹을 받아 능력을 상실한 채 두 눈이 뽑혀 이방인의 맷돌을 돌리는 노리갯감으로 전락해버리고 말았습니다. 삼손이 이렇게 된 것은 가나안 사람이 사는 가사를 진멸하지 않고 남겨두었기 때문입니다. 여호수아가 가나안을 정복할 때 가사는 영향력이 없다고 생각하여 전쟁을 멈추었더니, 훗날 들릴라를 통해 삼손이 무너지게 된 것입니다. 삼손 하나만 무너진 게 아닙니다. 그가 무너지자 이스라엘 전체가 무너지게 되었습니다.

우리도 삶 가운데 '가사'를 남겨두지 말아야 합니다. 남겨놓으면 지금은 아무것도 아닌 것 같지만 언젠가 나를 무너지게 만드는 요인이 됩니다. 지금 가사를 남겨두고 있지는 않습니까? 가사라는 지명의 뜻은 '강한 것'입니다. 지금 나에게 영향을 주지 않는다고 적당히 타협하고 합리화하여 여지를 남겨놓으면 그것이 강한 것이 되어 나를 찌를 것입니다. 가사를 남겨두고 전쟁을 마치면 안 됩니다.

가드 : 골리앗을 만나다

가드는 골리앗을 만나게 한 장소입니다. 다윗과 골리앗의 이야기를 모두 잘 아실 것입니다. 우리는 골리앗이란 인물은 잘 아는데, 그가 가드 사람이라는 것은 잘 모릅니다. 사무엘상 17장을 보면 다윗과 골리앗의 싸움 이야기가 나옵니다.

"블레셋 사람들의 진영에서 싸움을 돋우는 자가 왔는데 그의 이름은 골리앗이요 가드 사람이라 그의 키는 여섯 규빗 한 뼘이요"(삼상 17:4).

가드 사람 골리앗은 키가 어마어마합니다. 골리앗은 전장에 앞서서 이스라엘 백성에게 호통을 칩니다. 8절을 보면 그의 우렁찬 음성이 들리는 듯합니다.

"그가 서서 이스라엘 군대를 향하여 외쳐 이르되 너희가 어찌하여 나와서 전열을 벌였느냐 나는 블레셋 사람이 아니며 너희는 사울의 신복이 아니냐 너희는 한 사람을 택하여 내게로 내려보내라."

골리앗은 이스라엘 군대를 가소롭게 여깁니다. '너희 중에 누구든지 나에게 보내봐라. 나와 한판 싸우자'고 이스라엘 백성을 조롱하고 있습니다. 이스라엘은 하나님의 군대요, 하나님의 기적을 이루는 하나님의 용사들인데 지금 가드 사람 골리앗 앞에서 조롱당하고 있습니다.

"사울과 온 이스라엘이 블레셋 사람의 이 말을 듣고 놀라 크게 두려워하니라"(삼상 17:11).

이스라엘 백성은 블레셋 사람의 말을 듣고 놀라서 크게 두려워했습니다. 바람에 흔들리는 것처럼 이스라엘 온 백성이 정신을 못 차릴 정도로 시달렸습니다. 다름 아닌 가드 사람 골리앗에게 말입니다. 지금 이스라엘 백성은 여리고 전쟁 때 남겨둔 가드 사람에게 두려움에 시달립니다. 만일 여호수아가 칼을 들고 전쟁을 멈추지 않았다면 이런 일은 일어나지 않았을 것입니다.

그때 가드 사람 골리앗 앞에 한 소년이 섭니다.

"다윗이 블레셋 사람에게 이르되 너는 칼과 창과 단창으로 내게 나아오거니와 나는 만군의 여호와의 이름 곧 네가 모욕하는 이스라엘 군대의 하나님의 이름으로 네게 나아가노라"(삼상 17:45).

골리앗이 이스라엘 백성을 조롱하고 있을 때 소년인 다윗이 만군의 여호와의 이름으로 나갑니다. 우리가 익히 들어왔던 장면이기에 우리는 이것을 굉장히 멋지게 생각합니다. 그래서 이 장면을 보면서 흥분하고 박수를 칩니다. 그러나 이 장면은 하나님의 군대가 골리앗에게 얼마나 오랫동안 놀림을 당하고 있었는가를 보여줍니다. 이스라엘 군대가 얼마나 골리앗을 두려워했으면 전쟁 경험이 없는 소년 다윗이 골리앗에게 나갔을까요? 이것은 너무나 비극적인 장면입니다. 그러므로 우리는 반드시 가드를 남기지 말아야 합니다. 가드를 남겨놓은 채 전쟁을 중단하면 안 됩니다.

혹시 우리 속에 골리앗을 키우는 가드를 남겨놓고 있지는 않습니까? 현재는 아무것도 아닌 것 같아 남겨두었는데 그곳에서 골리앗이 나와 우리의 숨통을 죄어버릴 것입니다. 하찮게 여겨서 남겨놓은 가드가 우리 마음의 평화를 빼앗고 하나님의 백성답게 서지 못하도록 위협할 것입니다. 우리를 주눅 들게 하는 골리앗을 키우는 가드를 우리 속에 남겨두고 있지는 않는지 돌아보아야 합니다.

아스돗 : 법궤를 빼앗기다

마지막으로 주목할 곳은 아스돗입니다. 이곳에서 하나님의 궤를 빼앗기는 일이 생깁니다. 사무엘상 4장을 보면 이스라엘 백성이 전쟁에서 크게 패하는 장면이 나옵니다.

"블레셋 사람들이 쳤더니 이스라엘이 패하여 각기 장막으로 도망하였고 살륙이 심히 커서 이스라엘 보병의 엎드러진 자가 삼만 명이었으며 하나님의 궤는 빼앗겼고 엘리의 두 아들 홉니와 비느하스는 죽임을 당하였더라"(삼상 4:10~11).

전쟁에서 패했을 뿐만 아니라 하나님의 궤가 블레셋 사람에게 빼앗기는 충격적인 사건이 벌어집니다. 제사장도 죽었습니다.

"소식을 전하는 자가 대답하여 이르되 이스라엘이 블레셋 사람들 앞에서 도망하였고 백성 중에는 큰 살륙이 있었고 당신의 두 아들 홉니와 비느하스도 죽임을 당하였고 하나님의 궤는 빼앗겼나이다 하나님의 궤를 말할 때에 엘리가 자기 의자에서 뒤로 넘어져 문 곁에서 목이 부러져 죽었으니 나이가 많고 비대한 까닭이라 그가 이스라엘의 사사가 된 지 사십 년이었더라"(삼상 4:17~18).

이스라엘 군대가 블레셋 군대 앞에서 풍비박산 나고 말았습니다. 아스돗을 남겨놓았기 때문입니다. 빼앗긴 하나님의 궤는 어떻게 되었나요?

"블레셋 사람들이 하나님의 궤를 빼앗아 가지고 에벤에셀에서부터 아스돗에 이르니라"(삼상 5:1).

블레셋은 하나님의 궤를 빼앗아 에벤에셀에서부터 자신들이 섬기는 다곤의 신전이 있는 아스돗으로 옮깁니다(삼상 5:2). 아무것도 아닌 우상 다곤 신전 앞에 패배자의 전리품을 진열한 것처럼 하나님의 궤를 놓은 것입니다. 하나님을 모욕하고 조롱하고 있습니다. 다음날 다곤 신상들은 여호와의 궤 앞에 넘어져 팔다리와 목이 다 부러져 있었습니다.

하나님의 궤를 빼앗기는 장소가 '에벤에셀에서부터 아스돗에 이르렀다'고 기록되어 있는데, 에벤에셀이라는 지명의 뜻은 '하나님이 여기까지 우리를 도우셨다'는 뜻입니다. 그런데 하나님의 궤가 에벤에셀을 떠나게 되었습니다. 곧 하나님의 도우심이 있어야 할 곳이 도우심이 멈추는 곳이 되었습니다. 가나안 전쟁 때 아스돗을 제거하지 않았기 때문입니다. 만일 여호수아가 아스돗을 제거했다면 에벤에셀의 은총은 계속되었을 것입니다.

우리의 인생에 마지막 호흡이 다하는 날까지 하나님의 도우심을 멈추게 만들지 말고 계속 전진해야 합니다. 아직 우리가 감당해야 할 사명이 매우 많이 남았기 때문입니다. '이 정도면 됐다, 충분하다, 더 하지 못하는 건 어쩔 수 없다'고 핑계하지 마십시오. 스스로 합리화시키기 마십시오. 하나님께서 종전 선언을 하시기 전까지 전쟁을 멈추지 않고 달려가는 삶이 복됩니다. 악의 세력을 향해 전쟁을 멈추지 않을 때 우리의 심령 속에 하나님으로 인한 기쁨과 즐거움이 넘쳐나고, 나를 통해 우리 가정과 교회가 하나님의 은혜와 복을 누리게 될 것입니다.

232 | **16. 영원한 기업**(수 13:32~33)
오직 레위 지파에게는
모세가 기업을 주지 아니하였으니
이는 그들에게 말씀하신 것과 같이
이스라엘의 하나님 여호와께서
그들의 기업이 되심이었더라
(수 13:33)

242 | **17. 헌신의 보상**(수 14:6~14)
헤브론이 그니스 사람
여분네의 아들 갈렙의 기업이 되어
오늘까지 이르렀으니
이는 그가 이스라엘의 하나님 여호와를
온전히 좇았음이라
(수 14:14)

256 | **18. 경계해야 할 위험 요소**(수 18:1~7)
여호수아가 이스라엘 자손에게 이르되
너희가 너희 조상의 하나님 여호와께서
너희에게 주신 땅을 점령하러 가기를
어느 때까지 지체하겠느냐
(수 18:3)

268 | **19. 기억해야 할 보상**(수 23:6~13)
그러므로 스스로 조심하여
너희의 하나님 여호와를 사랑하라
(수 23:11)

280 | **20. 결단**(수 24:15~18)
……너희가 섬길 자를
오늘 택하라
오직 나와 내 집은
여호와를 섬기겠노라 하니
(수 24:15)

4

미래를 위한
현재의 준비

16
영원한 기업

수 13:32~33

오직 레위 지파에게는
모세가 기업을 주지 아니하였으니
이는 그들에게 말씀하신 것과 같이
이스라엘의 하나님 여호와께서
그들의 기업이 되심이었더라
(수 13:33)

    여호수아서 13장부터는 여호수아서의 마지막 내용인 정복한 가나안 땅을 이스라엘 지파에 따라 분배하고 소유하는 내용을 다룹니다. 13장은 요단 동편을 분배하는 내용이고, 14장은 요단 서편을 분배하는 내용입니다. 정복한 가나안 땅을 분배하는 과정을 살펴보면 한 가지 특별한 점을 발견할 수 있습니다.

    "요단 동쪽 여리고 맞은편 모압 평지에서 모세가 분배한 기업이 이러하여도 오직 레위 지파에게는 모세가 기업을 주지 아니하였으니 이는 그들에게 말씀하신 것과 같이 이스라엘의 하나님 여호와께서 그들의 기업이 되심이었더라"(수 13:32~33).

지파별로 땅을 분배하고 소유하는 장면이 나오다가 느닷없이 '오직 레위 지파에게는' 기업을 분배해주지 않았다고 말합니다. 가나안 정복 전쟁에 모두가 함께 힘을 쏟았는데 전쟁을 마치고 각 지파에게 분깃을 나눠줄 때 레위 지파는 제외된 것입니다. 레위 지파가 기업을 받는 일에서 제외된 것에 대해 하나님께서는 친히 이렇게 말씀하십니다.

"다른 지파는 가나안 땅을 기업으로 주되 레위 지파에게만큼은 '나 여호와가 레위 지파의 기업이 될 것'이다."

왜 레위 지파에게는 가나안 땅을 기업으로 주지 않고 '나 여호와가 너의 기업이 된다'고 말씀하셨을까요? 다른 지파에게 땅을 나눠주다 보니 레위 지파에게 줄 땅이 없어서 그런 것일까요? 상황만 놓고 보면 땅을 나누어주는 중에 마땅히 레위 지파도 기업을 받아야 할 텐데 그렇지 않았다는 것이 쉽사리 이해되지 않습니다.

그러나 배경을 이해하면 이러한 의문이 풀립니다. 이스라엘이 출애굽 하여 광야생활을 하고 있을 때 모세가 계명을 받기 위해 시내산에 올라갔습니다. 그리고 그곳에서 하나님과 깊은 교제 가운데 내려오는 것이 다소 지체되었습니다. 그러자 모세를 기다리고 있던 이스라엘 백성이 점점 불안해지기 시작했습니다. 그들은 모든 금붙이를 다 모아서 금송아지 우상을 만들고, 금송아지를 애굽에서 인도해낸 하나님, 앞으로 인도해가실 신이라고 말했습니다. 사람들이 금송아지를 숭배하며 광란의 춤을 추고 있을 때 모세가 시내산에서 내려오게 됩니다.

하나님께서 친히 새겨주신 계명을 들고 내려오는 모세의 눈앞에 희한한 광경이 펼쳐지고 있었습니다. 하나님의 택한 백성인 이스라엘 백성이 우상을 만들고 배도하는 모습이 눈앞에 펼쳐진 것입니다. 그때 모세가 이렇게 말합니다.

"어찌하여 하나님의 백성이 하나님을 배반하느냐? 너희 가운데 여호와 편에 설 자들은 이리로 나오라."

그런데 다른 모든 지파는 나오지 않았습니다. 여호와 편에 서는 것을 주저하거나 또는 거부한 것입니다. 오직 레위 지파만 여호와 편에 서겠다고 나섰습니다. 이러한 믿음의 반응으로 인해 레위 지파는 하나님의 일을 맡게 됩니다. 이러한 레위 지파의 모습을 성경은 '헌신했다'고 표현합니다(출 32:29). 이처럼 성경에서는 헌신을 하나님을 위해 어떤 거창한 일을 하는 것이 아니라 우리 자신이 온전히 여호와의 편에 서는 것이라고 가르칩니다. 다시 말하면 헌신한 레위 지파들이 여호와의 편에 섰기에 하나님께서 하나님의 일을 그들에게 맡기면서 '내가 너의 영원한 기업이 되겠다'고 말씀하신 것입니다. 여호와께서 친히 기업이 되신 것입니다. 그것을 가나안에 들어와서 가나안 땅을 정복하고 기업으로 나누어줄 때도 동일하게 변함없이 말하고 있습니다.

가나안 땅을 기업으로 받는 것과 여호와 하나님을 기업으로 얻는 것 중 어느 것이 더 복될까요? 결론적으로 말하자면 땅의 것보다 여호와 하나님을 기업으로 받는 것이 더욱더 큰 복입니다. 그렇다면 오늘날 여호와를 기업으로 받는 자들은 누구를 가리킵니까? 자신이

서 있는 이 자리에서 하나님을 아버지라 부르며 예배하는 사람들이 여호와를 기업으로 얻은 자입니다. 여호와가 기업이 되신다는 것 때문에 기뻐하고 감사하며 찬양해야 합니다.

우리는 하나님이 나의 기업이 되신다는 것이 얼마나 중요한지 인식하지 못하고 삽니다. 땅의 것이 전부인 것처럼 착각하며 삶의 모든 에너지와 시간, 재능을 쏟아 부으면서 정작 내 삶의 기업이 되어야 할 하나님을 두 번째로, 아니 더 멀리 밀어버리고 있지는 않은지 돌아보아야 합니다. 나의 기업은 땅에 있는 것이 아니라 하나님께 있다는 것을 믿어야 합니다. 땅의 것은 유한하지만 하나님의 것은 영원합니다. 그렇다면 여호와께서 우리에게 영원한 기업이 되신다고 하는 것은 구체적으로 어떤 의미인지 살펴보아야 합니다.

여호와의 채워주심

하나님이 영원한 기업이라는 첫 번째 의미는 '하나님이 우리의 모든 필요를 채워주신다'는 것입니다. 가나안 땅을 기업으로 받지 못한 레위 지파는 어떻게 먹고 사는 생계의 문제를 해결할 수 있을까요? 하나님께서는 레위 지파의 생존을 위해 모든 것들을 하나의 시스템으로 만들어놓으셨습니다.

"이스라엘 자손에게 명령하여 그들이 받은 기업에서 레위인에게 거주할 성읍들을 주게 하고 너희는 또 그 성읍들을 두르고 있는 초장을 레위인에게 주어서 성읍은 그들의 거처가 되게 하고 초장은 그들의 재산인 가축과 짐승들을 둘 곳이 되게 할 것이라"(민 35:2~3).

 하나님께서는 레위 지파를 제외한 다른 지파에게 땅을 기업으로 골고루 나누어주셨습니다. 그리고 각 지파에게 그들이 기업으로 받은 땅 가운데 일부를 레위인이 거할 성읍으로 주라고 명령하십니다. 단지 거주만을 의미하는 것이 아니라 성읍에 거주하게 되는 레위인을 지켜주라는 말씀입니다. 그들이 소유한 초장 중 일부도 레위인에게 주어 레위인의 짐승들을 초장에서 기르도록 배려하라고 명령하십니다. 하나님을 기업으로 얻은 자들은 비록 자기 땅의 산물로 먹지는 못해도 땅을 기업으로 받은 자들에 의해 생존이 보존되고, 거처할 성읍도 주어지고, 뛰어놀 수 있는 기회를 얻도록 하나님께서 채워주신다는 것입니다.

 "너희가 레위인에게 모두 사십팔 성읍을 주고 그 초장도 함께 주되 너희가 이스라엘 자손의 소유에서 레위인에게 너희가 성읍을 줄 때에 많이 받은 자에게서는 많이 떼어서 주고 적게 받은 자에게서는 적게 떼어줄 것이라 각기 받은 기업을 따라서 그 성읍들을 레위인에게 줄지니라"(민 35:7~8).

 하나님께서 레위 지파가 다른 지파 속에서 살아갈 수 있도록 환경을 만들어주십니다. 땅을 기업으로 많이 받은 자가 많이 있으면 많이 떼어서 주고, 적게 받은 자가 있으면 적게 떼어주라는 것입니다. 이처럼 하나님께서는 하나님을 기업으로 삼은 자들의 영적인 필요를 채워주실 뿐만 아니라 땅의 것을 기업으로 얻은 자들을 통해 이 땅에서 그들의 필요를 채워주십니다. 여호와 하나님을 기업으로 받은 우리를 하나님께서 가장 필요 적절하게 채워주고 책임져주실 것입니다.

　마태복음 6장 33절에서 하나님께서는 "그런즉 너희는 먼저 그의 나라와 그의 의를 구하라 그리하면 이 모든 것을 너희에게 더하시리라"고 약속하셨습니다. 먼저 하나님의 나라와 의를 구하며 살아가는 자에게 하나님께서 구하는 자들의 모든 필요를 더하신다고 약속하십니다. 우리에게 필요한 의식주 문제를 하나님께서 필요에 따라 채워주신다고 약속하십니다. 내 손에 당장 잡히는 것이 없어도, 내 눈에 지금 보이는 것이 없어도, 주눅 들고 절망하여 낙심하지 말라는 것입니다. 우리 눈에 보이지 않는 기업이 있기 때문입니다. 그 기업은 땅의 것과는 다른 영원한 기업입니다. 바로 여호와 하나님이 우리의 기업이 되십니다. 여호와를 기업으로 삼을 수 있다는 사실 하나만으로 세상 속에서 당당하게 살아가기를 바랍니다.

여호와의 사용하심

　'하나님이 그들의 기업이 되신다'는 또 다른 의미는 하나님께서 모든 필요를 채우신다는 것을 경험하는 동시에 우리를 '놀랍게 사용하신다'는 의미가 담겨 있습니다. 하나님만이 나의 기업이라고 고백할 때 하나님께서는 자신의 기업을 받은 이들을 가만히 두지 않으십니다. 약속을 지켜야 하기 때문에 가만히 계시지 못합니다. 하나님의 기업을 받은 이들에게 어떻게 하실 것인가를 신명기 10장 8~9절에서는 이렇게 설명합니다.

"그때에 여호와께서 레위 지파를 구별하여 여호와의 언약궤를 메게 하며 여호와 앞에 서서 그를 섬기며 또 여호와의 이름으로 축복하게 하셨으니 그 일은 오늘까지 이르느니라 그러므로 레위는 그의 형제 중에 분깃이 없으며 기업이 없고 네 하나님 여호와께서 그에게 말씀하심같이 여호와가 그의 기업이시니라."

하나님께서는 자신을 기업으로 삼은 자들에게 다음과 같이 약속해주십니다.

첫째는, 여호와의 언약궤를 메게 합니다. 이것은 하나님의 임재를 상징합니다. 이스라엘 백성의 행진 앞에는 항상 언약궤가 있었습니다. 하나님께서 우리 앞에서 인도하신다는 것입니다. 백성들이 진을 치고 머물 때도 항상 언약궤를 중심에 놓고 동서남북으로 진을 쳤습니다. 여호와 하나님의 임재를 상징하는 언약궤를 레위 지파가 맡았습니다. 이것은 하나님을 기업으로 받은 사람만이 하나님과 교제할 수 있고 동행할 수 있다는 뜻입니다.

우리는 하나님의 택함을 받은 백성입니다. 소망 없는 세상 가운데서 하나님께서 우리를 택하여 하나님의 기업을 소유한 자로 세워주셨습니다. 그래서 우리는 하나님을 예배할 수 있고 교제할 수 있습니다. 하나님과 사귀고 동행하며 살아갈 수 있습니다. 여호와를 기업으로 받은 것이 우리에게 얼마나 큰 복인지 모릅니다. 하나님께서 우리를 그렇게 사용하신다는 것입니다.

둘째는, 하나님 앞에 서서 그를 섬기게 하신다고 말씀합니다. 레위 지파가 하나님 앞에 섭니다. 그리고 하나님을 섬깁니다. 이것은 바로 하나님께서 임재하시는 장소인 성소에 들어가서 일을 한다는 말입니다. 당시에는 아무나 성소에 들어갈 수 없었습니다. 오직 제사장들만 들어갈 수 있었습니다. 다시 말하면 레위 지파만 들어갈 수 있었습니다.

우리가 섬기는 교회는 누구나 올 수 있습니다. 누구나 올 수 있지만 아무나 하나님을 예배할 수 있는 건 아닙니다. 하나님을 기업으로 삼은 택한 백성만이 하나님을 예배하며 하나님을 위해 일할 수 있습니다. 레위 지파는 여호와 앞에서 성소에 나아가 이스라엘 백성을 위하여 하나님 앞에 중보 하는 일을 했습니다. 그러니까 하나님께로 인도하는 일을 레위 지파에게 맡기셨다는 것입니다. 이것은 엄청나게 귀한 사역입니다.

셋째는, 여호와의 이름으로 다른 이들을 축복하는 일을 맡기셨습니다. 하나님께서 레위 지파를 복의 통로로 사용하시는 것입니다. 창세기 12장을 보면 하나님께서 아브라함을 부르실 때 그로 하여금 복의 근원이 되게 하겠다고 말씀하십니다. 하나님의 복을 주변 사람에게 흘려 보내는 축복의 통로로 사용하시겠다는 이야기입니다. 복의 근원이신 하나님을 기업으로 삼은 자들을 통해 은혜 없는 곳에 은혜의 복을 흘려 보낸다는 것은 참으로 귀한 일입니다. 여호와를 기업으로 삼은 자는 하나님께서 쓰시는 사람이라는 것입니다. 하나님께 쓰임 받는다는 것은 매우 큰 복입니다.

우리는 하나님을 기업으로 받은 자이기 때문에 오직 하나님께만 쓰임 받습니다. 하나님께서 우리를 사용하신다는 것을 믿으며, 우리를 부르신 하나님의 부르심을 믿는 믿음으로 오늘을 감사하고 감격하며 살아갈 수 있기를 바랍니다. 하나님께 쓰임 받는 것 자체가 복입니다.

여호와의 구별하심

더 나아가 하나님이 기업이 되신다는 말은 하나님께서 남달리 '구별하여 애정을 갖고 계신다'는 의미입니다. 하나님께서 그들의 기업이 되신다는 말을 신약 성경에서 살펴보면 표현의 순서가 다르다는 것을 알 수 있습니다. 에베소서 1장 11~12절을 보겠습니다.
"모든 일을 그의 뜻의 결정대로 일하시는 이의 계획을 따라 우리가 예정을 입어 그 안에서 기업이 되었으니 이는 우리가 그리스도 안에서 전부터 바라던 그의 영광의 찬송이 되게 하려 하심이라."
우리를 두고 예수 안에서 하나님의 기업이 되었다고 합니다. 그리고 하나님의 기업인 우리를 통해 하나님께서 영광 받으신다고 말씀합니다. 우리를 하나님의 찬송을 받으시는 도구로 쓰시겠다는 것입니다. 우리가 하나님의 기업이 되었고, 하나님의 영광이 되었다는 것을 말씀하는 것입니다.
구약에서는 우리가 하나님을 기업으로 삼았다고 표현한 반면에, 신약에서는 하나님께서 우리를 기업으로 삼았다고 말씀하십니다. 곧 하나님이 우리의 기업이 되는 것이나 우리가 하나님의 기업이 되는 것이나 같은 의미라는 것입니다. 두 표현이 다르게 보이지만 하나님께서 우리를 구별해주셨다는 사실을 동일하게 표현하는 것입니다. 하나님께서 우리를 통해 찬양과 경배를 받으시지만 우리를 자신의 영광으로 삼아주겠다고 말씀하시는 것입니다. 하나님께서 우리의 기업이 되어주겠다고 말씀하시는 것이 얼마나 큰 복인지 모릅니다. 여호와께 구별되는 것이 축복입니다. 이 사실에 감사하고 감격하며 하나님을 예배할 수 있기를 바랍니다.

　내 손에 잡히는 것이 없다고 해도 내가 여호와의 기업이라는 것 때문에 기뻐할 수 있기를 바랍니다. 또한 그것을 넘어 나를 구별하여 기업으로 삼아주신 하나님 때문에 기뻐하고 즐거워하는 복된 인생 되시기 바랍니다.

17
헌신의 보상
수 14:6~14

헤브론이 그니스 사람
여분네의 아들 갈렙의 기업이 되어
오늘까지 이르렀으니
이는 그가 이스라엘의 하나님 여호와를
온전히 좇았음이라
(수 14:14)

　죽음으로 존재가 사라지는 것을 바라보는 인간에게 불멸은 최고의 소망입니다. 그래서 불멸은 신화 속에서, 철학 사상이나 예술 작품을 통해서 계속 추구의 대상이 되어왔습니다. 체코의 소설가 밀란 쿤데라(Milan Kundera, 1929~)의 『불멸』이라는 작품에서는 인간이 추구하는 몇 가지의 불멸에 대해서 이야기합니다. 예를 들어 역사적으로 기억되어 그 이름이 보존되는 경우입니다. 우리나라에서는 이순신에 관련된 드라마를 했는데 '불멸의 이순신'이었습니다. 이처럼 역사적으로 가치 있거나 유명한 일은 기억됩니다. 또는 주위 사람의 기억 속에 남습니다. 유명하지는 않지만 사랑받는 자로 계속 기억되어 남는 것입니다. 예술작품과 같은 형태로 남아 있는 것도 있습니다. 이 모든 것은 기억에 남는 것으로 실제의 불멸과는 다르지만 유한한 인간의 생명을 바라보는 자에게는 그것이 전부일 수밖에 없을 것입니다.

그런데 진정한 불멸에 대해서는 크리스천들이 말할 수 있습니다. 우리는 부활을 믿습니다. 우리는 영생을 믿습니다. 그리고 우리는 하나님과 영원토록 함께 거하는 것을 믿습니다. 그리고 우리가 행한 믿음의 일들을 하나님께서는 영원히 기억하십니다. 유한한 인간의 기억 속에서 이름으로만 존재하는 것이 아니라 하나님 나라에서 영원히 함께 거하며 우리의 지상에서의 삶이 영원히 기억된다는 말입니다. 불멸을 생각하면 이 땅에서 우리가 어떻게 살아야 하는지 두렵기도 합니다. 또 하루하루가 얼마나 소중한지 믿음의 삶의 가치를 다시 되돌아보게 됩니다.

누군가의 기억에 남는 건 분명히 행복한 일입니다. 그것도 좋은 기억으로 남는다면 더욱 행복한 일입니다. 많은 사람이 모세를 기억합니다. 그는 이스라엘 민족의 위대한 지도자요, 영웅입니다. 또한 모세의 뒤를 이은 여호수아도 기억합니다. 요단강을 건너고 가나안 족속을 무찌르며 마침내 약속의 땅을 소유하게 한 그를 기억합니다. 그러나 똑같이 정탐하고 온 모세와 여호수아에 비해 기억하는 이가 적은 인물이 있습니다. 바로 갈렙입니다. 하지만 성경을 눈여겨보면 갈렙을 지나칠 수 없습니다.

여호수아서는 이스라엘 백성이 가나안을 정복하는 장면 가운데 여호수아를 중심에 놓고 있습니다. 그러나 가나안 정복을 마무리하는 끝자락에 갈렙이라는 인물에 우리의 시선을 옮기게 합니다. 성경은 갈렙에 대해 숨은 영웅, 2인자로 소개하지만 갈렙을 통해 가나안 정복을 원하는 우리에게 가르쳐주는 메시지가 있습니다.

성실한 사람

성경은 갈렙을 성실한 사람이라고 소개합니다. 가나안 정복 과정에서 갈렙의 성실함을 가르치면서 우리도 갈렙처럼 성실한 사람으로 설 것을 요구합니다. 갈렙을 이해하려면 본문 시점에서 약 45년 전 시간으로 거슬러 올라가야 합니다. 모세가 생존했을 때 가나안 땅을 정탐했던 시점까지 올라가보겠습니다. 모세는 이스라엘 백성을 이끌고 포로 된 애굽에서 자유된 광야로 이끌었습니다. 그리고 이스라엘 백성에게 하나님께서 가나안 땅으로 인도하실 거라고 말했지만 그들은 하나님의 약속을 온전히 신뢰하지 않습니다. 그래서 광야에서 백성들은 모세에게 애굽으로 돌아가자고 소리쳤습니다. 온갖 불평과 원망들이 쏟아지고 있을 때 모세는 가나안 땅으로 정탐꾼을 파견합니다. 약속하신 땅을 정탐하고 돌아와 하나님께서 우리에게 주시겠다고 약속하신 땅이 어떤 곳인가를 이스라엘 백성들에게 알려주고 싶었습니다. 정탐을 마치고 돌아온 정탐꾼들의 보고는 크게 두 그룹으로 나뉘었습니다. 한 그룹은 가나안에 대해 부정적으로 말했고, 다른 한 그룹은 그 땅에 새겨진 하나님의 약속을 보고 정말 아름답고 좋은 땅이더라는 보고를 했습니다.

"그와 함께 올라갔던 사람들은 이르되 우리는 능히 올라가서 그 백성을 치지 못하리라 그들은 우리보다 강하니라 하고"(민 13:31).

하나님께서 분명 가나안을 이스라엘 백성에게 주겠다고 약속하셨는데 이들은 그 땅을 보고 와서 '그 땅을 치지 못할 것이다', '그들은 우리보다 강하다'라고 말합니다.

"거기서 네피림 후손인 아낙 자손의 거인들을 보았나니 우리는 스스로 보기에도 메뚜기 같으니 그들이 보기에도 그와 같았을 것이니라"(민 13:31).

정탐꾼의 보고 중 '메뚜기'라고 표현한 부분을 주목해보아야 합니다. 정탐꾼 스스로 보기에 가나안 사람에 비해 자기들이 메뚜기 같아 보였다고 말하면서, 가나안 사람도 그렇게 생각할 것이라고 합니다. 정탐꾼들은 그 땅을 정복하는 일이 불가능하다는 보고를 하면서 실제로 일어나지도 않은 일을 전달하고 있는 것입니다. '우리가 그들을 보니까 대단히 크더라. 아마 우리를 메뚜기처럼 볼 것이다'라고 말하는 것입니다. 불신앙이 부정적인 가설을 만들어낸 것입니다.

그러나 똑같이 정탐하고 온 여호수아와 갈렙의 보고는 달랐습니다. 민수기 14장 7~9절입니다.

"이스라엘 자손의 온 회중에게 말하여 이르되 우리가 두루 다니며 정탐한 땅은 심히 아름다운 땅이라 여호와께서 우리를 기뻐하시면 우리를 그 땅으로 인도하여 들이시고 그 땅을 우리에게 주시리라 이는 과연 젖과 꿀이 흐르는 땅이니라 다만 여호와를 거역하지는 말라 또 그 땅 백성을 두려워하지 말라 그들은 우리의 먹이라 그들의 보호자는 그들에게서 떠났고 여호와는 우리와 함께하시느니라 그들을 두려워하지 말라 하나."

가나안은 심히 아름다운 땅이고, 분명히 그 땅에 살고 있는 사람들은 크고 강하지만, '여호와께서 우리를 기뻐하시면' 우리가 그 땅을 능히 정복할 수 있다고 합니다. 심지어 '그들은 우리의 먹이'라고 보고합니다.

이제 약 45년 전에 일어났던 이 사건을 여호수아 14장에 와서 갈렙이 회상하고 있습니다. 부정적인 보고 때문에 절망하고 있는 이스라엘 백성을 향해 함께 소망의 보고를 했던 여호수아에게 갈렙이 말합니다.

"내 나이 사십 세에 여호와의 종 모세가 가데스 바네아에서 나를 보내어 이 땅을 정탐하게 하였으므로 내가 성실한 마음으로 그에게 보고하였고 나와 함께 올라갔던 내 형제들은 백성의 간담을 녹게 하였으나 나는 내 하나님 여호와께 충성하였으므로 그날에 모세가 맹세하여 이르되 네가 내 하나님 여호와께 충성하였은즉 네 발로 밟는 땅은 영원히 너와 네 자손의 기업이 되리라 하였나이다"(수 14:7~9).

갈렙은 그날 일을 회상하면서 그때 어떤 마음으로 보고했는지 말합니다. 바로 '성실한 마음으로' 보고했다는 것입니다. '성실'은 '신실하다'는 의미입니다. 곧 하나님의 약속을 신실하게 믿는 믿음으로 보고한 것입니다. 성실하게 보고했을 뿐만 아니라 '여호와께 충성하였다'고 말합니다. 이 말은 '충만'이라는 뜻입니다. 여호와께 충성했다는 말은 '여호와로 충만했다. 나는 하나님으로 가득 찼기 때문에 이러한 보고를 했다'는 말입니다. 이렇게 하나님의 성실하심으로 충만한 갈렙에 대해 민수기 14장 24절에서는 이렇게 평가합니다.

"그러나 내 종 갈렙은 그 마음이 그들과 달라서 나를 온전히 따랐은즉 그가 갔던 땅으로 내가 그를 인도하여 들이리니 그의 자손이 그 땅을 차지하리라."

다른 사람들의 마음과 달리 하나님을 따른 자였다고 평가합니다. 하나님을 따르되 '온전히' 따랐습니다. 이 표현에 '충성(מלא, 말레)'이라는 단어가 쓰입니다. 이는 곧 하나님에 대한 마음으로 '가득 찼다'는 것으로, 하나님을 온전히 믿고 따랐다는 이야기입니다. 갈렙은 여호와를 온전히 따른 삶을 살았습니다. 갈렙은 의심과 불평, 불만 없이 하나님으로 충만한 사람이었습니다. 성경을 보면 갈렙은 불평하는 군중들 속에 있으면서도 하나님을 온전히 따랐던 것을 알 수 있습니다. 이스라엘 군중들이 모세를 향하여 돌을 들고, 하나님을 향하여 불평할 때도 갈렙은 그들과 합세하지 않았습니다. 그러니까 갈렙은 오직 하나님께만 충성한 사람, 하나님으로만 충만했던 사람인 것입니다.

정복한 가나안 땅을 분배하는 시점에서 갈렙을 소개하는 이유는 우리도 가나안을 소유하기 위해 갈렙처럼 살아야 한다는 것을 알려주기 위해서입니다. 세상에서는 성실하다고 말할 때 변함없이 꾸준하게 살아가는 것을 말하겠지만, 성경이 말하는 성실은 오직 하나님을 전심으로 알고 충만하여 그분의 삶을 따라가는 것을 말합니다.

성실한 사람인 갈렙에게 하나님께서 보상을 해주십니다. 민수기 14장 36~38절을 봅시다.

"모세의 보냄을 받고 땅을 정탐하고 돌아와서 그 땅을 악평하여 온 회중이 모세를 원망하게 한 사람 곧 그 땅에 대하여 악평한 자들은 여호와 앞에서 재앙으로 죽었고 그 땅을 정탐하러 갔던 사람들 중에서 오직 눈의 아들 여호수아와 여분네의 아들 갈렙은 생존하니라."

하나님께서 약속하신 땅을 악평한 사람들은 결국 광야에서 죽었습니다. 그들의 종착지인 가나안을 밟지도 못했습니다. 그러나 여호와께 충성한 갈렙은 생존하여 약속했던 가나안 땅에 들어갔습니다.

구원받은 성도의 삶을 두 가지로 나눌 수 있습니다. 구원은 받았지만 젖과 꿀이 흐르는 가나안 땅을 누리지 못하고 광야에서 허둥대다가 인생을 마치는 성도입니다. 이를 광야 성도라고 부릅니다. 그런가 하면 젖과 꿀이 흐르는 가나안에 들어가 그 땅을 소유하고 누리는 성도가 있습니다. 비록 하나님을 예배하는 삶을 살지만 광야를 걷는 것처럼 만족을 누리지 못하는 성도가 있는 반면에 가는 곳마다 젖과 꿀이 흐르는 가나안을 누리며 하나님의 복으로 만족을 얻는 성도도 있다는 것입니다. 그 차이가 바로 하나님 앞에서 '성실한 삶을 살았느냐? 그렇지 않았느냐?'입니다. 민수기 14장 30절을 봅시다.

"여분네의 아들 갈렙과 눈의 아들 여호수아 외에는 내가 맹세하여 너희에게 살게 하리라 한 땅에 결단코 들어가지 못하리라."

성실하지 않은 사람 즉 여호와께 충성하지 않는 사람은 결단코 약속의 땅인 가나안에 들어가지 못합니다. 구원을 받았지만 그 삶을 누리지 못한다는 말입니다. 같은 부모에서 태어난 자녀라도 가족의 행복을 누리는 자녀가 있는가 하면 그 삶을 누리지 못하는 자녀도 있습니다. 그렇다고 해서 부모의 자녀가 안 되는 것이 아닙니다. 분명히 부모의 자식이 맞습니다. 그러나 부모와 더불어 사귀는 그 소중한 관계의 기쁨을 온전히 누리지 못합니다. 갈렙의 성실함이 우리에게 있기를 바랍니다.

믿음의 사람

갈렙은 성실한 사람이었을 뿐만 아니라 하나님의 약속을 온전히 붙잡은 믿음의 사람이었습니다. 갈렙은 가나안 전쟁을 마칠 때까지도 한 가지 약속을 기억하고 있었습니다. 여호수아 14장 9절입니다.

"그날에 모세가 맹세하여 이르되 네가 내 하나님 여호와께 충성하였은즉 네 발로 밟는 땅은 영원히 너와 네 자손의 기업이 되리라 하였나이다."

갈렙이 말한 그날은 약 45년 전 갈렙에게 약속하신 그때를 가리킵니다. 발로 밟는 땅을 영원히 주겠다고 말씀하신 하나님의 약속을 기억하고 있는 것입니다. 세월이 흘러 어느덧 노인이 된 갈렙은 하나님의 약속을 굳게 붙들고 잊지 않았습니다. 약속의 말씀을 붙들고 요단강을 건넜고, 그 약속의 말씀을 신뢰하며 지금 가나안 땅에 이르렀다는 것입니다. 그래서 갈렙은 여호수아에게 이렇게 말합니다.

"나와 함께 올라갔던 내 형제들은 백성의 간담을 녹게 하였으나 나는 내 하나님 여호와께 충성하였으므로"(수 14:8).

다른 정탐꾼들이 부정적인 보고를 하고 이로 인해 백성들이 불안해했지만 나는 여호와로 충만해서 그 약속을 믿었기 때문에 부정적인 보고를 하지 않았다고 말합니다. 그는 믿음의 사람이었습니다. 광야를 지날 때 다른 사람은 마음과 생각이 흔들려 삶의 중심을 잡지 못했지만, 갈렙은 하나님의 약속을 믿음으로 굳게 붙잡고 흔들림 없이 가나안까지 왔습니다.

우리에게도 갈렙의 믿음이 필요합니다. 45년이라는 긴 세월이 흐르는 동안 수많은 전쟁을 치르면서도 흔들리지 않았던 갈렙, 그에게 하나님의 변함없는 약속을 붙잡고자 했던 변치 않은 믿음이 있었던 것처럼 우리에게도 이러한 믿음이 있기를 바랍니다. 이러한 믿음의 삶을 사는 사람에게 하나님께서는 반드시 보상해주십니다.

"이제 보소서 여호와께서 이 말씀을 모세에게 이르신 때로부터 이스라엘이 광야에서 방황한 이 사십오 년 동안을 여호와께서 말씀하신 대로 나를 생존하게 하셨나이다 오늘 내가 팔십오 세로되 모세가 나를 보내던 날과 같이 오늘도 내가 여전히 강건하니 내 힘이 그때나 지금이나 같아서 싸움에나 출입에 감당할 수 있으니"(수 14:10~11).

갈렙은 '여호와께서 말씀하신 대로 나를 생존하게 하셨다'고 말합니다. 45년 전, 믿음을 고백한 여호수아와 갈렙에게 하나님께서는 '가나안 땅에 들어가리라. 생존하리라'라고 약속하셨습니다. 불평하던 백성들은 광야에서 모두 죽었지만 지금 가나안 땅에 들어와 있는 자신을 보니 하나님께서 자신을 지금까지 생존하게 하셨다고 고백하는 것입니다. 하나님의 약속을 온전히 믿은 사람에게 하나님께서 그 약속을 이루어주시는 보상을 누리게 하신 것입니다.

가끔 회사를 아들에게 물려주지 않고 성실하게 일한 직원에게 넘겨주었다는 소식을 듣습니다. 이처럼 사람도 자신을 신뢰하며 따르는 이에게 보상합니다. 이와 마찬가지로, 아니 이것과 비교할 수 없을 정도로 하나님께서는 자신을 믿는 사람에게 그 믿음을 보고 믿음대로 이루어지도록 보상해 주십니다.

'갈렙은 가나안 땅에 들어갈 것이다. 끝까지 생존할 것이다.'

다른 사람들은 이 말을 우스운 농담으로 가볍게 여겼지만 갈렙은 믿음으로 이 말씀을 붙잡았습니다. 그래서 노인이 되었어도 하나님께서 나를 생존하도록 붙잡아주셨다는 고백을 할 수 있었던 것입니다.

거룩한 사람

갈렙은 영적인 가치를 알고 하나님의 거룩한 것을 사모했던 '거룩한 사람'이었습니다.

"그날에 여호와께서 말씀하신 이 산지를 지금 내게 주소서 당신도 그날에 들으셨거니와 그곳에는 아낙 사람이 있고 그 성읍들은 크고 견고할지라도 여호와께서 나와 함께하시면 내가 여호와께서 말씀하신 대로 그들을 쫓아내리이다 하니"(수 14:12).

45년 전에 자신에게 주겠다고 말씀하신 하나님의 약속에 따라 그 땅을 자신에게 주도록 요청하고 있습니다. 오랜 세월이 지났어도 갈렙은 하나님의 약속을 끝까지 붙들고 있었다는 것입니다. 그가 요청한 산지에 대해 13절은 말합니다.

"여호수아가 여분네의 아들 갈렙을 위하여 축복하고 헤브론을 그에게 주어 기업을 삼게 하매."

갈렙은 헤브론 산지를 기업으로 삼도록 요청했고, 마침내 그 산을 자신의 소유로 삼습니다.

"헤브론이 그니스 사람 여분네의 아들 갈렙의 기업이 되어 오늘까지 이르렀으니 이는 그가 이스라엘의 하나님 여호와를 온전히 좇았음이라"(수 14:14).

하나님을 온전히 좇은 갈렙은 헤브론을 자기 소유로 삼을 수 있었습니다. 가나안에 다른 평지도 많을 텐데 갈렙이 굳이 헤브론 산지를 요구한 것은 이유가 있습니다. 창세기 13장을 보면 소유가 많아진 아브라함과 롯이 서로 떠나게 됩니다. 아브라함의 배려로 롯이 먼저 거처를 선택합니다. 롯은 물이 넉넉한 장소를 눈을 들어 바라보고 그곳으로 거처를 옮깁니다. 고향 땅을 나올 때부터 함께한 롯이 아브라함을 떠난 것입니다. 그때 하나님께서 아브라함의 눈을 들게 하셔서 보이는 곳을 다 주겠다고 약속하십니다. 롯은 이 땅의 풍요로움을 바라보았지만 아브라함은 하나님의 풍요로움을 바라보았습니다. 하나님께 땅을 약속받은 아브라함이 거처를 옮기게 되는데 그곳이 바로 헤브론입니다.

"이에 아브람이 장막을 옮겨 헤브론에 있는 마므레 상수리 수풀에 이르러 거주하며 거기서 여호와를 위하여 제단을 쌓았더라"(창 13:18).

헤브론에서 아브라함은 하나님을 위하여 제단을 쌓았습니다. 헤브론은 믿음의 조상인 아브라함이 하나님을 인정하고 높였던 곳입니다. 아브라함이 하나님을 만났던 곳입니다. 하나님께서 약속의 땅을 주겠다고 말씀하셨던 곳입니다. 따라서 헤브론은 이스라엘 백성에게 영적인 성지였습니다. 갈렙은 영적인 가치가 있는 헤브론을 소유하고 싶어한 것입니다.

갈렙은 하나님을 예배했던 장소인 헤브론, 그러나 지금은 가나안 족속이 점령하여 예배의 함성이 사라져버린 헤브론을 자신의 소유로 삼겠다고 요청합니다. 당시 헤브론은 가장 견고한 요새였습니다. 성안에는 강한 용사들이 있었습니다. 헤브론을 소유하려면 엄청난 위험부담을 안아야 했습니다. 그렇지만 갈렙에게는 아브라함 때부터 제단을 쌓고 경배했던 헤브론에 대한 거룩한 열망이 있었습니다. 그래서 이러한 위험을 끌어안고 그 땅을 취할 수 있도록 요청하고 있는 것입니다. 거룩한 열망이 있는 갈렙을 하나님께서 어떻게 이끄셨는지 15장 13~14절에 나와 있습니다.

"여호와께서 여호수아에게 명령하신 대로 여호수아가 기럇 아르바 곧 헤브론을 유다 자손 중에서 분깃으로 여분네의 아들 갈렙에게 주었으니 아르바는 아낙의 아버지였더라 갈렙이 거기서 아낙의 소생 그 세 아들 곧 세새와 아히만과 달매를 쫓아내었고."

하나님께서는 쉽게 정복할 수 없는 헤브론을 갈렙의 것으로 주셨습니다. 이뿐만이 아닙니다.

"이르되 내게 복을 주소서 아버지께서 나를 네겝 땅으로 보내시오니 샘물도 내게 주소서 하매 갈렙이 윗샘과 아랫샘을 그에게 주었더라"(수 15:19).

갈렙의 딸 악사가 출가할 때 네겝 땅의 윗샘과 아랫샘을 줄 정도까지, 하나님께서는 갈렙에게 흔들어 넘치도록 땅을 주셨습니다.

하늘의 것을 귀하게 여기고 있습니까, 아니면 오늘 내 손에 잡히는 이 땅의 것을 더 가치 있게 여기고 있습니까? 우리는 육신의 것을 얻기 위해 재능과 물질, 시간까지도 쏟아붓습니다. 그러나 영적인 것을 소유하는 일에는 아무런 투자도 하지 않습니다. 육신의 욕심을 채우는 일에는 시간을 쪼개면서까지 열심을 냅니다. 그런데 하나님과 깊은 교제를 나누기 위해 기도하는 일에는 시간이 없다는 핑계를 대며 미루지 않습니까? 이런 의미에서 갈렙은 영적인 것에 가치를 둔 '거룩한 사람'이었습니다.

또한 갈렙에게는 헤브론을 취해야겠다는 강한 의지가 있었습니다. 그곳은 최강의 용병들이 있는 강한 요새였습니다. 그곳을 내버려두면 장차 이스라엘을 공격할 수 있기 때문에 그들을 멸절시킵니다. 여호수아 15장을 보면 다른 지파들은 분배받은 땅을 자기의 것으로 소유했다고 하는데 갈렙은 그 땅을 정복하기 위해 가나안 족속을 '치고, 쫓아내어' 기업으로 받았다고 기록합니다. 모두가 이 정도면 됐다고 자기 기준으로 만족하며 전쟁을 멈추려고 할 때 하나님의 약속을 이루고자 했던 거룩한 갈망이 있던 갈렙은 그들과 싸워서 이겼습니다.

"그러나 내 종 갈렙은 그 마음이 그들과 달라서 나를 온전히 따랐은즉 그가 갔던 땅으로 내가 그를 인도하여 들이리니 그의 자손이 그 땅을 차지하리라"(민 14:24).

갈렙은 위험을 무릅쓰고 전쟁을 감당했습니다. 그 안에 거룩한 것을 이루려는 갈망이 있었기 때문입니다. 육신의 편안함보다 영혼의 평안함을 더 원했기에 기꺼이 육신의 수고를 믿음으로 감당했습니다. 그런 갈렙을 하나님께서는 이렇게 평가하십니다.

"그러나 내 종 갈렙은 그 마음이 그들과 달라서 나를 온전히 따랐은즉."

얼마나 아름다운 표현입니까? 하나님께서 우리를 바라보고 웃으시며 이러한 평가를 귓가에 속삭여주시는 은혜가 있기를 간절히 소망합니다.

18
경계해야 할 위험 요소

수 18:1~7

여호수아가 이스라엘 자손에게 이르되
너희가 너희 조상의 하나님 여호와께서
너희에게 주신 땅을 점령하러 가기를
어느 때까지 지체하겠느냐
(수 18:3)

존 버니언(John Bunyan, 1628~1688)이 쓴 『천로역정』(天路歷程, The Pilgrim's Progress, 1678)은 구원의 길에 들어선 주인공 크리스천이 천성을 향해 가는 여정을 담고 있습니다. 그런데 이 책의 거의 앞부분에서 주인공이 예수님의 십자가 아래서 예수님의 보혈로 죄 사함을 받는 칭의의 사건이 일어납니다. 구원받는 것이 중요하니까 마지막에 멋있는 하이라이트로 끝나게 되어 있지 않고 구원받음을 출발점으로 그리고 있습니다. 크리스천이 수많은 유혹과 위험과 자기와의 싸움을 통해 천성으로 가는 과정이 그 책의 주된 내용입니다.

우리 역시 마찬가지입니다. 구원받음은 신앙생활의 출발점이고 우리는 구원의 완성을 향해 순례의 길을 걸어갑니다. 신앙생활의 실제 모습은 온갖 위험과 장애물을 극복하는 과정입니다. 그런데 성도가 잘 인식하지 못하는 위험한 생각이 하나 있습니다. 그것은 예수님을 믿은 것이 신앙생활의 완성이라고 생각하는 점입니다.

'내가 예수님을 믿기 때문에 죽어도 천국에 간다. 내가 예수님을 믿기 때문에 하나님의 자녀가 되었다. 내가 예수님을 믿기 때문에 하나님께서 나의 보호자가 되신다.'

물론 하나도 틀림없는 다 맞는 말입니다. 그러나 분명히 알아야 할 것이 있습니다. 예수님을 믿은 것은 신앙의 마침표를 찍는 신앙의 완성이 아니라 새로운 삶을 살아가는 신앙의 출발점이라는 것입니다. 성경은 우리에게 예수님을 믿은 하나님의 백성이 세상 속에서 어떻게 살 것인가를 가르치고 있습니다. 약속된 천국을 믿음으로 소유하였으므로 어떻게 천국을 누리며 살 것인가를 가르치고 있습니다. 그러므로 예수님을 믿는 것은 신앙의 출발입니다.

이스라엘 백성의 모습도 이와 마찬가지입니다. 오랫동안 애굽의 종으로 살았던 이스라엘 백성이 하나님의 일하심으로 출애굽을 경험합니다. 우리가 예수님을 믿고 죄의 권세에서 벗어난 것과 같습니다. 그렇다고 하나님께서 이스라엘 백성에게 출애굽만 경험시키려고 역사하신 것은 아닙니다. 출애굽은 광야생활과 가나안 정복에 이르는 새로운 삶에 대한 서막에 불과했습니다. 출애굽은 하나님의 목적을 여는 도화선이었던 것입니다. 출애굽 하신 하나님의 목적은 하나님께서 이스라엘에게 십계명을 주시는 장면인 출애굽기 20장에서 찾을 수 있습니다. 출애굽기 20장 2절에서 하나님께서는 십계명을 주시기 전에 자신에 대해 이렇게 말씀하십니다.

"나는 너를 애굽 땅, 종 되었던 집에서 인도하여 낸 네 하나님 여호와니라."

하나님께서는 자신에 대해 택한 백성을 종 되었던 애굽 땅에서 인도해내신 분이라고 말합니다. 그후 백성들에게 십계명을 주십니다. 이것은 '너희를 애굽에서 이끌어내어 자유를 주었으니 그 자유를 방종으로 삼지 말고 광야에서도, 가나안에서도 하나님의 백성답게 이렇게 살아야 한다'는 뜻입니다.

여호수아서도 바로 이 점을 강조하고 있습니다. 단지 약속의 땅인 가나안을 정복한 것에만 머물지 않고 어떻게 하면 그 땅에서 하나님 백성답게 살아가며 그 약속을 누릴 수 있을까를 말합니다. 젖과 꿀이 흐르는 가나안 땅에 들어가는 것도 중요하지만 택한 백성을 그곳으로 이끌고, 그곳에서 누리기를 원하는 하나님의 뜻을 아는 것이 더욱 중요합니다. 하나님의 목적을 누리지 못한다면 가나안에 있는 것은 아무 의미가 없습니다. 산해진미를 다 차려놓았지만 그것을 먹지 못한다면 복이 아닙니다. 하나님께서는 우리를 하나님의 자녀로 삼고 성경을 통해서 하나님이 아니면 그 누구도 줄 수 없는 가나안을 약속해주셨습니다. 그것을 누리지 못한다면 요단을 건너온 것, 가나안 족속을 무찌르기 위해 전쟁을 하는 것들이 아무런 의미를 갖지 못합니다.

성도는 과거의 어떤 결심으로, 어떤 신비로운 체험으로 오늘을 사는 자가 아닙니다. 성도는 오늘 그리스도께서 원하시는 바를 향하여 끊임없이 달음질하면서 자신을 성장시켜가는 자이며, 그 은혜를 누리는 자입니다. 우리는 날마다 그리스도 안에서, 그리스도로 인하여 누릴 수 있는 모든 은혜와 복을 풍성히 맛보는 복된 인생이 되어야 합니다. 과거 지향적인 성도들이 있습니다. '옛날에, 왕년에' 잘 믿었고, 기도를 많이 했고, 놀라운 체험을 했다고 말하지만, 오늘의 삶은 전혀 다른 모습으로 살아갑니다. 오늘을 어떻게 살아가는지가 중요합니다. 성경은 가나안을 죽어서 가는 곳이라고 생각하지 말고 오늘 이곳에 살면서 누리는 것으로 여기라고 말씀합니다. 그렇다면 가나안을 지금 누리기 위해서는 무엇이 필요한지 살펴보아야 합니다.

나태의 위험

경계해야 할 첫 번째 요소는 '영적인 나태의 위험'입니다. 영적으로 나태하면 가나안을 정복했음에도 불구하고 그 땅을 누리지 못합니다. 이스라엘 백성을 애굽 땅에서 인도해낸 모세는 가나안으로 향하며 광야생활을 하는 중에 가나안이 어떤 곳인지 다 말해주었습니다. 그래서 이스라엘 백성은 그 말씀을 붙들고 소망하며 광야를 지났습니다. 리더십이 여호수아에게 승계된 후 백성들이 가나안을 정복할 때 여호수아는 모세가 그들에게 이미 알려주었던 말을 반복해서 상기시키며 가나안 정복 전쟁을 승리로 이끕니다. 이제 전쟁이 마무리되었습니다. 정복한 가나안 땅을 기업으로 분배하려고 합니다.

그런데 이스라엘 백성의 모습에서 한 가지 이상한 증상이 나타납니다. 바로 나태함입니다. 전쟁을 치르는 내내 풀지 않았던 영적 긴장의 끈을 땅을 분배하려는 시점에서 풀어버렸습니다.

"그러나 이스라엘 자손 중에 그 기업의 분배를 받지 못한 자가 아직도 일곱 지파라"(수 18:2).

이스라엘 열두 지파 중 일곱 지파는 아직 가나안 땅을 분배받지 못했습니다. 그 이유가 3절에 나옵니다.

"여호수아가 이스라엘 자손에게 이르되 너희가 너희 조상의 하나님 여호와께서 너희에게 주신 땅을 점령하러 가기를 어느 때까지 지체하겠느냐."

여호수아는 안타까움과 탄식의 마음으로 이 말을 했을 것입니다. 이스라엘 백성이 가나안 땅을 자신의 것으로 소유하는 일을 멈춰버렸기 때문입니다. 그래서 빨리 너희 몫으로 주어질 그 땅을 취하라고 독려하고 있습니다. 하지만 그들은 지금 받은 땅의 비옥함만으로도 살아가는 데 전혀 불편함이 없고, 광야를 지나며 여기까지 온 것으로도 만족하고 있습니다. '이것만으로도 넉넉하다. 좀 천천히 하자. 이만하면 됐다'고 생각하고 남아 있는 땅을 취하는 것을 멈추었습니다. 그래서 여호수아가 백성들에게 요구하고 있는 것입니다. 어느 때까지 이렇게 멈춰 있겠느냐, 지체하고 있겠느냐, 왜 이렇게 집중력이 상실되었느냐, 왜 이렇게 나태해졌느냐, 그 땅을 차지하려고 요단을 건너 여기까지 왔는데 왜 나태함으로 지체하고 있느냐고 여호수아가 책망하고 있습니다.

신앙생활에서 영적인 나태함은 대단히 위험합니다. 나태함은 신앙생활의 즐거움을 잃어버리는 주된 원인입니다. 지난날 우리는 은혜를 사모하며 예배하는 즐거움이 있었고, 하나님이 살아 계시다는 그 사실 하나만으로도 삶에 힘이 되고 활력이 되었습니다. 그런데 어느 순간, 예배가 짐이 되고 예수님을 섬기는 것이 귀찮고 무거운 짐이 되어버린 것을 경험할 때가 있습니다. 그래서 신앙의 성숙을 제대로 알지도 못한 채 노숙해버린 이상한 자신의 영적 모습을 보게 됩니다. 성경의 어느 곳을 보더라도 우리에게 성숙하도록 가르치지 노숙하라고 가르치지 않습니다. 독수리가 날개 치며 올라가는 것처럼 끊임없이 성숙하고 성장할 것을 가르치지 그 어느 곳에서도 노숙하라고 말하지 않습니다.

신앙생활을 오래 한 사람일수록 영적인 나태함에 빠질 위험이 높습니다. 신앙생활을 오래 하면 오래 할수록 하나님을 더 깊이 알고 누려야 하는데, 그것을 알고 있음에도 불구하고 뜨거웠던 신앙의 모습은 옛날이야기가 되어버리고 나태함으로 가나안을 누리지 못하는 것입니다. 주일마다 살아 계신 하나님을 예배하는 구원의 감격이 회복되어야 합니다. 비록 육신은 날이 갈수록 약해지더라도 하나님을 향한 열정은 더욱 뜨거워져야 합니다.

이처럼 신앙문제의 원인은 대부분 나 자신에서 시작합니다. 우리 안에 꿈틀거리고 있는 나태함을 제거해야 합니다. 환경을 탓하지 말아야 합니다. 자신의 나태함을 깨닫고 새로워지고자 하는 믿음의 결단이 없으면 아무런 의미가 없습니다.

불화의 위험

경계해야 할 두 번째 위험 요소는 공동체 안에서 서로를 반목하는 '불화의 위험'입니다. 이스라엘 지파 중 르우벤, 갓, 므낫세 반 지파는 요단을 건너 가나안을 정복하려고 할 때 가나안 땅을 기업으로 받지 않겠다고 말합니다. 그들은 가나안 동쪽 땅을 원했습니다. 척박한 광야만 지나다가 요단강에 가까이 이르니 점점 비옥한 땅들이 백성들에게 보이기 시작했습니다. 그들은 가축을 기르는 데 충분한 땅을 보고선 이곳에 정착하겠다고 요구합니다. 하나님의 약속인 가나안을 포기한 것입니다. 그래서 그들은 그 땅을 소유로 삼게 됩니다. 그런데 조건이 있습니다. 요단 동쪽 땅을 소유하는 대신에 남자들은 다른 지파와 함께 가나안에 들어가서 정복 전쟁에 참여하는 것입니다. 그래서 그들은 모든 전쟁에 함께 힘을 합쳐서 싸웁니다. 그리고 가나안 정복 전쟁을 마치고 각 지파별로 기업을 분배한 다음 그들의 땅인 요단 동편으로 돌려보냅니다.

"여호수아가 그들에게 축복하여 보내매 그들이 자기 장막으로 갔더라"(수 22:6).

여호수아는 전쟁에 함께한 그들을 축복하고 가나안 땅에 있는 진귀한 것들을 선물로 주며 요단 동편으로 보냈습니다.

그런데 문제가 생겼습니다. 이들이 요단강에 이르러 가만히 생각을 해보니 가나안 땅이 자기들이 소유한 요단 동편 땅보다 더 좋아 보였습니다. 그래서 이들이 머리를 씁니다. 훗날 가나안 땅에 있는 이스라엘 백성이 요단강을 기점으로 편을 나누면 요단 저편에 있는 자신들은 관심 밖에 둘 거라는 생각을 하게 됩니다. 따라서 훗날 후손들이 가나안 땅과 왕래하는 한 백성으로 연결되어 있는 것이 좋겠다고 생각하여 요단 강가에 제단을 쌓았습니다. 그런데 르우벤, 갓, 므낫세 반 지파가 제단을 쌓는다는 소식이 다른 지파에게 들렸습니다. 그러자 그들은 온갖 의심을 품고 이들을 향해 비난을 퍼부으며 전쟁까지 하려고 했고, 그래서 이들을 치기 전에 조사처리위원회를 보냈습니다.

"우리가 목적이 있어서 주의하고 이같이 하였노라 곧 생각하기를 후일에 너희의 자손이 우리 자손에게 말하여 이르기를 너희가 이스라엘 하나님 여호와와 무슨 상관이 있느냐 너희 르우벤 자손 갓 자손아 여호와께서 우리와 너희 사이에 요단으로 경계를 삼으셨나니 너희는 여호와께 받을 분깃이 없느니라 하여 너희의 자손이 우리 자손에게 여호와 경외하기를 그치게 할까 하여"(수 22:24~25).

제단을 쌓은 목적을 들은 처리 위원들이 그런 의도라면 나쁘지 않겠다고 판단하여 전쟁을 무마시킵니다.

"제사장 비느하스와 그와 함께 한 회중의 지도자들 곧 이스라엘 천천의 수령들이 르우벤 자손과 갓 자손과 므낫세 자손의 말을 듣고 좋게 여긴지라"(수 22:30).

제단을 쌓은 행위 하나에 오해가 쌓이자 방금 전까지 함께 전쟁을 치르던 전우가 원수로 변하게 됩니다. 하나님께서 택하신 하나의 백성인 이스라엘에 화목이 깨지니까 서로를 죽이려고 혈안이 되어버립니다. 서로를 죽이려는 피비린내 나는 전쟁까지 치르려고 했습니다.

성경이 이 장면을 우리에게 말씀하는 이유는 바로 하나님의 한 백성이라 할지라도 화평이 깨지면 모두가 가나안을 누리지 못하고 죽는다는 것을 경고하기 위함입니다. 우리 안에 화목을 잃어버리면 누릴 수 있는 복을 누리지 못합니다. 아내와 남편 사이에 화목이 깨지면 부부로서 누릴 수 있는 것을 누리지 못합니다. 부모와 자식 사이에 화목이 깨지면 그 안에서 누릴 수 있는 관계의 기쁨을 전혀 누리지 못하게 됩니다. 형제와 자매 간에도 마찬가지입니다. 다른 집안은 형제간에 화목하게 왕래하고 자손들이 오고 가며 서로에게 도움을 주는데, 불화 때문에 가족 간에도 다투고 시기하여 왕래가 끊어지고 누릴 수 있는 것을 누리지 못하는 경우가 얼마나 많습니까? 신앙의 공동체인 교회도 마찬가지입니다. 교회 안에서 화목이 깨지면 교회만이 누릴 수 있는 하나님의 은혜와 복을 빼앗기게 됩니다. 하나님의 복을 빼앗기는 것은 결국 다 잃어버리는 것입니다.

화평이 깨지는 원인을 살펴보면 별것 아닌 것 때문인 경우가 참 많습니다. 다른 지파들이 요단 강가에 제단을 쌓는 지파들을 공격하려고 했던 상황도 보십시오. 그들이 제단을 쌓는 이유가 합당했고, 어쩌면 별것도 아닐 수 있는 이 일에 대해 온갖 추측과 오해로 상황이 부풀려진 것입니다. 우리도 근거 없는 소문을 가지고 온갖 상상력을 동원하여 다른 사람의 행동에 대해 얼마나 비판하는지 모릅니다. 나의 그릇된 판단으로 누군가를 중상모략하며 상처를 주고받습니다. 나로 인해 오해가 생기고 화평이 깨졌다면 화해의 발걸음을 내

딛으십시오. 옳지도 않은 내 기준으로 다른 사람의 언행을 쉽게 판단하려고 했다면 즉시 판단을 멈추십시오. 그렇게 하지 않으면 기도문이 막힙니다. 나로 인해 공동체가 아파하고 있는데 하나님을 아버지라고 부르는 우리의 간구에 응답하시겠습니까? 나로 인해 누군가가 고통을 받고 있는데 하나님을 찬양하는 나의 고백을 받으시겠습니까? 우리 안에 불화의 요소를 제거해야 가나안을 누리는 자가 됩니다.

무지의 위험

경계해야 할 마지막 위험, 세 번째는 바로 '무지함'입니다. 영적인 무지함이 가나안을 누리지 못하게 만듭니다. 이것을 20장에서 살펴볼 수 있습니다. 20장은 도피성에 관한 말씀입니다. 민수기 35장에도 도피성에 대해 자세히 기록하고 있습니다. 도피성을 세운 이유는 만일 누군가가 고의가 아닌 알지 못하는 중에 실수로 사람을 죽이거나 어떤 죄를 짓게 되었다면, 피해를 받은 사람 입장에서 보복하게 될 때 일단 도피성으로 들어가 보호를 받게 했습니다. 그리고 이후 고의로 한 것이 아님이 확인되면 재판장이 그 사람을 보호하도록 선언합니다. 그러면 이 사람은 보복당하지 않고 도피성에서 자유를 누리며 살다가 제사장이 죽고 나면 자기 고향으로 돌아가서 남은 생애를 자유롭게 살 수 있게 하는 제도입니다. 도피성은 요단 양쪽 편에 세 개씩 총 여섯 개가 있었습니다.

도피성은 실제적 유익뿐 아니라 우리에게 주는 교훈이 있습니다. 만일 도피성 제도를 모르는 이스라엘 백성이 가나안에서 살다가 고의가 아닌 범죄를 행했다면, 그들은 심판을 피할 기회가 있음에도 불구하고 죄로 인해 자유가 박탈당하고 그 땅에서 마땅히 누려야 할 것을 제대로 누리지 못할 것입니다. 그러나 도피성 제도를 알고 있다면 도피성으로 들어가 죄의 심판을 피할 것입니다. 가나안에서 살아도 하나님의 뜻을 알지 못하는 무지함으로 인해 마땅히 누릴 수 있는 것을 누리지 못하고 자유를 박탈당할 수 있다는 것입니다.

그래서 성경은 "여호와를 알자 힘써 여호와를 알자"(호 6:3)고 말합니다. 하나님을 알고 그분의 뜻을 알아야 영적 부유함을 누립니다. 가나안에 들어와 있으면서 가나안의 주인이신 하나님의 뜻을 모르면 몰라서 못 누립니다. 우리 모두가 하나님을 아는 일에 힘을 낼 수 있기를 소망합니다.

19
기억해야 할 보상

수 23:6~13

그러므로 스스로 조심하여
너희의 하나님 여호와를 사랑하라
(수 23:11)

이스라엘 지도자인 여호수아는 이스라엘 백성을 이끌고 가나안 땅에 들어갔습니다. 그리고 어느덧 20년이라는 시간이 흘렀습니다. 흘러가는 세월을 막을 수 있는 사람은 없습니다. 여호수아도 많은 세월을 가나안에서 보낸 뒤 나이가 많아 늙게 되었습니다. 이제는 지도자의 자리에서도 물러날 때가 되었습니다. 여호수아는 이스라엘 백성에게 마지막 송별 메시지를 남깁니다. 여호수아서 23장 1~2절 말씀입니다.

"여호와께서 주위의 모든 원수들로부터 이스라엘을 쉬게 하신 지 오랜 후에 여호수아가 나이 많아 늙은지라 여호수아가 온 이스라엘 곧 그들의 장로들과 수령들과 재판장들과 관리들을 불러다가 그들에게 이르되 나는 나이가 많아 늙었도다."

여호수아가 나이가 많아 늙게 되었습니다. 그래서 이스라엘 장로들과 수령들, 재판장들과 관리들을 불러 자신이 나이가 많아 늙었다고 말합니다. 성도들을 만나보면 자신이 나이가 많아 늙어가고 있다는 것을 인지하지 못하는 경우를 많이 봅니다. 아직 늙지 않았고 젊기 때문에 여전히 지도자가 될 수 있다고 생각하는 사람들이 많습니다. 나이가 들수록 자리에 더욱 집착하기도 합니다. 생에 대한 집착이 더욱더 강해집니다. 젊을 때는 아직 인생의 극장에서 물러날 때가 멀리 있다고 생각해서 잘 모르다가 나이가 들수록 자기 자리를 놓지 않으려고 집착합니다. 이처럼 사람은 자신이 늙어가고 있음을 인정하려 하지 않습니다. 하지만 지도자 여호수아는 자리에 연연해하지 않습니다. 오히려 나이가 많은 늙은이가 되었다고 말하면서 백성들에게 마지막 송별 메시지를 전합니다.

백성들에게 전하는 여호수아의 송별 메시지가 13절에 나옵니다.

"확실히 알라 너희의 하나님 여호와께서 이 민족들을 너희 목전에서 다시는 쫓아내지 아니하시리니 그들이 너희에게 올무가 되며 덫이 되며 너희의 옆구리에 채찍이 되며 너희의 눈에 가시가 되어서 너희가 마침내 너희의 하나님 여호와께서 너희에게 주신 이 아름다운 땅에서 멸하리라."

백성들을 향해 먼저 불안한 마음을 전하고 있습니다. 가나안에 들어온 이들은 약 20년 동안 약속의 땅에서 누릴 수 있는 모든 것을 누리고 있습니다. 그런데 여호수아에게는 불안한 마음이 있었습니다. 하나님께서 백성들을 멸하실 것 같다는 마음이었습니다. 그래서 힘주어 말하고 있는 것입니다. 확실히 알라고 말합니다. 그것은 백성들이 하나님을 놓아버리면 하나님께서도 백성을 놓을 것이라는 말입니다.

지금까지 하나님께서 백성들의 지도자가 되어주시고, 군대장관이 되어주셔서 앞서서 일하시는 하나님을 누렸는데 이제 하나님께서 앞장서지 않겠다고 말씀하십니다. '지금까지 경험한 승리는 우리 힘이 아닌 하나님의 힘으로 한 것인데, 이제 중단될 것이다, 괴로운 삶이 펼쳐질 것이다'라고 말합니다. 승리의 행진이 멈추고 이제 괴로움을 경험하게 될 것이라는 말입니다.

이스라엘 백성은 20년 가나안 생활을 하는 동안 꽤 안정이 되었습니다. 그들은 현실에 안주해버렸습니다. 여호수아는 그들이 가나안에서 평화롭게 먹고 살면서 타성에 젖어버려 변질된 것을 감지했습니다. 그래서 '똑똑히 기억해라, 너희 능력 때문이 아닌 하나님의 능력으로 너희가 여기 있게 되었는데 이제 하나님께서 너희를 위해 싸우지 않으실 것이기에 패배를 경험하게 될 것이다'라고 말하는 것입니다.

우리가 은혜의 하나님을 붙잡은 손을 놓아버리면 하나님께서도 어쩔 수가 없습니다. 하나님의 손이 우리를 붙잡지 않는다면 우리가 경험할 수 있는 것은 아픔밖에 없습니다. 그런데도 우리는 자주 착각하며 삽니다. 오늘이라는 시간에 익숙하게 살다 보면 하나님께서 나를 오늘 여기에 있게 하셨다는 것을 망각해버리고 오늘의 편안함과 편리함만을 추구하게 됩니다. 내가 잘해서 오늘 이 자리에 와 있다고 착각하게 됩니다. 그래서 하나님을 붙들고 있던 손을 슬그머니 놓습니다. 자신이 주인이 되어 인생을 삽니다. 그러나 그 일의 결국은 실패와 고통이 따르는 것입니다.

그래서 여호수아가 백성들에게 경고하는 것입니다. 하나님께서 이 민족들을 다시는 너희에게서 쫓아내지 않으심으로 그것이 너희에게 올무가 되고 눈에 가시가 되어 고통이 찾아오게 될 것이라고 말합니다. 올무에 얽히고, 가시에 눈이 찔리는 것은 고통을 동반합니다. 곧 백성들이 하나님의 말씀을 놓으면 하나님께서 이러한 고통의 자리에 떨어지도록 손을 놓아버리시겠다는 말입니다. 그리고 "너희가 마침내 너희의 하나님 여호와께서 너희에게 주신 이 아름다운 땅에서 멸하리라"고 말합니다.

이 표현이 참 묘합니다. '너희의' 하나님 여호와가 '너희에게' 주신 아름다운 땅에서 멸한다고 표현합니다. 하나님께서 주신 가나안은 젖과 꿀이 흐르는 아름다운 땅입니다. 그래서 백성들은 가나안에 거하는 동안 풍요를 누리며 살았습니다. 따라서 '하나님께서 주신 좋은 땅에서 너희가 살리라'고 표현하는 것이 맞아 보입니다. 그러나 여호수아는 '하나님께서 주신 아름다운 땅에서 멸한다'고 말합니다. 이것은 가나안에 살고 있다고 해서 방심하지 말라는 이야기입니다. 정신 똑바로 차리고 하나님의 일하심을 기억하라는 것입니다. 지금 여호수아가 백성들에게 경고하고 있는 것입니다.

신앙의 삶은 한순간도 긴장을 놓을 수 없습니다. 우리의 신앙생활이 형식적으로 변해버린다면 교회에 나와 예배를 드려도 은혜를 받을 수 없고, 집에 교패는 붙어 있지만 예수님을 믿는 집이 누려야 할 복을 경험하지 못하게 됩니다. 우리는 이런 수치와 고통, 쓰라린 패배를 경험하지 않아야 합니다. 그래서 여호수아는 백성들에게 타성에 젖을 수 있는 신앙의 위험성을 경고하고 이런 불행의 자리에서 떨어지지 않기 위해 몇 가지 중요한 원칙을 남깁니다.

절대 준행

첫째는 '하나님의 말씀을 절대 준행하라'는 것입니다.

"너희의 하나님 여호와께서 너희를 위하여 이 모든 나라에 행하신 일을 너희가 다 보았거니와 너희의 하나님 여호와 그는 너희를 위하여 싸우신 이시니라"(수 23:3).

여호수아는 백성들에게 지난날 그들을 이끄셨던 하나님의 일하심을 기억하게 합니다. 오늘까지 백성들이 승리의 삶을 살았던 이유는 하나님의 신실함, 그 은혜 때문이라고 말합니다. 그리고 6절에서 이렇게 말합니다.

"그러므로 너희는 크게 힘써 모세의 율법 책에 기록된 것을 다 지켜 행하라 그것을 떠나 우로나 좌로나 치우치지 말라."

백성들이 원칙으로 삼아야 할 것이 있습니다. '크게 힘써 여호와의 말씀을 지켜 행하는 것', '말씀을 떠나 좌로나 우로나 치우치지 않는 것'입니다. 다시 말하면 하나님의 말씀에 순종하여 그 말씀을 따라 지켜 행하라는 것입니다. '너희는 크게 힘쓰라'는 구절을 원문으로 살펴보면 '크게(מְאֹד, 메오드)'라는 단어는 '모두'로 치환할 수 있습니다. 곧 '너희 삶의 전부를 드려서 하나님의 말씀을 지켜 행하라'는 말입니다. 이것이 인생의 원칙이 되어야 합니다.

이어지는 여호수아의 권면은 낯설지 않습니다. '너희는 여호와의 말씀을 지켜 행하라. 좌로나 우로나 치우치지 말라'는 것은 하나님께서 여호수아를 모세의 후계자로 삼으실 때 친히 하신 말씀입니다. 여호수아 1장 7~8절로 다시 돌아가 보겠습니다.

"오직 강하고 극히 담대하여 나의 종 모세가 네게 명령한 그 율법을 다 지켜 행하고 우로나 좌로나 치우치지 말라 그리하면 어디로 가든지 형통하리니 이 율법책을 네 입에서 떠나지 말게 하며 주야로 그것을 묵상하여 그 안에 기록된 대로 다 지켜 행하라 그리하면 네 길이 평탄하게 될 것이며 네가 형통하리라."

나이가 많아 지도자의 자리에서 물러나려는 고령의 여호수아가 백성들에게 무엇을 남겨줘야 할까, 이들에게 무엇을 당부해야 할까 생각하면서, 자신이 지도자로 부름받을 때 하나님께서 자신에게 주셨던 그 말씀을 전달하고 있는 것입니다. 지금까지 전쟁의 연속인 삶을 살아오면서 수많은 기적을 경험했는데 지난 일을 반추할 때 하나님의 말씀을 준행하는 것이 인생의 답이더라는 것입니다. 그런 의미에서 하나님의 말씀을 절대 준행하는 것이 우리의 삶에도 분명한 원칙이 되어야 합니다.

그런데 우리는 반대로 살 때가 많습니다. 내가 행복하기 위해 말씀을 준행하지 않습니다. 말씀대로 살면 손해 볼 것 같아 말씀을 밀어냅니다. 말씀대로 살면 세상에 적응하지 못할 것 같아 말씀을 밀어냅니다. 말씀대로 살면 불행해질 것 같아 말씀을 밀어냅니다. 말씀대로 살면 만족하지 못할 것 같아 말씀을 밀어냅니다. 그러나 여호수아는 우리에게 힘주어 말합니다. 하나님 말씀대로 사는 것이 답이고 그것이 행복의 비결이라고 선포합니다.

"주의 말씀은 내 발에 등이요 내 길에 빛이니이다"(시 119:105).

우리 인생의 길을 평탄하고 형통하며 밝고 환한 길로 만들어주는 것은 오직 주의 말씀뿐입니다. 우리가 주의 말씀을 붙들고 지키며 준행하면 우리가 가야 할 길을 밝히 보며 인도함을 받을 것입니다.

배도 경계

둘째는 '하나님을 배반하는 배도를 경계해야 한다'고 가르칩니다. 여호수아는 이방 사람이 아닌 하나님의 백성인 이스라엘 사람에게 하나님을 배반하는 것을 경계해야 한다고 말합니다. 이스라엘 백성들이 가나안에 들어갔을 때 그곳에 살고 있던 가나안 족속을 다 몰아내야 했습니다. 그런데 다 몰아내지 않았습니다. 그래서 이스라엘 백성은 가나안 족속들과 같이 살고 있었습니다. 이 모습이 당장 화목하게 보이고 화평하게 보이나 결국 위험을 초래할 것이라고 생각하는 것입니다.

"너희 중에 남아 있는 이 민족들 중에 들어가지 말라 그들의 신들의 이름을 부르지 말라 그것들을 가리켜 맹세하지 말라 또 그것을 섬겨서 그것들에게 절하지 말라"(수 23:7).

한 절밖에 안 되는 짧은 구절 속에 '하지 말라'는 표현이 참으로 많이 반복됩니다. 무엇을 하지 말라고 하는가 하면, 가나안 족속들이 살아가는 삶의 방식을 하지 말라고 합니다. 그들과 철저히 구별된 삶을 살아야 한다는 말입니다. 그들 속에 동화되지 않아야 할 뿐 아니라 그들의 삶을 닮아가려고 흉내내는 것조차 하지 말라는 뜻입니다. 그러다 보면 자신도 모르는 사이에 하나님과의 관계가 멀어지고 결국은 하나님을 떠나게 된다는 것입니다. 여호수아는 바로 이것을 경계하고 있습니다.

여호수아가 이렇게 말하는 이유는 지도자의 자리에서 물러나야 하는데 이스라엘 백성이 가나안에 들어와 살면서 많이 해이해지고 나태해진 모습을 본 것입니다. 하나님 안에서 살아야 할 이스라엘 백성이 오히려 가나안 족속 안에서 살아가는 것처럼 보입니다. 백성들의 예배가, 가나안에서의 삶이 점점 하나님과는 거리가 먼 것처럼 보입니다. 이러한 모습의 결국은 하나님을 향한 배도라는 것을 여호수아가 알기 때문에 백성들에게 경고하고 있는 것입니다. 그들 속에 들어가지 말라, 이방 신의 이름을 부르지 말라, 저들의 삶을 닮아가지 말라, 그들의 신에게 절하지 말라고 하는 것입니다.

성도는 예수 그리스도 안에서 이미 시작된 천국을 이 땅에서 누리는 자들입니다. 우리가 발 디디며 살고 있는 이 세상은 여전히 죄

악이 가득하지만, 하나님께서 우리를 축복의 통로로 사용하기 위해 세상 속의 그리스도인으로 우리를 부르셨습니다. 따라서 우리는 세상의 소금과 빛으로 하나님 나라를 전파하고 확장하는 삶을 살아야 합니다. 그러나 세상 속에 살면서 우리도 모르게 세상의 사상에 젖어 그것에게 절하는 모습을 봅니다. 이것이 우리의 위험성입니다. 세상 속에서 하나님과의 관계가 우리도 모르게 조금씩 멀어지고 있는 것입니다.

지금 당장 우리 목에 칼을 대고 하나님을 부인하라고 공격하지 않습니다. 목사에게 설교하지 마라, 교회 문을 닫으라고 하지 않습니다. 오히려 문화라는 보기 좋은 옷을 입고, 인권이라는 아름다운 치장을 하고 우리를 미혹합니다. 우리의 신앙을 위협해오고 있습니다. 우리는 그 어느 때보다도 심각한 영적인 어두운 때를 보내고 있습니다.

그런데 영적인 긴장을 하지 않습니다. 정신을 놓고 삽니다. 세상의 영향을 서서히 받고 있습니다. 성경은 지금 당장 이러한 배도를 경계해라, 하나님을 떠나려고 하는 경향을 버려야 한다고 말합니다.

"오직 너희의 하나님 여호와께 가까이하기를 오늘까지 행한 것같이 하라"(수 23:8).

하나님을 떠나는 일을 하지 말아야 한다고 하면서 오직 하나님 여호와께 가까이하기를 오늘까지 행한 것같이 하라고 말합니다. 하나님 사랑하는 일을 해야 한다는 것입니다. 이스라엘 백성이 지금은 하나님을 가까이하는 것처럼 보여도 여호수아의 눈에는 장차 하나님을 떠나 세상 속으로 들어갈 위험이 보였던 것입니다. 그래서 하나님을 가까이할 때만 세상 속에 들어가지 않을 수 있다는 것을 강조합니다.

성경은 마지막 때가 되면 사람들이 하나님을 떠나는 일이 있을 것이라고 분명히 경고합니다.

"누가 어떻게 하여도 너희가 미혹되지 말라 먼저 배교하는 일이 있고 저 불법의 사람 곧 멸망의 아들이 나타나기 전에는 그날이 이르지 아니하리니"(살후 2:3).

그러나 배도하면 우리의 삶은 반드시 망합니다. 약속한 땅을 오래 누리지 못하고 망하게 될 것입니다. 신명기 30장 17~18절을 보겠습니다.

"그러나 네가 만일 마음을 돌이켜 듣지 아니하고 유혹을 받아 다른 신들에게 절하고 그를 섬기면 내가 오늘 너희에게 선언하노니 너희가 반드시 망할 것이라 너희가 요단을 건너가서 차지할 땅에서 너희의 날이 길지 못할 것이니라."

이 얼마나 비참한 비극입니까. 하나님이 약속한 땅에서 젖과 꿀이 흐르는 부유함과 풍요로움을 얼마 누리지 못하고 망한다는 것입니다. 이것이 신앙의 배도가 가지고 오는 비극입니다.

우리는 우리도 모르는 사이에 성경의 진리에서 멀리 떠나 살고 있지 않은지 돌아보아야 합니다. 우리의 말과 행동이 하나님과 멀리 떨어져 있지는 않은지, 나도 모르는 사이에 거룩함을 잃어버리지는 않았는지, 기도를 놓친 지 오래되었고, 영혼이 메말라버린 채로 종교인의 모습만 남아 있지는 않은지 돌아보아야 합니다. 이것이 망하는 길이기 때문입니다.

전적 헌신

셋째는 '하나님께 전적으로 헌신하라'는 것입니다. 백성들이 하나님의 말씀을 온전히 준행하지 못하고 하나님을 배반하는 이유는 하나님께 전적으로 헌신하지 않았기 때문입니다. 검은 머리가 파뿌리 될 때까지 서로 사랑하겠다고 혼인서약을 하고서 왜 서로 다투고 돌아섭니까? 남편은 아내를, 아내는 남편을 전적으로 사랑하지 않기 때문입니다. 왜 배우자가 있는데 외도하는 걸까요? 상대를 전적으로 사랑하지 않기 때문입니다. 11절을 보겠습니다.

"그러므로 스스로 조심하여 너희의 하나님 여호와를 사랑하라."

'조심하다(שׁמר, 샤마르)'라는 말은 '보존하다, 지키다'를 의미합니다. 스스로 보존하고 지켜야 할 것이 있는데 바로 여호와를 사랑하는 일입니다.

우리는 좀더 예뻐지고 건강해 보이는 일에 신경을 많이 씁니다. 그러나 하나님을 사랑하는 일에는 상대적으로 신경을 덜 쓰는 듯합니다. 그래서 하나님으로 말미암아 누릴 수 있는 풍요로움을 누리지 못합니다. 가나안을 온전히 누리며 살려면 신앙의 회색지대를 없애야 합니다. 신앙은 선택입니다. 신앙은 하나님을 전적으로 선택하는 것입니다. 세상과 하나님 중 하나만 선택해야 합니다. 중간지대는 없습니다.

"만일 여호와를 섬기는 것이 너희에게 좋지 않게 보이거든 너희 조상들이 강 저쪽에서 섬기던 신들이든지 또는 너희가 거주하는 땅에 있는 아모리 족속의 신들이든지 너희가 섬길 자를 오늘 택하라 오직 나와 내 집은 여호와를 섬기겠노라 하니"(수 24:15).

선택하라는 것입니다. 하나님을 선택하든지 세상을 선택하든지 결단하라는 것입니다. 신앙의 본질이 선택입니다. 여호와를 선택하는 것이 신앙입니다. 또한 신앙은 집중입니다. 하나님을 전적으로 사랑하기로 결단하고 하나님께만 집중하는 것입니다. 하나님께 내 전부를 걸고 그분께만 집중하는 것이 신앙입니다. 하나님께 전적으로 헌신하는 이 원칙을 각자 신앙의 삶에 올곧게 세울 수 있기를 바랍니다. 그렇게 하여 우리 모두가 오늘이라는 시간 속에서 가나안을 빼앗기지 않고 누리는 자가 되어야 합니다.

20
결단
수 24:15~18

…… 너희가 섬길 자를
오늘 택하라
오직 나와 내 집은
여호와를 섬기겠노라 하니
(수 24:15)

저는 지금까지 교회 울타리를 떠나본 적이 없습니다. 모태에서부터 지금까지 교회 울타리를 떠나본 적이 없다는 이 말은 신앙생활을 잘했다는 말과 결이 조금 다릅니다. 교회생활과 신앙생활은 같아 보이지만 엄연히 다릅니다. 20대 후반에 이르러 신앙에 눈을 뜨기 시작했습니다. 하나님의 은혜를 깊이 체험하면서 신앙생활에 눈을 뜨게 된 것입니다. 이전에 하나님의 은혜를 수없이 고백했고 노래했지만 그것을 알지 못했습니다. 그런데 어느 날, 하나님의 은혜를 깨닫게 해달라고 기도한 것도 아니고 그것 때문에 밤을 지새우며 애통의 몸부림을 친 것도 아닌데 전적인 하나님의 은혜로 십자가 사랑을 깨닫게 되었습니다.

하나님의 은혜를 깨닫게 되었을 때 동시에 발견한 것이 있습니다. '나라는 존재는 누구인가?'입니다. 하나님의 은혜를 알지 못할 때 나는 내 인생을 스스로 개척해나갈 수 있다고 생각했습니다. 그런데 하나님의 은혜를 깨닫고 나니까 나의 실체를 보게 되었습니다. 오직 하나님의 은혜 아니면 나는 아무것도 할 수 없는 무능한 존재이고, 겉과 속이 너무 다른 죄인이며, 거룩하게 살고 싶다고 고백하지만 거룩과는 너무나도 거리가 먼 삶을 살고 있는 제 모습을 보게 되었습니다. 그때부터 형식적으로 다녔던 교회생활이 달라지기 시작했습니다. 무미건조하고 형식에 치우친 의무적인 신앙생활에서 새로운 생명을 누리는 신앙생활로 변하게 된 것입니다. 사회자의 지시에 따라 앵무새처럼 따라만 했던 예배의 모습이 하나님의 영광을 위한 자발적인 믿음의 행위로 변했습니다. 교회에 다니면서 얼마나 많은 찬양을 불렀는지 모릅니다. 그런데 단순한 노래로만 여기던 찬양이 하나님의 은혜를 깨닫게 되니까 하나님을 향한 경배의 찬양으로 변했습니다. 은혜를 받으니 기도가 변화되었습니다. 단순히 그럴싸한 종교적인 용어들로 문장을 만드는 기도가 아닌 하나님과 나 사이에 그 누구도 개입할 수 없는 복된 교제의 기도를 드리는 모습으로 변했습니다.

이처럼 신앙생활에서 하나님의 은혜를 깨닫는 것은 대단히 중요합니다. 우리가 하나님의 은혜를 알면 내 삶에 변화가 반드시 일어나고 신앙생활에 동력을 갖게 됩니다. 따라서 신앙생활은 하나님의 은혜를 발견하고, 그 은혜 속에 사는 생활이라고 말할 수 있습니다.

우리가 하나님의 은혜를 알고 누리게 된다면 동시에 '나 자신'을 바르게 알게 됩니다. 따라서 하나님의 은혜를 아는 사람은 그 속에 당연한 반응 하나가 일어납니다. 그것은 바로 이러한 '하나님의 은혜를 어떻게 보답하는 삶을 살 것인가'입니다. 내게 은혜를 베풀어주시는 하나님 앞에 '나는 어떤 삶을 살아 드릴까'에 대한 깊은 고민과 결단이 일어나게 됩니다.

은혜와 결단

은혜와 결단, 이것은 신앙의 가장 중요한 기본 골격입니다. 은혜는 위로부터 즉 하나님께로부터 우리에게 주어진 한없는 사랑입니다. 이 같은 하나님의 은혜를 알게 되고 깨달아지고 누리게 된다면 당연히 그 은혜를 어떻게 보답하며 살아야 할까라는 거룩한 갈망에 의한 결단이 일어납니다. 여기서 일어나는 결단은 내가 하는 것입니다. 나로부터 자발적으로 하나님을 향하여 올려드리는 것이 결단입니다. 이처럼 은혜와 결단이 어우러진 것이 바로 신앙생활입니다. 따라서 신앙생활을 한다는 고백은 매일의 삶 속에서 하나님의 은혜로 구원받았으니 이제 하나님의 자녀답게 살아간다는 것을 결단하는 삶의 고백이라고 말할 수 있습니다.

은혜를 받았지만 결단을 하지 않는다면 신앙의 성숙을 누릴 수 없습니다. 하나님의 은혜를 알지만 그 은혜 앞에 결단이 수반되지 않으면 신앙의 진보를 이룰 수 없습니다. 성경은 은혜를 받았으면 결단하여 은혜 받은 자의 모습을 삶에서 드러낼 것을 요구하고 있습니다. 아무리 눈물을 흘리며 기도한다 하더라도 그 사람의 삶에 은혜의 반응으로 결단의 열매가 맺어지지 않는 것을 성경은 원하지 않습니다. 반대로 은혜를 모르고 결단만 하는 것도 아무런 신앙의 진전이 없습니다. '멋진 그리스도인이 되겠다. 믿음 좋은 사람이 되겠다. 하나님께 영광 돌리는 삶을 살겠다'고 다짐하더라도 하나님의 은혜를 알지 못한다면 그 삶을 살아낼 동력이 없기 때문에 결단만으로 끝나는 경우가 허다합니다. 따라서 하나님의 은혜를 맛보았다면 이 은혜를 놓치지 않으려는 믿음의 결단이 있어야 합니다. 그러면 그 결단이 우리가 호흡하는 자리에서 진리의 열매를 맺게 할 것입니다.

여호수아서 24장은 우리에게 이러한 신앙의 '결단'을 가르칩니다. 이 말씀은 여호수아가 임종을 앞둔 절박한 상황에서 백성들에게 선포한 메시지입니다. 그는 이 메시지를 전한 이후에 죽습니다. 그는 죽음 직전에 사랑하는 이스라엘 백성의 지도자들을 다 부릅니다.

"여호수아가 이스라엘 모든 지파를 세겜에 모으고 이스라엘 장로들과 그들의 수령들과 재판장들과 관리들을 부르매 그들이 하나님 앞에 나와 선지라"(수 24:1).

여호수아가 모든 지파를 불렀는데 이들이 그 앞에 선 것을 성경이 어떻게 기록하고 있느냐면 '하나님 앞에 나와 섰다'고 말합니다. 따라서 개인적인 유언으로 그치는 것이 아니라 엄중한 하나님의 말씀인 것입니다. 2~3절을 보겠습니다.

"여호수아가 모든 백성에게 이르되 이스라엘의 하나님 여호와께서 이같이 말씀하시기를 옛적에 너희의 조상들 곧 아브라함의 아버지, 나홀의 아버지 데라가 강 저쪽에 거주하여 다른 신들을 섬겼으나 내가 너희의 조상 아브라함을 강 저쪽에서 이끌어내어 가나안 온 땅에 두루 행하게 하고 그의 씨를 번성하게 하려고 그에게 이삭을 주었으며."

여호수아는 가장 먼저 이스라엘의 영적 아버지인 아브라함에 대해 말합니다. 아브라함은 원래 하나님을 알지 못하고 다른 신을 섬기는 자였습니다. 그런데 전적인 하나님의 택하신 은혜로 그를 이끌어내었다고 말합니다. 그리고 지금까지 이스라엘 역사 속에서 하나님의 은혜가 그들을 어떻게 이끌었는지를 가르칩니다. 11절부터 보면 지금까지 이어온 과거의 역사 속에서도 베풀어주신 은혜를 기억하게 하면서 지금 베풀어주시는 하나님의 은혜가 무엇인지를 백성들에게 말하고 있습니다. 12절을 보겠습니다.

"내가 왕벌을 너희 앞에 보내어 그 아모리 족속의 두 왕을 너희 앞에서 쫓아내게 하였나니 너희의 칼이나 너희의 활로써 이같이 한 것이 아니며."

지금까지 이스라엘 역사를 돌아볼 때 하나님께서 백성들 앞에 왕벌을 보내어 싸워주셨다고 말합니다. 백성들의 칼이나 활로 여기까지 온 것이 아니라는 것입니다. 이것은 하나님의 은혜를 아는 사람이란 내 인생 전체가 오직 하나님의 은혜를 따라 살아온 것임을 고백하는 사람이라는 것입니다. 하나님의 은혜를 알지 못하는 사람은

'내가 스스로 현재의 나를 만들었다'고 말합니다. 내가 그때 선택을 잘했고, 머리가 좋아 좋은 대학에 들어갔고, 사람 보는 눈이 있어 그 사람을 선택했고, 적절한 시기에 직장에 취직을 했고, 사업을 잘해서 물질을 풍족히 모았다고 말합니다. 이것만큼 어리석은 사람이 없습니다. 이어서 13절을 봅시다.

"내가 또 너희가 수고하지 아니한 땅과 너희가 건설하지 아니한 성읍들을 너희에게 주었더니 너희가 그 가운데에 거주하며 너희는 또 너희가 심지 아니한 포도원과 감람원의 열매를 먹는다 하셨느니라."

가나안을 소유하며 살아가고 있는 이스라엘 백성의 현 상황을 보여주고 있습니다. 그러면서 가나안 땅을 백성이 세운 것이 아니고, 그들의 노력으로 이 땅에서 살아가는 것이 아니라고 말하면서 하나님께서 가나안을 주셨고, 그 가운데에 계시기 때문에 이 땅에서 누리고 있다고 말합니다. 우리가 호흡하며 살고 있는 것이 하나님께서 베푸신 은혜임을 믿어야 합니다. 비록 직장생활이 힘에 부치지만 일할 수 있는 힘을 주시고, 가정에서 눈물 나는 일들이 많이 있지만 사랑을 나눌 수 있는 가정을 주신 것도 하나님의 은혜임을 알아야 합니다.

임종의 문턱을 넘어서려는 여호수아가 백성들에게 얼마나 할 말이 많았겠습니까? 그러나 여호수아는 다른 모든 말보다 지금 '하나님의 은혜'를 말하고 있습니다. 지난날도 하나님의 은혜였고, 오늘도 하나님의 은혜 때문이며, 앞으로도 하나님의 은혜로 살고 있다는 것입니다. 떨리는 목소리와 가녀린 음성으로 백성들에게 속삭이듯이 하나님의 은혜를 가르친 여호수아는 이어서 다른 한 가지를 전합니다. 14절입니다.

"그러므로 이제는 여호와를 경외하며 온전함과 진실함으로 그를 섬기라 너희의 조상들이 강 저쪽과 애굽에서 섬기던 신들을 치워버리고 여호와만 섬기라."

"그러므로 이제는"이라는 표현은 참으로 중요합니다. 이 모든 것이 하나님의 은혜였음을 깨달았다면 그러므로 이제는 무엇인가 해야 한다는 것입니다. 그것이 바로 '결단'입니다. 우리에게 결단을 촉구하고 있는 것입니다.

신앙의 결단

첫째는 '신앙의 결단'입니다. 14절을 다시 한번 봅시다.

"그러므로 이제는 여호와를 경외하며 온전함과 진실함으로 그를 섬기라 너희의 조상들이 강 저쪽과 애굽에서 섬기던 신들을 치워버리고 여호와만 섬기라."

두 가지를 말하고 있습니다. 하나는 여호와를 경외하라는 것이고, 다른 하나는 온전함과 진실함으로 여호와를 섬기라는 것입니다. 먼저 '여호와를 경외하라'에서 '경외'는 히브리어로 '야레(יָרֵא)'입니다. 이 단어는 '하나님을 공경하는 동시에 두려워한다'는 의미를 가지고 있습니다. 하나님을 지극히 공경하기 때문에 나로 인하여 거룩하신 이름이 훼손되지 않을까라는 사랑의 두려움으로 경외하는 것을 의미합니다. 히브리어로 여호와를 '야웨(יהוה)'라고 부릅니다. 그러니까 '야웨' 하나님을 '야레'하는 것이 신앙의 결단인 것입니다. 그리고 '여호와만 섬기라'에서 '섬기다'는 히브리어로 '아바드(עבד)'입니다. 이 단어는 '일하다, 봉사하다'는 의미가 있습니다. 네가 은혜를 받아 여호와 하나님을 두려워할 정도로 공경한다면 '여호와를 위하여 봉사하라, 일하라'는 것입니다. 그런데 어떻게 봉사하라고 가르칩니까? 온전하고(תָּמִים, 타밈), 진실하게(אֱמֶת, 에메트) 섬길 것을 가르칩니다. 여기서 온전하다(תָּמִים, 타밈)는 '흠이 없다'라는 뜻이고, 진실하다(אֱמֶת, 에메트)는 '진리 또한 확실하게'라는 뜻입니다. 곧 여호와 하나님을 위하여 일할 때 흠 없이 섬기라고 말합니다. 확실하게 섬기라고 말합니다.

여호와를 위한다고 하면서도 자신의 욕심과 자기만족에 이끌려 일하는 경우가 많습니다. 남 앞에 서서 거룩한 모습으로 찬양하지만 결국 자기만족을 위해 하는 경우가 무척 많습니다. 교회생활에 열심을 내고 시간을 잊을 정도로 온종일을 교회 안에서 뛰어다니지만 일이 끝나고 찾아오는 허무함 때문에 얼마나 많은 성도가 힘들어하는지 모릅니다. 그러므로 여호수아가 백성들에게 유언처럼 가르치듯이 우리 모두 이 말씀 앞에 믿음으로 반응해야 합니다. 하나님의 은혜에 대한 가치를 알고, 베푸신 사랑을 누리기에 자발적인 믿음의 반응으로 여호와를 경외하며, 온전함과 진실함으로 여호와만을 섬기는 복된 삶이 우리에게 있어야 합니다. 여호와를 경외하는 신앙의 결단이 우리에게 있어야 합니다. 이러한 결단이 없으면 가나안에서만 누릴 수 있는 하나님의 복을 빼앗기기 때문입니다.

　여호와를 경외하고 섬기라는 여호수아의 가르침을 받은 백성들의 반응은 16~18절에 있습니다.

　"백성이 대답하여 이르되 우리가 결단코 여호와를 버리고 다른 신들을 섬기기를 하지 아니하오리니 이는 우리 하나님 여호와께서 친히 우리와 우리 조상들을 인도하여 애굽 땅 종 되었던 집에서 올라오게 하시고 우리 목전에서 그 큰 이적들을 행하시고 우리가 행한 모든 길과 우리가 지나온 모든 백성들 중에서 우리를 보호하셨음이며 여호와께서 또 모든 백성들과 이 땅에 거주하던 아모리 족속을 우리 앞에서 쫓아내셨음이라 그러므로 우리도 여호와를 섬기리니 그는 우리 하나님이심이니이다 하니라."

　"지금까지 우리를 인도하신 하나님의 역사를 살펴보니 진실로 하나님의 은혜로 인해 우리가 여기까지 있게 되습니다. 그러므로 우리도 여호와를 섬기겠습니다"라고 고백합니다. 우리도 이스라엘 백성과 같이 여호와를 섬긴다고 고백하는 신앙의 결단이 있기를 바랍니다.

청산의 결단

　둘째는 '청산의 결단'입니다. 옛 삶을 청산해야 한다는 것입니다.

　"그러므로 이제는 여호와를 경외하며 온전함과 진실함으로 그를 섬기라 너희의 조상들이 강 저쪽과 애굽에서 섬기던 신들을 치워버리고 여호와만 섬기라"(수 24:14).

이스라엘 백성에게 아직도 청산되지 않은 옛 모습이 있다고 말합니다. 이들이 가나안에 들어와 약 25년의 세월 동안 여호수아와 함께 살았지만 여전히 옛 삶을 던져버리지 못했다는 말입니다. 따라서 여호수아는 강 저쪽과 애굽에서 '섬기던' 신들을 치워버릴 것을 가르칩니다. 가나안을 소유하고 누리며 살기 위해서는 하나님 보시기에 악한 것들을 우리의 삶 속에서 청산하는 강력한 결단이 절대적으로 필요하다는 것입니다. '하나님이 너희를 인도하여 가나안을 주시려고 하는데 너희도 그것을 소유하기 위해서 해야 할 일이 있다. 하나님 앞에 가증한 것들을 버려라. 그러지 않으면 가나안 땅에서도 그것을 누리지 못할 것이다'라는 것입니다.

신앙의 결단은 반드시 청산의 결단을 수반합니다. 내 삶에 부정한 것을 삶 밖으로 몰아내는 청산 없이는 은혜를 누리지 못합니다. 은혜가 없다는 말이 아니라 은혜를 누리지 못한다는 것을 기억해야 합니다. 하나님은 우리를 불쌍히 여기셔서 자비와 긍휼, 은혜를 베풀고자 하시는데 내 삶에 그것을 걸리게 하는 악한 것들을 청산하려는 결단이 없다면 가나안을 누리지 못하는 것입니다. 옛 삶을 버리고 떠나지 않는다면 가나안에 살면서도 애굽에 사는 것처럼 참 자유와 기쁨을 누리지 못합니다.

어떤 고아원에서 자란 아이가 좋은 부모에게 입양되었습니다. 이제부터는 그 집에 있는 모든 것을 누리며 살 수 있게 된 것입니다. 멋진 커튼이 달려 있고, 넓은 책상과 컴퓨터, 포근한 침대가 있는 방을 소유하게 됩니다. 단 한 번도 내 방을 가져본 경험이 없기에 마치 꿈을 꾸는 듯한 희열을 느낍니다. 그런데 부모님이 말합니다.

"자기 전에는 꼭 손발을 씻고, 양치하고 자야 한다."

그러나 이 아이는 옛 습관을 버리지 못합니다. 여전히 씻지 않고 더럽게 잠자리에 듭니다. 부모님이 "아들아! 이러면 안 돼!"라고 주의를 줘도 다음 날에도, 또 그 다음 날에도 변하지 않습니다. 욕실이 없는 것도 아닙니다. 결단만 하면 부모님의 말씀에 순종할 수 있습니다. 그러나 좋은 집에 살면서 깨끗하게, 여유 있게 누릴 수 있음에도 전혀 누리지 못하고 삽니다. 우리의 현재 모습이 이렇다면 얼마나 안타깝습니까? 따라서 여호수아는 생의 마지막 숨을 몰아쉬면서 그들에게 또한 우리에게 신앙의 결단과 함께 청산을 결단해야 한다고 가르칩니다.

하나님께서 아브라함을 이스라엘의 조상으로 부르실 때도 동일하게 말씀하십니다. 창세기 12장 1절입니다.

"여호와께서 아브람에게 이르시되 너는 너의 고향과 친척과 아버지의 집을 떠나 내가 네게 보여줄 땅으로 가라."

하나님께서 아브라함에게 보여줄 땅으로 가기 위해 '너는 고향과 친척과 아버지의 집을 떠날 것'을 요구하십니다. 이 요구는 무조건 부모와 결별하라는 말이 아닙니다. 지금까지 살아왔던 부정한 삶을 하나님 앞에서 모두 청산하라는 것입니다. 그렇게 할 때 '너로 큰 민족을 이루게 하고, 복의 근원이 되게 하며, 모든 것을 하나님이 책임지시겠다'(창 12:2~3)고 약속하십니다.

하나님께서 모세를 부르실 때도 동일한 말씀을 하십니다. 출애굽기 3장 5절입니다.

"하나님이 이르시되 이리로 가까이 오지 말라 네가 선 곳은 거룩한 땅이니 네 발에서 신을 벗으라."

모세가 애굽에서 고통받는 하나님의 백성을 출애굽 시킬 지도자로 세움받는 임직식에서 하나님께서 요구하시는 것이 바로 모세의 발에 신고 있는 신을 벗는 것입니다. 모세가 선 곳이 거룩하기 때문입니다. 하나님께서 맡기시려는 일은 지금까지 한 들판에서 양을 치는 목동의 일이 아닌 택한 백성을 이끄는 거룩한 하나님의 일이기에 지금까지 살던 삶을 청산하라는 말입니다.

하나님의 은혜를 사모하고 지금보다 더 나은 복된 삶을 소망하며 살고 있는데 바람대로 이루어지지 않아 하나님을 원망하고 있지는 않습니까? 하나님은 신실하십니다. 택한 백성을 절대로 고아처럼 버려두지 않고 반드시 자신의 기뻐하신 뜻대로 세우십니다. 문제는 하나님이 아닌 나에게 있습니다. 따라서 하나님을 원망하지 말고 아직도 청산하지 못한 나의 옛 삶을 과감히 내 삶에서 몰아내야 합니다. 못난 자아, 못된 습관, 불편한 관계 등 내 삶에서 무질서한 것들을 청산해야 합니다.

물은 100도가 되어야 끓습니다. 99도가 되어도 끓지 않습니다. 청산해야 할 필요는 알지만 그리고 이것이 하나님 앞에서 가증한 것이라는 것도 알지만 '이것만큼은 버리지 못하겠다'라고 하는 것이 있습니까? 이것을 버리면 손해를 보는 것 같고, 살맛을 잃는 것 같은 것이 있습니까? 그래서 가나안에 살면서도 가나안을 누리지 못하는 것입니다. 청산해야 할 것을 청산해야 가나안을 누릴 수 있습니다.

헌신의 결단

셋째는 우리 자신을 온전히 주님께 내어놓는 '헌신의 결단'입니다. 여호수아는 백성에게 '여호와를 경외하고 섬기라, 하나님을 선택하라, 옛 삶을 버리라'고 가르치다가 갑자기 문맥에서 벗어나는 듯한 뜬금없는 말을 합니다. 19절입니다.

"여호수아가 백성에게 이르되 너희가 여호와를 능히 섬기지 못할 것은 그는 거룩하신 하나님이시요 질투하시는 하나님이시니 너희의 잘못과 죄들을 사하지 아니하실 것임이라."

여호수아가 백성에게 여호와를 섬기라고 했기에 백성이 여호수아에게 여호와 섬기겠다고 말했는데, 여호수아가 다시 백성에게 '너희는 여호와를 섬기지 못한다'고 말하는 것입니다. 이를 이해하기 위해서 하반절 말씀을 살펴볼 필요가 있습니다. '하나님은 거룩하시고 질투하시는 분이시기 때문에 백성들의 잘못과 죄를 그냥 지나치지 아니하실 것이다'라는 것입니다. 달리 말하면 '거룩하신 하나님, 질투하시는 하나님이 너희를 그냥 두지 않으실 것이다'라는 것입니다. 이러한 가르침을 받는 이스라엘 백성은 얼마나 당황스러울까요? 그래서 21절에 이렇게 답합니다.

"백성이 여호수아에게 말하되 아니니이다 우리가 여호와를 섬기겠나이다 하는지라."

이스라엘 백성이 여호수아에게 말합니다. 손을 흔들고, 머리를 흔들면서 이구동성으로 말합니다. '아닙니다. 우리는 여호와 하나님을 섬기겠습니다.' 그랬더니 여호수아가 이렇게 말합니다. 22절입니다.

"여호수아가 백성에게 이르되 너희가 여호와를 택하고 그를 섬기리라 하였으니 스스로 증인이 되었느니라 하니 그들이 이르되 우리가 증인이 되었나이다 하더라."

여호와를 섬긴다는 것은 결코 말처럼 쉽지 않습니다. 아무리 여호수아 앞에서 결단하여 결심을 선언해도 그것이 그렇게 쉬운 일이 아닙니다. 그래서 여호수아는 백성들에게 여호와를 선택하여 섬길 것을 말하고 백성들은 스스로 증인이 되어 한 말을 지키겠다고 결단합니다. 그러자 여호수아와 백성들 간에 언약을 체결합니다.

"그날에 여호수아가 세겜에서 백성과 더불어 언약을 맺고 그들을 위하여 율례와 법도를 제정하였더라 여호수아가 이 모든 말씀을 하나님의 율법책에 기록하고 큰 돌을 가져다가 거기 여호와의 성소 곁에 있는 상수리나무 아래에 세우고 모든 백성에게 이르되 보라 이 돌이 우리에게 증거가 되리니 이는 여호와께서 우리에게 하신 모든 말씀을 이 돌이 들었음이니라 그런즉 너희가 너희의 하나님을 부인하지 못하도록 이 돌이 증거가 되리라 하고 백성을 보내어 각기 기업으로 돌아가게 하였더라"(수 24:25~28).

성소 곁에 있는 상수리나무 아래 기념비를 세웁니다. 이 돌이 여호수아와 백성들 사이에서 고백한 대화의 증인이 된다는 것입니다. 백성들은 성소에 출입할 때도 그 돌을 보면서 그날 했던 서약과 결단을 잊어버리지 않도록 했습니다. 상수리나무는 이스라엘 백성의 역사에서 이방신을 섬긴 장소입니다. 그러니까 상수리나무 아래 기념비를 세웠다는 것은 백성들이 잘못된 길에 들어설 때에도 돌비 앞에서 했던 결단을 잊어버리지 않고 돌이킬 수 있도록 한 것입니다. 하나님께 전적으로 헌신하는 것은 우리의 전부를 드리는 것을 의미합니다.

하나님을 사랑하면 하나님을 위하여 온전히 헌신할 수 있어야 합니다. 주님을 나의 전부가 되게 합시다. 우리가 어떤 결단을 하느냐에 따라서 지금은 아무런 차이가 없을지 모르지만 시간이 지날수록 삶에 큰 차이가 나타날 것입니다. 오랜 시간 동안 가나안을 누리며 사는 사람과 누리지 못한 사람의 차이가 현저하게 드러날 것입니다. 시간이 흐르고 난 다음, 약속의 사람으로 삶 가운데 가나안을 누리며 살았다는 간증이 인생의 끝자락에서도 넘쳐나길 소망합니다. 여호수아의 아름다운 인생처럼 가나안을 정복하고 가나안을 누리며 마침내 가나안을 물려주는 믿음의 발자취가 되시기를 바랍니다.

여호수아서와 함께하는 승리의 전진
광야와 가나안 그 갈림길에서

초판인쇄 2019년 10월 18일
초판발행 2019년 10월 25일

지은이 이승희
발행인 최우식
발 행 익투스

기획 정건수 **편집** 김귀분 **제작** 서우석
경영지원 임정은 **마케팅** 김경환, 박경헌
마케팅지원 주정중, 박찬영 **인터넷** 현지혜

교열 김우정 **교정** 송지수
표지및내지 디자인 생기

주소 서울시 강남구 영동대로 330
전화 (02)559-5655~6 **팩스** (02)564-0782
홈페이지 www.holyonebook.com
출판등록 제2005-000296호

ISBN 979-11-86783-23-8 03230

ⓒ2019, 익투스
※잘못된 책은 바꾸어 드립니다.